地球上の中華料理店をめぐる冒険

関卓中《チョック・クワン》
斎藤栄一郎 訳

5大陸15ヵ国
「中国人ディアスポラ」
たちの物語

Cheuk Kwan
Have you eaten yet?
Stories from Chinese restaurants around the world

講談社

地球上の中華料理店をめぐる冒険

この本に寄せて

人生長く生きていると、社会史、移民、地域政治、そして何よりも食の話題をすべて盛り込んだ幅広い思慮に富む大著の著者に巡り合えることもある。

その偉業を成し遂げたのが、関卓中（チョック・クワン）である。カナダから、イスラエル、ケニア、ペルー、モーリシャス、ノルウエー、トルコ、南アフリカ、アルゼンチン、マダガスカル、キューバ、インド、ブラジル、トリニダードに至るまで発見の冒険旅行に旅立ったチョックと撮影隊の足取りをたどるのは、実におもしろい。本書『地球上の中華料理店をめぐる冒険（原題：Have You Eaten Yet?）』がこれほど素晴らしい読み物に仕上がった背景には、各地でチョックが見せる惚れ惚れするような斬り込み方がある。中国人移民がもたらした食への影響、逆に移住先で華人が受けた影響に迫り、丹念に歴史に光を当て、中華料理が環境に適応していった様子を何ともおいしそうに綴っていく。

華人シェフとしてＢＢＣの人気料理番組を通じて世界的に名を馳せた私は、中華料理が世界に与えた影響について常々もっと深く知りたいという思いを抱えていた。チョックは、鋭い切れのある視点から独自の興味深い本書を綴り、私の思いに応えてくれた。

このような書籍を生み出した彼に大変感謝している。

その文章は、魅力的で中毒性があり、楽しさ満点で笑いもあり、ときとして毒もある。とはいえ、私の言葉を信じる必要はない。ご自身で読んでみれば、きっとうなずいていただけるはずだ。さあ、シートベルトをしっかり締めて、本書をたっぷり堪能していただきたい。

譚　栄輝（ケン・ホム）
大英帝国勲章受章シェフ、テレビ司会者

プロローグ

その日は土砂降りだった。

マダガスカルの首都アンタナナリボ郊外。バーでちびりちびりとやっていると、浅黒い小柄な男が隣に座った。聞けば華人（訳注：本書では、中国を離れて海外に暮らす中国人やその子孫を総称して「華人」とした）だという。そこで中国語でちょっと言葉を交わした。

どちらから？　これからどちらへ？　お名前は？

そんなやり取りをしているうちに、男が広東語圏出身者とわかり、中国語（北京語）から、お互いに慣れている言葉に切り替えた。

お名前は？

「じゃ、阿王（アー・ワン）で」

男はそう答えた。広東省など中国南部では、親しい間柄になると名前の1文字に「阿《アー》」をつけて愛称にする習慣がある。「～ちゃん」といった意味だ。私の場合、中国語名は関卓中だから、友人らは関に阿をつけて「阿関《アークワン》」と呼ぶ。男が言う「王」は中国では一般的な姓で、全世界に何千万人もいるはずだ。

「ここでどんな仕事を？」

今度はこちらから質問だ。

「山にこもってあちこち掘ってるんですよ」

「金鉱ですか」

興味津々に尋ねた。島国のマダガスカルは南北に背骨のように山脈が走っていて、その西側が中央高地と呼ばれ、希少鉱物が豊富に埋蔵されている。

「話せば長くなるのでね。もう4ヵ月。じきにほかに移りますよ」

王がはぐらかす。どうやら裏がありそうだ。香港マフィア映画はあきるほど見てきたから、男がこれ以上深入りされたくないことはすぐにわかった。

そもそも、王という名前だって偽名かもしれない。

その日はヨハネスブルグを出発して、夕方ようやくこちらに着いたばかり。迎えに来てくれたのは、ポール・リーだ。フロントガラスの向こうが見えないほど激しい雨の中、暗い田舎道を延々と走る。どのくらい走っただろうか。たどり着いたのが、このバーだった。

中国系モーリシャス人のポールは、マダガスカルに在住20年。私が泊まることになったレストラン兼宿屋の共同オーナーだ。本人いわく「おもしろ半分」で経営しているという。

「さあ、冷めないうちに」とポール。

ケープタウンから丸一日かけてアフリカ大陸を横断したとあって、腹ペコだった。目の前においしそうな料理が並ぶ。モーリシャス風の炒飯《チャーハン》とクレオール料理（アフリカ・インド・フランスの影響を受けた料理）の定番であるルガイユ・ドゥ・ブフ（牛肉にオニオン、ガーリック、チリ、生姜《しょうが》、タイム、コリアンダーを加えて濃厚なトマトソースで煮込んだ料理）をいただいた。

食べ終わるころ、ポールが厨房に「スプ・シノワーズ（中国スープ）を」と声をかける。

「ぜひこれを。マダガスカルの国民食なんです」。そう言いながら指差す熱々の料理は、ワンタンスープそのものだった。

「この国には、中国から入ってきた文化が2つあって1つがこの料理。もう1つは、あちこちで見かけるリクショー（人力車）です」

まさかマダガスカルにまで華人が暮らしているとは思いも寄らなかった。この巨大な島国でワンタンスープやリクショーが文化に彩りを添えていたのである。

世界5大陸の中華料理店

「你吃了嗎？（ごはん食べた？）」

中国語の日常会話でよく耳にするこのフレーズは、英語の「How are you?（元気？）」に近いニュアンスで、挨拶に使われる。人生で食が重要な意味を持つ文化だけに、食事がとれているかどうかを問う行為自体、相手を気にかけている証拠なのだ。戦争やら飢饉やら貧困やらで、昔の中国の人々は満足に食にありつけないこともたびたびあった。だから、このような問いかけ方が、相手の健やかさを気遣う表現になったのだろう。

　やがてその問いかけは、世界中の華人の間で挨拶として定着することになる。本当に華人は世界の至るところに存在するのである。広東語には、「(中華)鍋一つ手にして、世界の果てまで行く」(「一《ヤッ》鑊走天涯《ウォクザウティンガイ》」)ということわざがある。

　そのとおり、世界のどこに行っても中華料理店がある。

　そしてその土地に合わせて変貌を遂げている。米国中華、キューバ中華、ジャマイカ中華、ペルー中華……。挙げ始めたらキリがない。本書第14章に登場するインドのコルカタのサムソン葉は、インド式中華料理について説明する中で、「新しい環境に適応し、逆らうことはない」と話していた。

　それは料理だけでなく、華人そのものに置き換えても同じ結論になるのではないか。

　私自身、いわば華人の〝正会員〟である。中国返還前の英国統治時代の香港に生まれ、人格形成期をシンガポール、香港、日本で過ごした。

　米国の大学に学んだ後、カナダに移住し、欧州、中東、アフリカ、アジアで働いたこともあって、3ヵ国語にプラスして中国語方言も2つ話せる。

　1976年、サンフランシスコから西に向かい、ぐるりと地球を一周してトロントにゴールする旅をした。そしてこのトロントで移民を申請することになる。イスタンブールで初めて中華料理店に入ったのも、この旅の途中だった。旅行ガイドの『Let's Go Europe』によれば、店のオーナーは、同地に「中国から歩いてきた」という。この店にたまたま立ち寄ったことがきっかけで、後に中華料理店のドキュメンタリーシリーズの制作につながり、あれから25年後に再びあの店に足を運ぶことになったのである。４年間、華人が手がけるおいしい料理と興味深いエピソードを求めて世界各地に足を運んだ。アマゾンから北極圏まで20万キロを超える冒険の旅である。

世界のどこに行っても家族経営の中華料理店は、移民、コミュニティ、おいしい料理の象徴である。こうした店が世界の至るところにあって、見知らぬ土地に滞在する旅人、点心や北京ダック、さらには現地化された意外な中華料理を生み出す料理人らの集まる前哨基地のようになっている。新入りの華人にとって、その土地に溶け込む近道は、中華料理店を開くことだ。何しろ他国の人々には太刀打ちできない独特の仕事だし、合法的な移民か不法移民かを問わず、新参者の働き口になり、自立の手助けとなる。

だが、食は単なる入り口にすぎない。

厨房の中を覗き込めば、母国の文化を背負っての移民と世界政治の複雑な歴史が見えてくる。アフリカだろうが南米だろうが、街角から大都会まであちらこちらで目にする翠園や金龍を冠した店は、世界の近代化の原動力となった社会の分裂や政治運動と複雑に絡み合っている。

本書で繰り広げられる地球を舞台にした物語には、世界５大陸に中華料理店という種を蒔いていった料理人、経営者や従業員、一発当ててやろうと意気込む夢追い人ら一人ひとりの人生が詰まっていて、そうした人生を紡ぎ出した社会的、文化的、政治的な背景も描かれている。

今、中国から離れた土地に暮らす華人の数は４０００万人以上に達する。それでも、思いも寄らぬ世界の片隅で知り合いになることは偶然の賜物である。世界を旅しながら、遠く離れた地で生きる華人の同胞に会うと、いつも決まって脳裏をよぎる疑問がある。私たちのアイデンティティとは、国籍なのか、それとも民族性なのか。

国籍は、容易に付与することも剝奪することもできる法的な概念だが、民族性は私たちと一体化している。いわば「血」である。

複数のパスポートを持ち、異なる文化を横断してきた私でも、心の底では自分が民族的には中国人だと意識している。ともかく私はこれまでずっと中国の文化的特徴を持ち続けてきた。中国系カナダ人2世のジャーナリスト、ナンシー・インワードがこんなことを言っていた。「もう中国語は話せないし、文化も体現していないとしても、私たちは皆、先祖をたどれば行き着く中国という見えない荷物を背負っているんです」

そして「コメという主食から抜け出せないのと同じ」とお決まりのセリフで締め括っている。

かつてレニングラードと呼ばれた都市で、ネバ川にかかる橋を渡っていたときのこと。反対側の歩道を中国人とおぼしき初老の男性が向こうからやってきた。互いに会釈した後、いつもの癖で反対側に渡って男性に話しかけた。男性はソビエト連邦時代に建てられたという自宅アパートに招待してくれた。もう成人している娘さん、結婚40年になるロシア人の奥さんも交えて夕食を楽しんだ。やがて男性は、祖国から遠く離れたバルト海沿岸の町に流れ着いたいきさつや、ソビエト連邦時代の国際結婚は苦労の連続だったことなどを話してくれた。

このような偶然の出会いは、私の人生で貴重な瞬間だ。私たちは地理的にも、歴史的にも、政治的にもどこに境界線があるのか曖昧だが、ともかくその境界を越えて、かなり緊密につながり合っているように思える。互いに違うことは確かだし、話す言葉もさまざまな方言があり、言語そのものが違うこともあるのだが、ある共通の価値観が存在する。それは、家族の絆とか、中国文化や中国語教育を大切にし、何よりも中華料理に対する愛は冷めることがない。うまければ食べる。それに尽きる。

CONTENTS

第6章 アパルトヘイト時代の愛

――ケープタウン（南アフリカ）

第11章 大脱走——サンパウロ（ブラジル）

第1章　田舎町のおしゃべり中華カフェ

――サスカチュワン州アウトルック（カナダ）

「やあどうもチョック、ノイジーだよ。あの〝ムゥービー〟はいつ完成するんだい？　僕を主役にしてくれた例の映画なんだけど」

サスカチュワン州アウトルックの町を車で走っていると、聞き覚えのある声が電話越しに響く。気さくで憎めない性格のノイジー・ジムだ。彼の英語は「ムービー」が「ムゥービー」といった具合に母音が長めになる訛りがある。母語である台山《タイサン》語の影響である（訳注：台山語とは、中国南部に広がる広東語方言の一つ。北米で話される広東語は台山語が多い）。

「今度いつ会えるかな。そういえばトイサン・ドイはどうしてる？」

正しくはタイサン・ボーイ（台山出身の青年）なのだが、ジムの訛りはそう聞こえる。そのタイサン・ボーイとは、私のドキュメンタリー映画の撮影監督を務めているクォク・ジン（甄國健）のことで、いつも気にかけてくれるのだ。どちらも台山語を話す同郷のよしみでウマが合うらしい。クォクは、みんなからクォイと呼ばれている。

世界を一緒に旅しながら撮影してくれるカメラマンを探していたところ、友人のデイジー・リー（李艶蓮）が紹介してくれたのが、クォイだ。デイジーの作品を何本か撮った経験があるという。

「腕は間違いないの。見た目で判断しちゃダメよ」

初顔合わせに現れたクォイは、全身黒ずくめで、ベルトからはチェーンがぶら下がり、カウボーイハットに、白いフレームのメガネ、サンダル履きというスタイルだった。背は低く浅黒くて髭《ひげ》を伸ばしているせいか、いつも先住民と間違われるという。当初、裏方であるカメラマンにしては、目立ちすぎやしないかと気になった。撮影スタッフには、カメレオンよろしく現場になるべく溶け込んでほしいからだ。

監督としては、「水になれ」というブルース・リーの名言どおり、流れに任せてほしいのである。その思いをクォイも察し、文字どおり私の目となり耳となって活躍してくれた。厨房ではステディカム（手持ちカメラのブレを抑える器具）を巧みに扱い、狭いスペースでもてきぱきと動き回る。老子や荘子を源流とする玄学主義に影響を受けているのか、「全員のエネルギーや流れと波長を合わせれば、調和の取れた熱狂状態が生まれ、一切の衝突もなくなる」といった言葉も口にしていた。彼を採用して正解だったと納得した。

ノイジー・ジムとクォイが話す台山語は、広東省の四邑（「4つの村」の意）地方といわれる珠江《しゅこう》デルタ地帯の方言の1つだ。19世紀末にカナダに渡った中国移民のほとんどが、この地域の出身である。

２００1年11月。ノイジー・ジムが4日前に亡くなったという知らせが舞い込んだ。

葬儀の電話連絡を受けた翌日、私はソニーのビデオカメラ片手に飛び出した。次のフライトでトロントを出発すれば間に合うと判断したからだ。サスカチュワン州の大都市サスカトゥーンの空港で一晩過ごしてから、2年前の撮影時にクォイと一緒に走った道を南南東に向かって再び車を走らせている。当時は、5大陸15ヵ国で暮らす華人の取材を開始したところだった。

私は１９７6年にカナダに移住して以来、この地にやってきた先人たちの歴史を調べてみたいと常々考えていた。華人について語るなら、中華料理店オーナーの物語を描くに限る。カナダでは小さな町といえども必ず中華料理店がある。

最初にノイジー・ジムの噂を聞きつけたのは、トニー・チャン（陳善昌）からだった。

トニーは、アジア系カナダ人のアイデンティティを確立するために一緒に闘ってきた〝戦友〟である。１９７8年にアジア系カナダ人の芸術、文化、政治を後押しする進歩的な雑誌『The Asianadian（亜裔加人）』を共同で発刊した。カナダにある中華料理店の物語を紹介するにはどうすればいいのか、長年にわたって話し合ってきた。先鞭をつけたのはトニーだった。１９８5年、『CHINESE CAFES IN RURAL SASKATCHEWAN（沙省郷間的中國餐館）』（サスカチュワン州の田舎町にある中国式カフェ）と題したテレビのドキュメンタリー番組を制作したのだ。そこでいわば〝主役〟を張ったのが、ノイジー・ジムだった。

12年後の１９９7年には、ビデオアーティストのポール・ウォン（黄柏武）とともにカナダのプレーリー（大平原）を旅しながら、コールド・レイクやスイフト・カレント（「急流」の意）、バルカン（『スター・トレック』シリーズでおなじみの惑星にちなんだという）といった小さな町にある中国式カフェとそのオーナーを写真に収めていった。その1つが、「ニュー・アウトルック・カフェ」だった。トニーが制作したドキュメンタリー番組の中に、人を楽しませるのが好きな陽気なジムの姿があった。とにかく心が広くて、話し上手だった。その当時、75歳。

彼のようにチャイニーズカフェを経営する高齢のオーナーから身の上話やエピソードが聞けるのは、あと何年だろうと思ったものだ。

私は、ノイジー・ジムに、次に来るときもまた主役で撮らせてほしいと約束していた。その3年後の2000年、クォイを引き連れてアウトルックを再訪した。中華料理店シリーズのドキュメンタリーを撮影するためだった。

撮影旅行が終わって、編集者から撮れ高（訳注：作品に使える映像素材）が足りないと指摘されてしまった。初心者ゆえのミス。初の撮影はこんな調子だった。

取材の何年も前から、ジムは、近況報告やらご機嫌伺いやらでよく電話をかけてきたものだ。実は私も1ヵ月前にジムに電話したところだった。入院中で病状が重いと家族から聞かされていたからだ。再訪しても面会できるような状況ではなさそうだった。

そして今日、葬儀の1時間ほど前にようやく町に到着した。町の様子は見覚えがある。2年前にクォイと訪れたときと変わらない静かな風景が広がっていた。まもなく昼。メインストリートは人っ子一人いない。ジムのカフェに行ってみると、窓には葬儀のため休みとのお知らせが貼ってあった。恐らくは40年前に開店してから初めての休業ではないか。

コーヒーおかわり自由、名物はチャプスイ

亡くなる1年前の最後の取材はこんな感じだった。2000年1月の凍えるような日。気温はマイナス30度を示していた。サスカトゥーンからクォイと車を2時間走らせアウトルックに移動した。カナダの広大なプレーリーを突っ走る。大空とどこまでも続く小麦畑が広がっている。午後遅めの金色の日差しが降り注ぐ大地には、鉄道の踏切やカントリーエレベーター（大型の穀物乾燥貯蔵施設）が点在し、道路や線路が縦横に走っているが、車はまず見かけないし、列車など本当に通るのか疑わしいほど、静まり返っている。

荒涼としてはいるが、不思議なほど美しい光景でもあった。

町から5キロの丁字路の道路標識には「アウトルック　人口1200人」とある。標識どおり左に向かい、サウスサスカチュワン川を越えたすぐ先にある。太陽は沈みかけていた。ジョン・フォード監督の西部劇に登場するガンマンのような気分で町に乗り込んだ。

信号もないメインストリートの中間辺り、カーディーラーの向かいの角が、ニュー・アウトルック・カフェである。店の角から交差点に向かって看板が斜めに突き出ているから、どちらから来ても見つけやすい。

奥行きのある店内に入ると、ボックス席が奥まで3列続いていて、席数は50。そのさらに奥に厨房がある。軽食用のカウンター席もあり、すぐ隣にはコカ・コーラの冷蔵庫、デザートを並べたステンレスの陳列棚、ありきたりのコーヒーメーカーがあった。

奥の壁には「ノイジー・ジムの手作りアップルパイ」と書かれたポスターが貼られている。

陽気なジムは、コーヒーのお代わりを注いで回りながら、客との会話を楽しむ。その姿はまさしくチャイニーズカフェの一国一城の主である。

もっとも、主にも限界はある。

実はその7年前に引退を決め、ルビー・リー（李紅玉）とケン・チャン（陳釗強）という移民カップルに店を譲渡していたのだ（訳注：中国は原則として夫婦別姓）。この二人も、ジムと同じ広東省開平にある村の出身だ。それでも、相変わらず朝6時には店に立ち、常連客にコーヒーを振る舞う。1959年から毎日続けてきた習慣だ。

「朝は4時起きだよ」とジムはガラガラ声で語る。「（新オーナーの）二人は遅くまで働き詰めだからね、朝は僕が来て開店を手伝ってるんだよ。ほかに何もやることないんだから、手伝ったほうがいいに決まってるだろ」

「少しは報酬をもらってるんですか」

私は気になって尋ねた。

「二人は出したいと言ってるけど、僕は受け取らないよ。給料なんかもらったら、自由人じゃなくなっちゃうからね」と威勢のいい声が店内に響き渡る。「こういうふうに、好きなときに来て、好きなときに帰るんだ。借りを作りたくないんだよ。誰かに世話になったら、今度は自分がほかの人を助ける。それでいいんだ。そのほうが気分がいいからね。それが僕のやり方なんだよ」

30年来の常連客だというロイド・スミスによれば、ジムの習慣は変わらないという。

「わざわざここのコーヒーを自宅に持ち帰っているんだ。家で淹れるコーヒーは口に合わないんだってさ」

この店の郵便受けは近くの町中にあり（訳注：都市部以外は郵便の戸別配達がなく、地域ごとの集合型メールボックスに配達される）、その鍵を預かっていたのがロイドだ。レストラン宛ての郵便物があれば、店に届けていた。今もジムが目を通してから新オーナーに渡している。

ロイドは「ここはバーで騒ぐような町じゃない。カフェが似合うんだ」と諭すように言う。カフェが住民の社交の場なんだ。お茶を飲みながら雑談してね。家でテレビを見ているより楽しいから」

チャイニーズカフェは、単なる飲食の場ではない。カナダのプレーリー地域では、町の憩いの場でもある。地域の拠点であり、家族を育む場でもある。ジムと常連客は深い絆で結ばれているとあって、ずいぶん長い間、常連にも店の鍵をわたしてある。朝、ジムより先に店に来てしまっても、自分で店を開けてコーヒーを飲んでもらえるようにとの配慮からだ。何なら、厨房に入って自分で朝食を作ってもいい。ジムがいなくても、客は帰り際にカウンターの木箱にお代を入れて店を出る。

この店は、老若男女問わず地元の人々に愛されていた。早朝にここでコーヒーを飲んでから農場に向から労働者。朝の仕事を終えてここで一息つくスクールバスの運転手。ランチタイムに連れ立っておしゃべりに興じる母娘。1日に2度来店することもある定年退職組。

「自宅に帰るには遠過ぎるし、ここは手作りのおいしい料理があるから」と、毎日ここでランチを楽しんでいるのは、王立カナダ騎馬警察隊のリサ・クーパーだ。

厨房の撮影をクォイに任せている間、私は店内で30代半ばとおぼしき3人の男性客に話を聞いた。ジョンディアのベースボールキャップを被ったジェレミーという男性は、「だらだら過ごし、コーヒーを飲んで、何か食べて、トランプで遊んだり」で、6時間以上過ごした日もあったと振り返る。

ブルージェイズのベースボールキャップ姿は、ジョン。7歳のときに両親に連れられて来店して以来の常連だ。

「初めて来た日から中華料理が好きになって、ずっと通っている」

同じく3人組のカーティスは、席につくなり「何をオーダーするかジムにはお見通しなんだよ。『フライドポテトのチーズとグレービーソースがけだろ』ってね」

プレーリーにあるカフェは、正確には中華料理店ではない。実際、提供されるメニューは、中華料理とは似ても似つかない。朝ならおいしいコーヒーとベーコンエッグ、ランチは分厚いポークチョップにマッシュポテトのグレイビーソース（訳注：肉汁で作るソース）添え、夜はディナー後に訪れる客向けのコーヒーやデザートといった具合だ。

「おまけにコーヒーは1ドルでおかわり自由。食べ物もマクドナルドよりおいしいし」とジョン。

どんなメニューがあるのかジムに聞いてみた。

「カナダ風……の中華かな。正確に言えば中華ではないね。米国風中華料理といえばいいのかな。炸蛋巻《ジャーダンギュン》（訳注：米国の中華料理店でお馴染みのキャベツや豚肉を具にした揚げ春巻き風料理）、炒麺《チャウメン》（中華焼きそば）、チャプスイ（訳注：八宝菜に似た料理）とかね。本場の中華とは違うね、そうでしょ」

確かに、チャプスイは米国生まれの中華だ。ジェニファー8・リーは著書『The Fortune Cookie Chronicles』の中で、チャプスイは異文化を利用した料理界最大のジョークと指摘している。実はチャプスイは広東語で雑砕と書き、「寄せ集め」「ごった煮」といった意味になる。要するに、残り物なら何でもいいわけである。基本的には、肉・野菜を醬油と胡麻油で炒め、コーンスターチでとろみをつけた料理である。もやしも安価なので材料としてよく使われる。

この料理の起源を巡っては、さまざまな説がある。だが、一般的には、20世紀初頭に中国からカリフォルニアに移り住んだ移民が生み出したのではないかと言われている。その多くは、職を失った鉄道労働者だったらしい。この料理の巧妙なところは、どんな材料でも作れてしまう点だ。

余った材料を上手に生かしているのは、初期に入ってきた中国人労働者だけではない。高級シェフも例外ではないのだ。中華・フレンチの高級フュージョン料理で長年、トロントのレストラン業界を席巻してきたカリスマシェフ、ススール・リーの朝のメニューミーティングを取材させてもらったことがある。彼がスタッフに最初に尋ねた質問が「今、冷蔵庫とパントリー（食品庫）に何が残っている？」だった。

カナダ横断鉄道を築いた中国人労働者

1858年、カナダのブリティッシュ・コロンビア州フレイザーバレーで集まった砂金取りや金採掘者に使用人として使ってもらおうと中国からの移民が今のカナダ領に初めて到着した。その多くは、カリフォルニアのゴールドラッシュが終焉を迎えてカナダへと北上してきた人々だ。中国人移民労働者は、米国のサンフランシスコを「旧金山」、カナダのブリティッシュ・コロンビア州バンクーバーを「新金山」と呼ぶ。

1881年から1884年にかけて大陸横断のカナダ太平洋鉄道を建設するため、広東省で1万7000人を超える中国人労働者の募集があった。フットワークの良さと勤勉さが重宝されて雇われるが、山にダイナマイトを仕掛けて爆破するような危険な仕事を任せられることも少なくなかった。命を失う者も多かった。鉄道1マイル（1・6キロ）を建設するたびに中国人労働者1人が犠牲になったとも言われる。

1885年には、カナダの西部区間と中央区間がブリティッシュ・コロンビア州の山中で接続し、横断鉄道がついに完成する。その際、レールを枕木に固定する犬釘の最後の1本が打ち込まれる様子が記念すべき瞬間として写真に収められている。だが、その写真に収まったのは、全員が白人だった。中国人の姿は誰一人として見えない。中国人の労働も犠牲も努力も、歴史から抹殺されてしまった。

中国人労働者の報酬は、他の労働者の3分の1にとどまっただけでなく、鉄道の完成とともに彼らはお払い箱になった。母国に帰る術もなく、当時、中国人に認められていた数少ない職業の範囲で働き口を探さざるを得なかった。それが洗濯、料理、清掃だった。当時としては女性の仕事とされていたものばかりだ。

１８８５年を境に、カナダ政府は、当初は50ドルの人頭税を課し、最終的には５００ドルにまで引き上げることで、中国人の移民のハードルを上げていった（訳注：19世紀後半の中国人移民労働者の日当は１ドル前後）。そのわずかな移民の道さえも、１９２３年の中国人移民制限法（訳注：カナダでは一般に「排華法」と呼ばれている）の可決を受けて、閉ざされることになった。

１９４７年に同法が廃止されるまでの24年間、中国人労働者はカナダに入国することも禁止された。それでも人々は、かまわずカナダをめざした。すでに亡くなっているカナダ居住華人の身分を装った〝ペーパー・サン（書類上の息子）〟としてやってきた人々だ。ジムは、１９３９年に周家谷《チョウカークック》（チョウ・ジムクック）という名の中国人男児の出生証明書でカナダに到着する。

「当時はみんながその手の書類を売ってたよ。自分と同じ年頃で、すでに亡くなっている人の出生証明書を手に入れればいいんです。名前から何から、その人物になりすますんだよ」

中国にいるジムの父親は、カナダで金策に困っていた友人を助けたことがあった。そのときのお礼なのだろう。その友人が中国に里帰りした際、ジムの父親に２人分の出生証明書を手渡した。その証明書は、すでに死亡している少年のものだった。ジムは、その故人である少年になりすましたのである。ジムは、当時自分が12歳だったか14歳だったか、正確には思い出せないというが、ともかく出生証明書に書かれた誕生日が自分の誕生日だと思い込んで生きてきた。書類の少年になりすますわけだから、両親、きょうだい、住んでいた町、通っていた学校など、あらゆることを頭に叩き込まなければならなかった。

「香港の入国管理事務所は、そういう事柄をしつこく尋ねてくるんだよ。こっちに着いても、また同じように質問攻めでね。だからこういう情報を丸暗記して正しい答えを言えるようにしておかなければならなかったんだ」

私の父も、いわばペーパー・サンの形でカナダにやってきた口だ。親族や家族ぐるみで付き合いのある人たちからは、自分の父親が違う名前で呼ばれていたことが長年の謎だった。後でわかったのだが、父の出生証明書は戦争中に消失していた。そこで、海外に出るためにパスポートを申請する際、幼くして亡くなった兄になりすましたのである。

ジムの記憶によれば、カナディアンパシフィック汽船が運航するエンプレス・オブ・ロシアという汽船で香港からバンクーバーまで移動したという。ときは1939年9月。ジムの乗った汽船がホノルルでドック入りしていたころ、カナダがドイツに宣戦布告をした。ジムによれば、汽船は太平洋でドイツの潜水艦2隻に追跡されていたという。

ジムが当時の足取りの記憶をたどっているうちに、弟と姉も一緒だったと明かした。姉は一足先にカナダ在住の身分になっていて、渡航中にABCを教えてくれたという。だが、3人の関係に関する記憶は曖昧だ。その「姉」という人物は、ジムの〝ペーパー・ファーザー（書類上の父）〟から見て、実の娘だったのか。「弟」という人物は、ジムと同じように村から出てきたペーパー・サンだったのか。それとも実の弟だったのか。ジムは詳しくを語りたがらない。恐らく自分でもよくわからないのだろう。

バンクーバー到着後、ジムは列車でサスカチュワン州ムースジョーに移動し、そこからアウトルックにやってきた。その鉄道こそ、60年前に中国人労働者たちが建設に携わった鉄道である。身分を偽り、偽名で入国した不法移民の立場ゆえ、途中でどこかに滞在するつもりはなかった。

「滞在中に誰かに怪しまれたら、当局に通報されかねないからね。誰にも知られたくなかったんだ」

ペーパー・サンの花嫁探し

ジムのペーパー・ファーザーは、周瑞濯（チョウ・ユアン、通称「ファット・クック」）と言い、1911年にカナダにやってきた。500ドルの人頭税を払い、清朝中国の出身者らしく弁髪を結っていた。周が最初に見つけた仕事は、バンクーバーの医院での下男で、月給は4ドルだった（訳注：肉体労働に比べると、住み込み使用人の賃金は安かった）。

「当時としては結構な額」とジムが言う。「3年も働けば、中国ならゆうに1200平方メートルを超える土地が買えるほどの蓄えになったね」

1929年、周は仲間数人を集めてアウトルック・カフェを開店する。ジムがカナダに到着して最初に働いたのも、このカフェだ。数年働いた後、ブリティッシュ・コロンビア州のドーソン・クリークに向かい、アラスカ・ハイウェイの建設作業に携わった。アウトルックに戻ったのは戦後のことだ。

中国の原籍地（先祖が籍を置いていた場所）への旅を考えていた周は、１９４７年に中国人移民制限法が廃止されたタイミングで、ジムに中国への同行を命じた。

「中国に帰る理由は知っていたんですか」

「父は何も言わなかったけど、僕はわかってたよ。中国人のやり方だからね。父親が行けと言ったら、行くしかないよ。当時は今よりももっと親が偉かったんだ」とジム。

「お父様はどうして同行を命じたんですか」

「結婚さ」と照れ笑いを浮かべた。

「じゃあ、息子の嫁探しで帰国を計画したわけですか」

私はわざと怪訝そうに尋ねた。

「そうさ、行けば、どうなるかわかってたし。こっちに住んでいても、おじだっていとこだってみんな嫁探しで帰国したんだから」

「本音は行きたかったんですか」

「別に……。でも行ったね」

「お相手は見つかったんですか」

「嫁探しと言えば聞こえはいいけどね、あのころは、自分の自由なんてなかったから」

そう言いながら茶目っ気たっぷりに笑う。

当時、24歳か26歳だったという。いわゆる取り決め婚であり、花嫁は初対面の相手だった。だが、翌年、ジムは新妻のメイ・ウォン（黄美雪）を中国の家に残したまま、カナダに戻る。

「一緒には行けなかったからね。まず自分がこっちに来て、サスカトゥーンの入国管理局で妻の入国申請をする必要があったので」

ようやくメイがカナダに渡ったのは、3年後だった。そのときに同行したのが、ジムのいとこのチョウ・フォン（周同皖）である。フォンは、ジムと同様にペーパー・サンとしてカナダに入国し、隣町のローズタウンにあるチャイニーズカフェを切り盛りする「父親」を手伝うことになった。

取材中の晩に、ジム夫妻は店にフォン夫妻（フォンは1955年に里帰りして関美意《クワンメイイー》と結婚）を招いて麻雀を楽しんでいた。そこで私はジムの妻に、金山行きに帯同することを二つ返事で受け入れたのかと尋ねた。

「選択肢なんてないんだよ」。ジムが代わりに答える。「はいと答えたら、やるしかないからね」

ジムがいたずらっぽい笑いを浮かべて、こちらを見る。

「作って、洗って、作って、洗って」

2男5女に恵まれたジムは、ことあるごとに自分は「ラッキーセブン」に囲まれていると語っていた。夫妻は1952年にいったんカナダ西海岸に移り住み、当初はバンクーバーのグランビル・ストリートで食品店を営んだ。子供たち全員がそこで生まれた。競合店が多過ぎることから太平洋岸沿いに1500キロ北上したプリンス・ルパートに移り、今度は「コモドア・カフェ」を開店させた。

7年後、いとこのフォンが新規オープンした「モダン・カフェ」で働くため、ジム一家はアウトックに戻った。翌年、ジムは2軒先に「ニュー・アウトルック・カフェ」を開店させる。

ジムは以前、近くのローズタウンという町でアマチュア無線の免許を取るために勉強したことがある。無線技師になりたかったという。その気になれば、税務調査官や会計士も夢ではなかったろうし、ひょっとしたらブリティッシュ・コロンビア州の森林警備隊員として、せっかく学んだモールス信号で森林の状況を報告していたかもしれない。しかし、父親からは、そういう仕事は華人のためにあるのではないのだから、レストランでおとなしく働けと諭された（当時の中国系カナダ人は、多くの職業が禁止されていた）。

「ほかの仕事をしていたかもしれないね」

そう漏らすジムは、一抹の後悔の念を滲《にじ》ませた。

「どれもチャンスはあったんだよ」

子供たちには「作って、洗って、作って、洗って」の人生で終わってほしくないと願っている。

「子供たちも嫌だって言っているよ。長時間の重労働なのに、儲からないからね。労働時間を計算すりゃわかるけど、時給50セントで御の字なんだから」

「でもお子さんたちは、あなたのことを誇りに思ってますよ」

「そりゃそうだよ。育て方が良かったからね。教育には力を入れたんだ」

ニヤリと笑って胸を張る。

「みんな店を手伝ってくれたなあ。掃除も皿洗いも。毎回、給料を払ったわけじゃないけど」

取材でアウトルック滞在中に、ジムの子供たちのうち、サスカトゥーンに暮らす下から2番目のグラント・クック、下から3番目のバーバラ・ラーソンにも話を聞こうと寄り道をした。グラントは、両親の店では子供たちが安く使える労働力だったとおどけてみせる。積み上がった皿を洗い、ソーダやジュースの瓶がぎっしり詰まった重い木箱を運び、レジ係もしたそうだ。

バーバラは、レストランの子供として育ったと振り返る。

「恨みつらみはありましたね。地元に溶け込んでいたし、友達もみんな同じ町に住んでいました。でも店の手伝いがあったので、遊ぶ時間があまりなかったんです。今、大人になって振り返ってみると、両親がどれほど苦労したのかとか、私たち子供のためにいろいろなことを我慢したんだなと実感します」

グラントはこんな思い出話を披露してくれた。

「子供のころは気づかなかったんですが、父は地元のいろいろな催しのために資金集めにいつも奔走していました。地元で困っている家庭があれば、生活苦だろうが何だろうが、黙々と救いの手を差し伸べるんです」

地元の人たちがジムの引退パーティを開いてくれたとき、労いの声をかけようと集まってくれた人の数に子供たちは感動したという。ジムが子供たちに常に言い聞かせてきたことがある。それは、「家族と地元を第一に考えよ」だ。まさにその言葉を体現した人生だった。

自分たちが誇れるものを生み出したい

フォンとジムはいとこ同士だが、2人を見ているとまるで双子のようだ。偶然にも2人がなりすましたのは、どちらも周という姓の人物だった。ジムの本名は、周同光《チョウハンコン》（訳注：「同」をハンと発音するのは、台山語発音のため）。書類上の名前が周家谷である。中国人は、姓、名の順に名乗るが、他の国に移動したとたん、名、姓の順にひっくり返ることが多い。

「うちの村には、周という姓が多いんです」とフォン。

ジムが続ける。

「そうそう、同じ村で周ならみんな親戚関係だね」

中国では、先祖代々同じ村に住み着き、大家族に発展することも珍しくない。だから、村の中で同じ姓の人々が祖先をたどっていくと、最初に村に定住した人物に行き当たることが多い。

私は、英国植民地時代の香港に生まれた。関《クワン》姓の祖父は、広東省広州からそれほど遠くない南海県（訳注：現・仏山市南海区）の九江《ガウゴン》という村の出身である。九江村に最初に定住した関姓を名乗る人物は、750年ほど前の南宋時代に中国中部から移り住んだと言われている。原籍地の祠堂《しどう》に保管されている家系図によれば、その最初にやってきた人物から20代も家系をたどることができる（残念ながら系譜にあるのは男子だけで、各代の長男へと引き継がれている）。

広東語のように同じ語派の方言であっても、ずいぶん異なった発展の道をたどり、たとえ川の両岸の村同士でも相互に理解できないほど独自に発展することもある。

物理的、社会的に移動できないことが原因だ。私の村の出身者は九江の方言「九江話」を話すが、他の地域の出身者にはほぼ理解不能だ。そういうわけで、ジムが話す台山語を理解するには、同郷のクォイの出番となるのだ。

ジムの書類上の名前は先に紹介したように姓が周、名が家谷だが、名の最後の漢字1文字である谷《クック》をカナダでは姓として使っている。中国の姓である周を捨てることは、自分のアイデンティティを失ったような気分にならないのか。

「みんなからはずっとジム、ジムって呼ばれているしね、単なる名前だよ。所詮は名前。それで僕が変わるわけじゃない。大した問題じゃないよ。バカだの間抜けだのと呼ばれなきゃ、何だっていいさ」

では、「ノイジー」（うるさい）と呼ばれるようになったのはなぜか。

「そんなのわかるだろう？　あれだけ騒々しいんだから」

店の郵便受けの鍵当番も担う古い友人、ロイドがやってきて説明する。

「あんなにうるさい男はいないよ。あれは作戦だったんだな。電話をかけてきて、開口一番『ノイジーだよ』（うるさいよ）と宣言するようなものだから」

ロイドの隣に座っている元農家で今は引退した身のクラレンスが、ジムから電話がかかってきたときの反応を身振りで見せる。

「朝から大声でしゃべるから、こっちは自分の声が聞こえないほどよ」

フィンランド系の高齢女性、ベルナの説明がすべてを物語っている。１９２０年代にはフィンランドやノルウェーから多くの移民が訪れた。最近はギリシャやベトナム、イラクからの移民もいる。

クラレンスが解説する。

「中国人移民はこの土地に留まって、自分たちが誇れるものを生み出したいと考えるんだ。そこに彼らの大きな関心があるんだよ。ほかの移民とは大きく違う点だね」

ジム自身は自分のことを華人と思っているのか、それともカナダ人と思っているのか。

「自分では、中国系カナダ人と言ってるね。それに、僕の出生届にもカナダで生まれたと書いてあるよ」とウインクしてみせた。「僕は僕。ほかの誰でもない。カナダ人でも中国人でも日本人でもイタリア人でもいい。なんだっていいんだ。僕は僕なんだから」

カナダ太平洋鉄道の鉄道建設に参加し、そのまま定住した中国人移民労働者は、偏見や差別に翻弄されながらも、模範的な市民となった。だが、この点についてジムは「地域社会に奉仕するのが僕らの仕事」として、人生の特別な使命だと説明する。

「同じ町で暮らす人々のために自分から働きかけなきゃいけない。奉仕するのが務めなんだよ」

また、小さな町のほうが人々と打ち解けやすいとも言う。

「都会じゃ隣に誰が住んでいるのかわからないことも多いよね」

客も助けてくれる。客同士が互いに気遣うし、店の世話までしてくれる。コーヒーポットが空になると、気づいた客が淹れてくる。お代わりのコーヒーを取りに行ったついでに、ほかの客にもお代わりはどうかと声をかけて回るといった具合だ。

アウトルックに対するジムの地元愛は深い。地元の高校のアイスホッケーチームの運営資金集めに、レストランで募金活動をしたこともある。ホッケーの道具が高くて買えない生徒がいれば、ジムは中古用具を買い与える。スケートリンクに人工の氷を張り、遠征試合の移動用バスのガソリン代を捻出するための資金集めにも奔走した。

彼を町長候補に推す声も多かったが、ジム自身にその気はなかった。そのことを常連のロイドに言うと、笑い出した。

「柄でもないよ。彼が政治に興味がないわけじゃないけど、本人が混乱するんじゃないかな。自分がどの党だったか忘れちゃうほどだから。それに、何か口を開けば、余計な争いが勃発するでしょ」

町長になろうがなるまいが、ジムはアウトルックの顔だった。本人もそう思っている。

「この町で60年以上。開拓者だよ。だからアウトルックは自分の庭みたいなものだ。自分のものだね」

苦労なしに幸せな生活なし

取材の一環でムースジョーに日帰りで足を延ばした。ここにはジムのペーパー・ファーザーの墓がある。何もない吹きっさらしの道路を車で2時間。車窓からは見渡す限りの雪景色だ。後部座席でジムとフォンの軽口が止まらない。ふさふさの帽子に耳当て姿の2人は見るからにおもしろいと私がからかう。

ムースジョーは、カナダ西部でも特に未開拓の風景で知られる。メインストリートの下にはトンネルが張り巡らされていて、かつての鉄道建設に来た中国人労働者が長年地下道に暮らしていた。1908年ごろに掘られたもので、その背景には、仕事を奪われたと思い込んだ白人たちが中国人鉄道労働者をめった打ちにした事件があった。カナダ西部は、黄禍論（訳注：黄色人種の台頭を恐れた白色人種が唱えた黄色人種排斥論）を背景に過剰反応が渦巻き、中国人移民労働者は文字どおり地下に潜るほかなく、華人経営の会社や店舗の真下に秘密の地下道を掘り、状況が改善するまで潜伏できる体制を整えていた。

1920年代の禁酒法時代、シカゴのギャングは、FBIの目をかいくぐって、こうした地下道をギャンブルや売春、密造酒の貯蔵に利用していた。

場合によっては中国人を雇って密輸の片棒を担がせたり、コックや洗濯屋として使ったりしていた。アル・カポネもここに潜伏していたらしい。ムースジョーに住むナンシー・グレイは、地元新聞の記者から取材を受け、自分の父親が地下道に呼ばれてカポネの散髪を請け負ったことがあると答えている。今では地下道は観光スポットになっている。駅の隣にはカポネズ・ハイダウェイ・モーテルがある。

ローズデール墓地は厚い雪に覆われていた。しばらくしてフォンがようやく周瑞濯の墓の位置を見つけ出した。先頭を歩いていたジムは、ここを訪れることにあまり乗り気ではなかった。

「ああ、あれで間違いない」

そう言いながら、戻ってきた。

「お母さんのお墓はどこに？」

「この先だ」

指差すが、行こうとはしない。

「自分のお墓もここがいいですか」

私は何度もこの質問をぶつけた。中国人移民の古い世代には、自分が死んだら、たとえ遺骨や遺灰だけでもいいから祖国に帰りたいという願望が根強くある。

「そんなことを聞くもんじゃないよ。華人は嫌がるよ」

そう言って、雪深い道をずしずしとよろけながら歩いて行ってしまった。カメラをぶれないように抱えていたクォイも、歩くのに苦労していた。

車に戻るなり、クォイは凍てついたカメラを温めながら「いやぁ、すごい体験だったよ」と興奮ぎみに語る。あの温度だと、マイクケーブルは凍ってガチガチになるし、カメラのレンズ内部の曇りもなかなか取れない。

クォイの父親は、中国が共産主義国家となる前年の1948年にやはりペーパー・サンとして台山を後にしている。そして、カナダで〝書類上の父〟と合流した。この人物が20世紀初頭のカナダ入国に際して義務付けられていた人頭税を払ってくれたという。7年後、クォイの父は十分な貯金を手に故郷の家族を訪ねる。家族も中国大陸を脱出して、香港に逃げ込んでいた。クォイの父が香港に滞在したのは1年だけだが、その間に、長男が誕生する。それがクォイだ。クォイは9歳のときにカナダに渡り、父親と一緒に暮らすことになった。もっとも、本人は父親の顔も知らない状態だった。

クォイとジムの人生は不気味なほどによく似ている。それもあって同郷の絆が生まれたのだろう。今回の墓地への寄り道がきっかけで、この2人がずっと押し殺してきたさまざまな感情があふれ出したのではないか。

町に戻る途中で、地下道見学のチケット売り場の隣にあるナショナル・カフェ・オン・メインストリートという店に立ち寄った。創業55年になるレストランで、オーナーはタップ・クワン（関栄楫）。フォンの妻メイの親戚に当たる。

ニュー・アウトルック・カフェやモダン・カフェよりはるかに大きな店舗で、2つのフロアに180席もある。

コーヒーを飲みながら、ジムとフォンが中国人移民に共通する開拓精神や家族重視の価値観について、思い出を交えて語り出した。フォンは「どんな家庭に育とうと、一家そろって働く」と言う。

「あのね。店で何か切らしていても、いつでもこいつから借りられるんだ」

そう言いながらジムがフォンを指差す。

「ある朝、こいつの店のコーヒーマシンが壊れちゃってね。うちにコーヒーを取りに来たこともある。ライバルじゃない。同じ家族なんだよ」

フォンが確かめるように語る。

「みんな一生懸命働く。『苦労なしに幸せな生活なし』ってね」

「勤勉で死にはしないよ」

ジムもエンジンがかかってきた。

「楽しんで仕事ができるなら、いくらもらえるかは大きな問題じゃないんだ。立派な大企業でいくら給料が良くても、楽しんで働けないなら辛いだけ。そのうち胃潰瘍になるさ」

「神を信じますか」

ふとそんな質問が口をついて出た。フォンが含み笑いを浮かべている。

ジムはそれまでと打って変わり「わからないね」と真剣な表情で答えた。

「そういうときもあるし、そうじゃないときもある。でも霊魂の存在は信じているよ。口から出てくる言葉は自分の魂がやっていることなんだ。肉体は単なる車みたいなもので誰かが動かしている。ガソリンや運転手がいなきゃ動かないからね。僕らが歩くのも考えるのも自分の魂がやっていることだよ。自分の霊魂さ」

郊外に並ぶ華人の墓

アウトルック公民館で開かれたジムの葬儀は、まるで町の住人全員が集まったかのようだった。遠くトロントやバンクーバーから駆けつけたジムの親族もいた。棺の付き添い人は6人、さらに名誉付き添い人には12人が名を連ねた。また、棺の前を歩く旗手役として地元高校のアイスホッケー部員全員が勢ぞろいした。

一家と親交の深かったジョン・バブラは、心からの追悼の辞を述べた。

「地元を離れた昔の常連客が25年ぶりにジムの店に集まったことがありました。懐かしい面々が来店するたびにジムは一人ひとり名前を呼んで歓迎してくれました。そして『料理はこれだな。飲み物はこれで良かったかい？』と聞いてくるんです。私たちが『どうしてわかるんです？』と不思議そうに尋ねると、『だって25年前、あんたはいつもこれを注文してたよ』って言っていました。みんなのことをこんなにしっかり覚えていてくれるのは、友を心から大切に思っている証拠です。ちょっと武骨だけど人を楽しませてくれたジムには、サービスのあるべき姿を教えてもらったように思います」

中国の伝統では、棺を運びながら自宅を3周してから埋葬に向かう。この日、霊柩車が向かう先は、疑いの余地がなかった。ノイジー・ジムを乗せた車は、近所を3周した後、彼が築き上げたニュー・アウトルック・カフェに最後の別れを告げた。

サスカトゥーン郊外の広大な土地にあるウッドローン墓地は、美しい設計が特徴だ。その中で華人の墓が並ぶ大きな区画がある。どの墓石にも、プレーリー地方ではよく耳にする「余《ユウ》（訳注：プレーリー地域の華人は台山語話者が多く、イーという読みが一般的）」「麥《マク》（麦）」「周《チョウ》」「馬《マ》」といった姓が大きく刻まれている。

下ろされる棺を前に泣き崩れる妻のメイを息子のグラントとスティーブが抱きかかえた。

葬儀後に市内の中華料理店で会食の場が設けられていた。出席者がみな店に移動した後、私は一人、ジムの墓前に立っていた。2年前、華人の物語を求めて世界へと旅立った私にとって、記念すべき最初の訪問地が、ここアウトルックだった。ここを起点にしたことに間違いはなかったと改めて実感している。

第2章　イスラエルで牧師になった難民

――ハイファ（イスラエル）

1978年12月の月のない夜。ベトナムのホーチミン（旧サイゴン）にあるチャイナタウン、チョロンに、ある男が現れ、ここに暮らす友人一家を車に乗せる。キエン・ウォン（王章建）、妻のメイ、2歳から15歳までの4人の娘の6人家族だ。車は一家をメコン川の河岸に送り届けた。

一家は付近の養鶏場に身を隠して真夜中を待ち、約束の時間になると、難民でぎゅうぎゅう詰めの漁船に乗り、公海をめざした。公海上で香港船籍の貨物船「東安号《トンアン》」に乗り移る手筈《てはず》だった。ウォン一家は、ベトナムを出るために4000米ドル相当を金貨で支払っていた。

合わせて2700人の難民を乗せた東安号は、16日間、南シナ海をさまよった。タイからもマレーシアからもブルネイからも難民受け入れを拒まれた。そしてマニラ湾でようやく接岸できたものの、フィリピンは乗船者の上陸を許可しなかった。

その時点で、命を落とした子供の数は20人にのぼる。

マニラ湾で2週間の係船中、乗船者は、国際人道支援組織が送り届けた食料や水、医薬品のおかげでどうにか生き延びることができた。フィリピン政府が公海への曳航を準備していた段階で、13ヵ国が難民定住受け入れを表明した。

多くのベトナム難民と同様に、ウォンもオーストラリアか米国かカナダを希望するつもりだった。フランスでもよかった。多少フランス語が話せたからだ。だが、イスラエル政府職員との面接希望者が募られると、最初に手を挙げたのは、ウォンだった。

「神の御手に導かれたのです」

初めて会ったウォンは、こう切り出した。ベトナムの福音教会で非常勤の牧師を務めていたウォンは、聖地で福音を広める機会になると前向きに受け止めたのだった。

ティラピアの揚げ焼き・生姜と青ネギの醤油あんかけ

私は、クォイ、デイビッド・スー（斯紹華）を伴い、2000年2月にベン・グリオン国際空港に降り立った。昼半ばというのに、辺りは真夜中のようだった。見渡す限り不気味な黒い雲が低く垂れ込め、移動中の車の窓に暴風雨が容赦なく叩き付ける。ラッシュアワーの渋滞の中、テルアビブの環状道路をのろのろと進んでいた。

「この辺りはノアの箱舟の舞台だね」

クォイがまじめくさった顔で言う。

まったくタイプの異なる2人を引き連れての旅だった。

クォイは、白いカウボーイハットと白の太縁メガネという派手なファッションとは裏腹に、とにかく控えめだが、皮肉なユーモアたっぷりの男だ。イスラエル国防軍（IDF）の払い下げ品専門店みたいなものがあったら、戦闘服を買いたいという。そんな店があるのかどうか知らないが。

一方、デイビッドは、台湾出身でトロントの大学を卒業したばかりのこざっぱりとした風貌の若者だ。地元の映画学校に通っていて、そこの講師を務めるクォイに誘われる形で第2カメラマン兼ロケ音響として私のチームに参加している。確かに、何から何までクォイ任せにできないことは私たちも重々承知している。

3時間後、テルアビブから続く沿岸ハイウェイを走り、カルメル山を迂回し、宿のあるイスラエル第3の大都市ハイファに入った。そのころには、雨雲が消え、夕日が地中海を染めていた。

ハイファは、アラブ系とユダヤ系の共存のお手本のような町だ。人口の70%はアラブ系のクリスチャンで、ハイファの低地エリアに暮らす。かつて国際連盟の英国委任統治領パレスチナに属していたハイファについて、英国は中東原油の中心的な輸出港にしようと投資していた。同時に移民の拠点にもなっていた。

8時。私たちは、衣料品店、香辛料店、自動車修理店、シシカバブ（肉の串焼き）料理店が軒を連ねるアラブ人街にいた。横殴りの雨が上がり、街は輝いて見える。夜もこの時間になると、外に出てくる人はまずいない。数台の車がぼんやりとヘッドライトを灯して、たまに通り過ぎる程度だ。

「フライトは遅れました?」

ハメギニム通りにある「ヤンヤン・レストラン(欣欣飯店)」を訪れると、ウォンから声をかけられた。この世のものとは思えないほどの暴風雨だったと告げると、笑い出した。

キエン・ウォンは、日焼けした顔にがっしりとした体格の中背の男だ。その夜、白のセーターに身を包んだ彼は実ににこやかだ。還暦祝いにベトナムに住む妹のクック(王章菊)がサプライズで駆けつけてくれたのだ。20年以上前にイスラエルに移住して以来の対面だった。クックの2人の息子も還暦祝いのためにカナダから帰ってきてくれた。

レストランは30席ほど。客のほとんどは、節約志向の旅行客と、通りの先に停泊する船舶の船員だ。その日は、モントリオールからやってきた家族が食事をしていた。カナダ人の母親と娘、そして娘のボーイフレンドのイスラエル人だ。ウォンは、そのボーイフレンドともヘブライ語で難なく会話ができる。ウォンは、香港とカナダに旅行したときの話を披露する。入国審査の際、中国人がなぜイスラエルのパスポートで旅をしているのか興味を持たれたという。

「うまい。これは絶品だ」

隣のテーブルで食事をしていたジョン・トラボルタ似の船員が感心している。ルイジアナ州出身だという。

「まさかイスラエルに中華料理があるとはねぇ」

テーブルにやってきたウェイトレスは、風貌からして日本人女性だ。メニューを渡してくれたときに、日本語で挨拶すると驚いていた。聞けば、横浜出身でイスラエル人と結婚してこちらにいるそうだ。まさに彼女の故郷にある高校に通っていたと伝えた。

「注文に迷ってますか」と言いながらウォンが近づいてきた。「今晩のスペシャルは、今朝ガリラヤ湖で取れたばかりのティラピア（マトウダイ）です」

ティラピアが英語でセントピーターズフィッシュと呼ばれているとは初耳だったが、言われてみればフランス語ではサンピエール（英語のセントピーターと同義）だ。英国では「ジョン・ドリー」の別名もあり、香港ではドリーの音訳で「多利《ドーレイ》」と呼ばれている。

料理を待っている間、ウォンが私たちのテーブルで話を聞かせてくれた。

「元々、レストランを開こうなどと思っていなかったんです。大変なのはわかっていましたし。それに、そんな腕はなかったですから」

難民仲間の多くは中華料理店で働き始めたが、ウォンはナザレにあるフォードの自動車工場で職を得た。

「すると、たくさんのイスラエル人から何か料理してくれと言われました。『俺たちと違って、君はどう見ても中国人。当然、料理もうまいんだろ？』と」

そこにティラピアが運ばれてきた。丸ごと一尾に小麦粉をまぶしてからサッと揚げ焼きしてカリッとした食感に仕上げ、生姜、青ネギ、酒、醤油のあんをかける。いかにも食欲をそそる一品だ。広東料理の定番の味を受け継いでいて、油淋鶏の白身魚版といった味わいだ。

「イスラエルでこんなにおいしい中華が食べられるなんて思いもしなかった」

私は、先ほど目撃したトラボルタ風の船員と同じセリフを口にしていた。

そもそも私たち取材チームは3人とも味にうるさい。何しろ、日々の暮らしで食文化の比重が大きく、新鮮な食材をふんだんに使える香港と台湾で育った面々だ。

しかも、このティラピアが何とも立派な一尾ときている。

ユダヤ人向け〝酢鶏〟をメニューに

政府はアフラという町に難民向け住宅を用意し、ここにベトナム難民が最初に定住した。ウォンは10年間、この地で暮らした末に、料理店を開きたいという衝動に駆られるようになった。4人の娘を大学に進学させるため、収入を増やしたかったからだ。

「よそに行くのは嫌でした。アフラには素晴らしい牧草地があります。田園地帯に行けばヒツジの群れを引き連れた羊飼いの姿も目にします。素晴らしいですよ」

イスラエルについて、ウォンは「乳と蜜の流れる場所」（訳注：旧約聖書の一節で、豊饒の「約束の地」の意）と説明する。実は私もこれは知っていた。子供のころ、カトリック系の学校に通っていて聖書に親しんでいたからだ。ウォンはまずナハリヤ、ハイファ、テルアビブの中華料理店で働いた。

「テルアビブでは超有名店の料理人も務めたんです」

めきめきと腕を上げ、ついに自分の店を開くことになった。

「実際、中華料理店を開くこと自体は難しくありませんでした。杏仁鶏《ハンヤンガイ》（訳注：鶏肉とアーモンドの中華炒め。米国発祥の中華料理で、アーモンドチキンの名で親しまれている）と青椒肉絲《チンジャオロースー》と酢豚が作れて、春巻きやサラダを添えれば立派な商売になります」（訳注：本章ではウォンが広東語話者のため、料理名はなるべく広東語読みのルビとした）

ウォンの口から中華料理のメニューが次々に飛び出す。

「イスラエル人が食べたい料理は、これだけなんですよ。ほかにも何かいかがと水を向けても、もういいと言われてしまうんです」

ヤンヤン・レストランは、厳格なコーシャ（ユダヤ教教義に適合した料理）を出しているわけではないが、酢豚は豚肉の代わりに鶏肉にした〝酢鶏〟を提供している。後にウォンはヤッファ通りに「チャイナタウン」という名の食料品店を開いたのを機に、レストランで豆腐やホタテの干し貝柱、キノコ類といった食材も提供するようになった。実は私たちが宿泊したポート・インという宿の隣がその食料品店だった。

イスラエルで中華料理店を探そうとしたが、華人経営の店がなかなか見つからなかった。イスラエル人オーナーが、華人の料理人か支配人を雇っているケースがほとんどだ。料理人さえタイ人という店も多いから、こうした店のイスラエル風中華には、独特のタイ風味が加わっている。メニューにトムヤムクンのある店も少なくない。

そんな調査結果に落胆していたところで発見したのがヤンヤンだったのである。店の前のガラス窓には、クリスマスと春節（旧正月）を祝う言葉の紙が貼られている。どちらも伝統的な書体で手書きされていたため、オーナーは華人だとピンときた。

食べ終わった食器を下げるため、ウォンが再びテーブルにやってきた。ウォンは、数週間前に引退して、長女のシー・ウォン（王清詩）と夫のフォン・ビンヘイ（馮兆熙）に店を譲っていた。だが、今もウォンは店を手伝いに来る。テイクアウトの注文で娘婿がてんてこまいになっていると見るや、自ら厨房に入る。厨房は、中華らしく騒々しくて雑然としてはいるが、てきぱきとことが進んでいる。その片隅でウォンの妻メイが春巻きを包んでいるのが見えた。

長女シーが家族とともにハイファにやってきたのは15歳のとき。長女の務めか、学校を中退して店を手伝うことに決めた。その決断に後悔はないという。父親を手伝えば、妹たちの暮らし向きがよくなる。そう考えたのだ。夫のフォンも１９７９年にマニラから乗船して同じ難民団としてやってきた一人で、すぐに中華料理店で働き始めた。夫婦そろって子供たちも最終的に同じ道に進むと思っている。どちらもすっかりイスラエルになじんでいる。ベトナムのチャイナタウン出身とあって、イスラエルかオーストラリアか米国なら、きっと居場所があると感じていた。

だが一つ問題があった。

「イスラエル人からは同じ仲間として扱ってもらえない」とフォンが言う。「特にデリケートな問題になると、なかなか信頼してもらえない」

シーは、イスラエル国防軍（ＩＤＦ）への入隊を志望したが、却下された。

世界3大ディアスポラはユダヤ人、インド人、中国人

1977年10月、ベトナムを出て南シナ海を漂流する66人のボートピープルをイスラエルの貨物船「ユバリ」が救助した。別の国の船舶4隻も付近を通過したが、手を差し伸べることなく行ってしまった。国際条約では、海上で救助した場合、救助した船舶の船籍国（旗国）が受け入れることになっている。

イスラエルのメナヘム・ベギン首相（当時）は、単なる受け入れ保護からもう一歩踏み込んで、帰還法（訳注：国外のユダヤ教徒のイスラエルへの移民を認める法律）に基づくユダヤ人として市民権を即座に与えた。ベギン首相は、窮状に置かれた難民と、ナチスの脅威吹き荒れる欧州から逃れてきたユダヤ人を重ね合わせたのである。

「私たちは、第二次世界大戦が始まる前の数週間にドイツから900人のユダヤ人を乗せて出航したセントルイス号のことを絶対に忘れない。港から港へ、そして国から国へと難民保護を切望しながら転々としたあの日々を。どこからも門前払いだった。だからこそ、こうした人々に対して、イスラエルの地に安息を与えることは、当然だった」

同時に、カナダも良心の呵責にさいなまれることになった。東南アジアの難民キャンプで何万人ものベトナム人が生きながらえたが、1975年から1978年の間にカナダに定住したのはわずか9000人だった。

新しい移民である私は、多文化共生のカナダが持つ本質的な価値を十分に承知しているつもりだ。私を受け入れてくれたこの国には、人道的な危機を回避するためにも、彼らに救いの手を差し伸べてもらいたかった。そこで私は、トロントの華人コミュニティの活動家が組織する団体に参加した。陳情や集会、デモ行進が毎週末のように実施された。社会福祉機関や労働団体の間で同盟が生まれた。社会からの抗議の声に押されるようにカナダ政府は、1979年から1980年にかけて最終的に6万人の難民を受け入れた。私も一緒になって抗議の声を上げているうちに、地域社会活動への関わりが始まった。

西側民主主義国の間では、東南アジアからの難民の定住受け入れが当たり前になった。最終的にイスラエルが2年間にベトナムから3回にわたり、合わせて360人の難民を受け入れることになった。ウォン一家は、第2陣(メンバー100人のほとんどが中国系)として1979年1月にイスラエルに到着した。

「空港で歓迎式典があり、出迎えた人々がベトナムとイスラエルの国旗を振っていましたね」

ウォンが振り返る。

「難民というよりも、まるで賓客にでもなったかのような気分でした」

話を聞いていた私たちのテーブルに、シモン・リプシッツという男が加わってきた。

「この国の人たちはみんな世界中から集まってきたんだよ」

ヤンヤンからさほど遠くない場所で昔ながらの自動車整備場兼ガソリンスタンドを経営しているリプシッツは、毎晩、営業終了後にこの店に立ち寄る。

第二次世界大戦後、イスラエルに移住したドイツ系ユダヤ人の両親のもとに生まれたこともあってか、ウォンの移住に同情し、実の兄弟のように付き合っている。ユダヤ人がイスラエル移住前に暮らしていた欧州、中東、旧ソ連の国々の名前をリプシッツがそらんじてみせる。

「アジアからのユダヤ人もいましたね」とリプシッツ。「みなアジア系の妻を伴っていました」

こうしたユダヤ人が本来の意味の「ディアスポラ（離散ユダヤ人）」だ。何度となく世界を旅してきた私の持論なのだが、世界3大ディアスポラはユダヤ人、インド人、中国人だ。実際、地球のどこに行っても発見できる。

それにしても、「アジアからのユダヤ人」という言葉が妙に気になった。そういえば、20世紀前半に、自由都市となっていた上海にユダヤ人が続々と押し寄せ、定住していた。１８００年代後半には大英帝国経由でやってきたバグダッド系ユダヤ人がすでにいたし、１９１７年のロシア革命を逃れてやってきたロシア系ユダヤ人、ナチス支配の初期に逃避した欧州系ユダヤ人もいた。私はその話をリプシッツに伝え、次のように付け加えた。

「2万人の欧州系ユダヤ人はフランス南部からスエズ運河を経由してアジアに向かったものの、英国領のインドには受け入れを拒否されたんです。日本占領下の上海は、ユダヤ人を受け入れた世界でも数少ない場所でした」

実はユダヤ人の中国移住は何世紀も前から始まっていた。セファルディと呼ばれるスペイン・ポルトガル系ユダヤ人は、8世紀の唐の時代にシルクロードを通ってやってきた。また、「開封《カイフォン》のユダヤ人」として知られる集団は、10世紀の宋の都があった開封に住み着いている。長い間に漢民族と見分けがつかないほどに同化していたとはいえ、中国での存在ははっきりと認識されていた。例えば、14世紀の明代には皇帝がユダヤ移民に「金《ジン》」や「石《シー》」など7つの姓を授けている。

私が興味を持ったのは、ウォン自身がどう現地に溶け込んだのかだ。

「ウォンさんのヘブライ語はどうですか」

「上手だよ」とリプシッツが言う。「英語ができればどうにかなるけど、ヘブライ語が話せれば万能だね。出身地なんて関係ないから」

「共産主義国から脱出せよ」

翌朝は太陽が顔を出した。ウォンはバスをチャーターし、家族や現地華人一行を引き連れてテルアビブの中国大使公邸に向かった。春節パーティーに出席するためだ。一行には博士課程修了の物理学者や海洋学者、分子遺伝学者もいる。

車内はお祭りムードだ。カーステレオから中国語の歌が大音量で流れるバスは、地中海沿岸をひた走る。ヤシの木、青い空、降り注ぐ日差し。まるで熱帯の楽園にでもいるかのように錯覚するが、ここは、冬には厳寒のイスラエルのど真ん中だ。

その年はネゲブ砂漠で50年ぶりに雪が降ったほどである。私たち一行が公邸に到着すると、受付には400人以上の客が集まっていた。中にはアカバ湾を望む最南端の港町・エイラトからはるばる参加した客もいる。話に花を咲かせ、飲んで、食べて大いに盛り上がった午後だった。

子供たちは、互いにヘブライ語で会話している。庭園を駆け回り、ビュッフェに用意されたほかほかの包子《パオズ》（肉まん）をほおばる。度数の高い高級蒸留酒「茅台酒《マオタイ》」の芳醇な香りが会場に満ちている。大使が歓迎の挨拶に立ち、集まった客に祖国への愛を説く。そして中国に乾杯と続いた。

一行を乗せたバスがヤッファに戻ったのは夕方近かった。ヤッファは、テルアビブの南に位置する古代港湾都市で、後にテルアビブに併合された。一行は、復元された旧市街へ観光や買い物に繰り出したが、ウォンは私を吹きさらしの展望台に案内してくれた。そこにはテルアビブ臨海地区の絶景が広がっていた。ウォンはベトナムにいた高校時代にキリスト教に改宗したことや仕事のこと、成人してからは非常勤のキリスト教牧師を務めるかたわら、家族経営の商売を順調に切り盛りしていたことなどを話してくれた。

「でも共産主義国に変わって何もかも悪くなる一方でした。そんなとき、国を出よと神の声が聞こえたんです」

39歳のときだった。

イスラエルにたどり着いてから、自分の選択に疑念を抱き始めた。牧師として説教をしたくても、ヘブライ語が話せない。話を聞いてくれそうなのは、中国語で意思疎通できる華人だけ。だが、中国人船員は長居するわけではない。1980年代には同胞さえもカナダや米国に移住し始めた。

やがてウォンは、旧約聖書に出てくるヨナとクジラの話を始めた。ヨナは、ヤッファから船で海に出たが、嵐に遭い、クジラに飲み込まれてしまう。

「ヨナの気の短さを知っていた神は、そのようにしてヨナを試そうとなさったのです」

その話ぶりは、教会での説教を彷彿とさせる。

「この逸話について、私は、神の命令に素直に従うべきという意味に解釈しました。神のご意向に従うために、忍耐力を持ちなさいとおっしゃっているのです」

ウォンは祈り続けた。イスラエルに定住してから13年後、祈りへの答えが到来した。

1992年、中国とイスラエルが外交関係を樹立し、文化・学術交流の扉を開くことになり、中国からの移住者が流入し始めたのだ。続いて入ってきたのが、建設作業員やリンゴ農園の収穫作業員だった。

「あの状況を見て、神がこの地に留まりなさいとおっしゃった意味がわかったんです。このように新たにやってくる中国人移民のために、新しい拠点を築きなさいということだったのです」

CA、イスラエル軍、大使館職員になった三女

ウォン一家がいかにしてこの社会に溶け込んでいったのか。そのヒントがほしくて、国内の別の地域に暮らす3人の娘を訪ねてみることにした。

「第二の祖国に恩返ししたかったんです」

そう語る三女のダオ・ウォン（王清陶）は、移民のため兵役の義務はなかったが、自ら陸軍入隊を志願して受け入れられた初の中国系移民だ。また、除隊後に入社した国営航空会社、エルアル航空では、自社養成の客室乗務員で初の中国系となった。

驚きの活躍ぶりだが、これはほんの序の口。さらに外務省に転職し、省内でも異例のスピード出世で大使館職員に抜擢されることになる。ワシントンＤＣで軍備条約交渉中、自分がベトナム生まれの中国系でイスラエルのパスポートを持っていると知り、交渉相手である米国国務省の関係者がずいぶん珍しがっていたと誇らしげに笑顔を見せた。

ダオの経歴は別格としても、四女のマイ（王清然）もダオを追うように中国系としては初めて海軍に入隊し、現在はエルアル航空で世界を飛び回るなど、姉妹そろって国内外で名を馳せている。新聞や雑誌でも紹介されたことがある。

現在、ダオはエルサレムの銀行で働き、ポーランド系イスラエル人の夫、アミット・ロッホバルガーとともに新興住宅街に暮らしている。周辺は、はげ山のような起伏のある丘陵地で、テルアビブとエルサレムを結ぶハイウェイからもほど近い。ロッホバルガーとダオは10年前のエルサレム大学時代に知り合った。ロッホバルガーは、そのころからダオが気になる存在だったという。

「中国からの留学生ではなく、僕とほぼ変わりない〝サブラ〟だと気づいたのは、しばらく経ってからのことです」

サブラとは、移住者ではなくイスラエル生まれの生粋のユダヤ人を指すヘブライ語だ。

「それを機に、話しかけるきっかけを探していました。同じ講義を取っていたので、宿題を写させてほしいとお願いしたんです」

初めてウォン宅を訪れた際、〝箸使いの試験〟は合格。

「ポーランド人の母親をからかうジョークも同じでした」（訳注：イスラエルで「ポーランド人の母親」とは、基本的にユダヤ人の母親を指し、息子を溺愛し過ぎる風潮を揶揄するジョークなどが多い）

私と話をしているロッホバルガーのひざには、生後まもない息子のツール（ヘブライ語で「岩」の意）がすやすやと眠っていた。ダオは昼食の準備中。キッチンには中華の食材や調味料がずらりと並ぶ。当たり前のように炊飯器もあった。

ロッホバルガーは、1967年の六日戦争（第三次中東戦争）後に生まれた世代のサブラの典型だ。若くて希望に満ちている一方、見るからに信仰心が厚いというわけではない。自分の国について、さまざまな角度から深く理解していて、批判精神もある。彼にとってのイスラエルは、シオニズム（ユダヤ人国家建設運動）とは縁遠い。関心は、むしろ中東の近代国家としての存立にある。

「イスラエルに国籍はないようなもの。ユダヤ教イコール国籍なんです。イスラエル国民なんてものもない。アラブ人かキリスト教徒なら、ただの市民になるだけです」

「キブツ」（訳注：私有制を否定した農業共同体）、兵役、平等を旗印にしたイスラエル流の社会主義を熱心に信奉する急進的な家庭に育った者にしてみれば、「この状況は異常以外の何物でもない」とロッホバルガー。

イスラエルでユダヤ人ではない場合、出産、結婚に伴う日々の役所の手続きは厄介そのものだ。ロッホバルガーとダオは、キプロスで結婚式を挙げた。イスラエルでは、ユダヤ教徒と非ユダヤ教徒の結婚が認められていないからだ。

「僕らのようなやり方があっても、イスラエルでは、ユダヤ教に改宗しない限り、外国人とは結婚しないという人が9割ですね。ですから、この国で暮らすにはまだ問題があります」とロッホバルガーは言う。

私は治安の話題を切り出した。兵士が非番の日にウージー（訳注：イスラエル製短機関銃）を携帯してバーやクラブに繰り出すと知って驚いたからだ。

「イスラエル以外の人から見れば、ギョッとする光景ですよね。でもイスラエルでは、ごく普通のことなんです。もっとも、イスラエル自体、普通の国じゃないんですが。ここで暮らすなら、慣れるしかないですね」

ロッホバルガーのユダヤ人意識は、宗教よりも国籍の面に重きがある。将来の義父となるウォンの手引きで、キリスト教に改宗したのも、ダオとの結婚に向けて前進したい一心からだった。2つの宗教の信徒を経験した気分を尋ねると、街に暮らしながら田舎に別荘を持ったような感じだと言う。週末の田舎暮らしのときに生活習慣を難なく切り替えるのと同じで、宗教的な慣習も労せず切り替えられるそうだ。

「外国人をコミュニティの一員として迎え入れるときに、多くのイスラエル人が難題にぶつかります。ユダヤ教徒であることと無縁ではありません。僕もダオも、この問題で悩むことはありませんが。自分の立場を心得ていますから」

そう言いながら、息子の髪をなでる。

「問題というのは、子供のことです。この子は、ユダヤ教、キリスト教、中国の伝統的な信仰が入り混じった家庭に育つことになります。大人になって、どの立場に立つべきか自分で決める必要が出てきます。それぞれのいいところを生かしてくれたらいいと思っています。善き人物である限り、どの神を信じようと大きな問題ではないですから」

取材を終えた帰り際、ダオが、夫に聞こえていないことを確認したうえで、私にそっと耳打ちする。彼は数ヵ月前に父親を亡くして以来、一時的に信仰心を失っているという。

そのうちまた夫の信仰心が芽生えるとダオは考えている。ユダヤ教とキリスト教の股裂き状態で、彼がどちらに着地するのかはわからないという。

イスラエル公安部の「撮影ストップ」

その翌日はマイ・ウォンを訪ね、キブツが運営するテルアビブの海辺のレストランでランチをとりながら話を聞いた。

「幼いころの一番の記憶といえば、北部のアフラに住んでいたころ、自宅に帰ってくる母の姿をアパートのバルコニーから見ていたことです」とマイが振り返る。「母を見つけるとうれしかったですね。いつも家で一人ぼっちでしたから」

その日は非番というマイは、黒のタートルネックとジーンズといういでたち。翌朝にはまた乗務が控えている。3つ年上のダオとは違って、子供のようなあどけなさが残り、愛嬌を振りまく。母親に連れられてKLM便でマニラを発ったとき、マイはまだ2歳だった。

マイは生粋のイスラエル人だ。一番得意な言語はヘブライ語だし、交友関係はユダヤ教徒ばかり。ほかの国では暮らしたくないという。私たちの宿泊先であるポート・インのオーナー、レイチェル・サイラスは、ウォン一家と家族ぐるみの付き合いがある。そんなサイラスに言わせると、4人娘の中で一番イスラエル人気質なのがマイだ。

「それに、あの子が父親と言い争いになると、言いたいことをヘブライ語から中国語に翻訳しなきゃならないほどですから。私は、ユダヤの母として接しています。ご両親は、あの子が普段どういう生活を送っているのか理解できないはずですから」

マイは、サラダを前にして、恋人がイスラエルの情報機関関係者だと打ち明ける。アマーン（イスラエル参謀本部諜報局）か。はたまたモサド（イスラエル諜報特務庁）か。いや、シン・ベート（イスラエル総保安庁）という可能性もある。さすがにそれは答えないし、恋人の名前も教えてくれない。

「お父さんは結婚に反対しますかね」

少しためらいを見せていたマイが口を開く。

「それはないと思いますよ。結婚に関して、いいとかダメとか言わないと思うんですが……。あ、でも相手がクリスチャンかどうかってことになるのか……。じゃあ、イスラエルでは、そんなに簡単な話じゃないですね……」

彼女の声が、か細くなっていく。

イスラエルでは、どこに行っても軍服姿の若者を見かける。兵役は、大人への道のりでもある。ダオもマイも移民なので兵役義務はないのだが、それでも入隊を志願した。

イスラエル人は、国家の安全をとにかく重視し、当然のこととして受け止めている。ある晩、車で移動していたところ、クラブが多く集まるディゼンゴフ広場からちょっと離れたところで足止めとなった。どうやら1ブロック先で不審な荷物が見つかり、爆弾処理班が確認しているとのことだった。誰もがまるで信号が変わるのを待つかのように止まっている。

イスラエルの治安の一端を垣間見ることができたわけだが、マイへの取材を終えた後、さらにとんでもない展開が待っていた。私が車を運転し、クォイとデイビッドがそれぞれの座席から街の様子を撮影していたときのことだ。どこからともなく公安の捜査官が車の前に飛び出し、フロントガラスに身分証を叩きつけると、私を署に連行した。ビデオの撮影内容を確認するのだという。

悲しいかな、よくあることで、写真家や映画制作者にとって宿命とも言えるリスクだ。私がファインダー越しに一線を越えたと当局が考えれば、こうなる。これまでに何度当局に連行されたことか。そもそもイスラエルとパレスチナの緊張が高まっていることを考えれば無理もない。何しろ、私たちが現地を訪ねたのは、第二次インティファーダ（反イスラエル闘争）の真っ只中だったのだから。

署に到着すると、捜査官は、今回の事案を通常の職務質問として処理する。当の捜査官にしてみれば、こんな事案は日常茶飯事なのだろう。捜査官は、私たちのパスポートのコピーを取ったうえで、撮影したビデオの確認を始めた。映像には、軍事施設と思しき建物から出てきた制服姿の男性や女性がカメラに向かって笑顔で手を振る様子が映っていた。捜査官によれば、兵士の写真を撮ることは問題ないが、ＩＤＦ（イスラエル国防軍）本部の屋上にある通信塔を撮影することは禁じられているという。パスポートは返してもらえた。

車に戻ると、クォイとデイビッドにずいぶん冷やかされた。後部座席には、クォイが趣味で購入した戦闘服がこれまでずっと置いてあったのだが、よく見るとＩＤＦの紋章がついているではないか。

クォイのやることは、いつもおもしろい。前の取材旅行のときもそうだった。私がイスラエルを早めに離れなくてはならなくなり、現地に残るクォイにエルサレムの撮影を依頼していた。ところが勤務明けの女性兵士と仲良くなり、制服姿にウージーを手にしたままの彼女と連れ立ってディスコバーに行っていたという（「ズボンのポケットにウージーでも入れているのかしら。それとも私に会えて興奮しているの？」と、メイ・ウエストばりに往年の名セリフを言われたのだろうか）。おまけに、ディスコバーデートの翌日、翌々日は死海にまで足を延ばし、湖畔でいちゃいちゃしていたそうだ。

次女が経営する「パンダ・レストラン」

ナザレへ向かう途中で車窓に広がるのどかな牧草地やひっそりとした村を眺めていると、イスラエルの日常生活につきものの政治、宗教、民族を巡る緊張がうそのようだ。ガリラヤ湖の西岸に位置するティベリアで南下する。イエス・キリストが自ら洗礼を受けたとされるヨルダン川の河口をめざす。

観光案内所(ここから川沿いにさらに南に進んだところが本当の洗礼の地だ)に向かうと、ウォンの次女ニー(王清儀)の姿が見えた。はるばる日本でラビ(訳注:ユダヤ教指導者)によりコーシャ認証(訳注:ユダヤ教教義への適合を示す認証)された日本酒の瓶を運んでいるところだった。先ごろ、夫のヨム・ウォン(王宇廉)とともに同案内所のカフェテリアの譲渡を受け、中華イタリアンのビュッフェを営んでいる。夜になると、地元民向けのコーシャ認証済みのモンゴリアンバーベキューの店に変わる(訳注:客が選んだ食材を料理人に渡すと、鉄板焼きにしてくれる台湾生まれの料理。モンゴルはイメージのみで現地にそのような料理はない)。

番茄牛肉飯《ファンケーガウヨッファン》(牛肉のトマトソース煮。イタリア風の香港家庭料理)をご飯にかけたもので昼は簡単に済ませ、徒歩で河口の保護地区をめざした。パレスチナからの新たな攻撃が続く中でも、毎年、何千人もの観光客がこの地を訪れる。米国からの旅行者数人がレンタルの白い儀式用ローブを着て洗礼を受けていた。私たちはその様子を見守り、拍手を送った。

「イスラエルに行きたくはなかったですね」とニーが打ち明ける。「イスラエルは古代の国家で、聖書に出てくるところというイメージでした」

一家がイスラエルに到着すると、ほどなくしてニーは高校進学のため台湾に送り込まれる。卒業後も現地に留まることはできたが、家族のもとに戻る道を選んだ。

夫のヨムは、1979年後半にベトナム難民の第3陣として家族とともにイスラエルにやってきた。2人の出会いは、ヨムの両親がティベリアで営んでいたレストラン「クリムゾン・フラワー」だった。台湾から戻ったニーがありついた仕事がこの店だったのだ。

結婚してすぐに同じ町に自分たちの店「パンダ・レストラン（珍寶園）」を開店し、今も営業している。4人娘の中で起業家精神が誰よりも旺盛なのがニーと、ウォンはことあるごとに言う。ニー本人は、姉妹の中で一番中国人らしいのも自分だと認めている。夫婦で子育てに時間を多く割き、中国文化の中で育てたいという思いも強かったが、レストランの長時間労働でそれもままならない。子供たちの安全面について尋ねると、イスラエルはとても安全だとニーは自信たっぷりに答えた。「メディアではゾッとする側面ばかり取り上げられるが、実態は違う」という。

「広東風牛バラ肉煮込み」を教会で

さてウォンの店があるハイファに戻ろう。まもなく金曜の夕方というのに街は静けさに包まれていた。実はシャバット（訳注：ユダヤ教の安息日。毎週金曜日の日没から土曜日の日没まで）の始まりだからだ。

シャッターが下ろされ、人々は家路を急ぐ。

ウォンが運営するハイファ華人宣道会（教会）の金曜礼拝は、ヤンヤン・レストランの旧店舗があったヤッファ通りのビルに借りたスペースで開催されている。ウォンの勧めで改宗した人々の中でも特に熱心な信徒、励炯剛《リーホンガン》が礼拝の準備を整えていた。折りたたみ椅子一つひとつに賛美歌集を置き、音響システムをチェックする。

励は、細身で筋骨隆々としていて、骨張った顔つきだ。ダークスーツに身を包み、濃紺の水玉模様のネクタイをしている。今晩は特に達観した様子に見える。中国では、心にぽっかりと穴の空いた人が多く、彼自身、かつては心の拠り所がなかったという。今は光が見えると励。それまで抱えていたこの世の悩みごとは消え去り、欧州や中東で悩み苦しんでいる多くの華人の「魂の救済」に取り組むと心に決めている。

元々、上海で事業を営んでいたが、1992年に商用ビザでチェコを訪れた。中国人移民の間には、2つの地域派閥があり、その縄張り争いに巻き込まれ、1996年に観光ビザでイスラエルにやってきた。「これは神の御心」と当時を振り返る。

「チェコでは金を儲けても、ギャンブルで失うばかり。心の安らぎがなく、いつも探していました」

3年後、ハイファにあるホテルで料理人として働いていたところ、ヤンヤン経営者のキエン・ウォンと知り合い、店と教会の手伝いをするようになる（当初、ウォンは自分のレストランを仮の礼拝所に使用していた）。

それ以来、励は中国に戻っていない。

「ここの労働ビザを持っていないので、帰国できないんです」

だから妻とは別居生活が続いている。12歳になる娘は、妻側の両親と暮らしているが、中国から連れ出したいと考えている。「娘に世界のいろいろな場所を見せてあげたい」からだ。

さて、今晩の礼拝はいつもより長めだ。上海から伝道に訪れている牧師がウォンに代わって説教をすることになっている。驚いたことに、ふだんは物静かで口数の少ない妻のメイ・ウォンが壇上に進み、先頭に立って賛美歌を歌っている。大きく心のこもった歌声で講堂に集まった50人ほどの信徒を導く。その後、支援者らが大きな鍋を運び込んできた。中身は、長女シーの夫が店で調理した炆牛《ワンガウ》腩《ナーム》（広東風牛バラ肉煮込み）。白飯もある。集まった信徒たちにとっては、心温まる家庭料理だ。

カメレオンのように変わるアイデンティティ

翌日、私たちは、上ガリラヤ地方まで車を走らせた。道端には雪が残っている。この道は、ゴラン高原のスキーリゾートであるヘルモン山に通じる道でもある。

車中、ウォンが聖書に登場するアブラハムと、正妻・妾のそれぞれから生まれた2人の息子、イシュマエルとイサクの話を引き合いに、この異母兄弟を祖先とするアラブ人とユダヤ人はいとこ同然の関係にあると解説する（訳注：ユダヤ人はイサクの子孫、アラブ人はイシュマエルの子孫とされるため）。

「この異母兄弟の争いが一家の悲劇につながり、今、人類の悲劇となって表れているんです」

アラブのキリスト教徒が暮らす町ジシで私たちを待っていたのは、十数人の中国人移民労働者。アラブ人の雇用主から借りているという未完成の家に案内してくれた。家というが、むしろコンクリート造りの物置きといったシロモノで、ドアもなければ、お湯も出ないそうだ。労働者は20人。5、6人ごとに部屋を与えられ、寝袋の中にボロ布のようなマットレスを敷いて寝る。

リビングルームらしき部分で、ウォンが牧師として説教を始めた。今日のテーマはアブラハムと2人の息子だ。信徒らはマットレスに座って熱心に耳を傾ける。ウォンの語りは生き生きしていて、労働者の役に立ちそうな有益な助言を説教の随所にちりばめる。そして賛美歌集を手に賛美歌を歌う。

続いてウォンの導きで、1980年代に人気を集めた愛国的な歌謡曲「我が中国の心」の合唱だ。この歌はプロパガンダだという声もある。中国人のアイデンティティや文化を歌ったもので、中国大陸系の華人・華僑にとっては第二の国歌でもある。

故郷の山河はただ夢の中にあり
祖国には長年戻れず
何があろうとも我が中国の心、変わることなし

イスラエルでは、2年間のビザを持たせた1万2000人の中国人労働者が働いている。中国の国営企業が海外に送り込んで利用する、いわば現代版の年季奉公である。イスラエル人なら敬遠する仕

事だが、かといってパレスチナ人には渡したくないような仕事が中国人労働者に回ってくる。こうした中国人労働者が故郷で待つ家族のために米ドルを稼ぎ、やがてビザが切れると多くの労働者が潜伏生活に突入するようになる。

「こういう中国人は孤独で無力です。イスラエルの言葉も話せません。雇い主には酷使される。給料が払われないことさえあります」

帰りの車中でウォンが説明する。これほど感情むき出しでまくし立てる姿を見たのは初めてだ。

「体調を崩しても、医師に伝えることができない。こういう人たちを助ける必要があると感じています。私がやらなかったら、誰がやるというのですか」

ウォン一家は、難民となった経験が2度ある。1930年代にウォンの父親が、国民党政権下の鉄道省の仕事のため、中国を出てベトナムに向かった。ウォンは中国との国境近くで生まれた。2歳のときに一家はサイゴンに移り住む。1949年に毛沢東が政権を樹立したのを機に、ウォンの父親は帰国しないと決心する。それから30年後、ウォンと同世代の中国系ベトナム人は、ベトナム戦争でホー・チ・ミン作戦の勝利（訳注：1975年、北ベトナムが、米国の支援する南ベトナムの反共政権に勝利し、社会主義国家として統一）が確定的になるや、ベトナムを飛び出した。

このように住む場所を追われた経験が、中国系移民を助けたいというウォンの情熱に火をつけたと思わずにはいられない。彼自身は先祖の祖国の土を踏んだことがないが、こうした移民労働者には祖国愛を持てと粘り強く説き続ける。

華人・華僑の一人ひとりが複数の民族意識や忠誠心を持ち、複数の言語を話し、複数の文化に生きている。カメレオンのごとく自分のアイデンティティを変えながら、周囲の環境に適応するようになった。

ハイファへの帰り道、北部の町、アフラに入り、リンゴ畑の中を走りながら、ウォンにある疑問をぶつけてみた。ウォン自身は、いったい自分が何者だと考えているのか。

「何よりも自分は60歳の人間ということですね。そして中国、ベトナム、イスラエルの3つの民族意識があります。何者かと問われれば、やっぱり華人ですよ。どの国籍を持っていたとしてもね。私は華人です」

第3章　カリブの熱い中華料理店
——サンフェルナンド（トリニダード・トバゴ）

ジュベの朝はひたすら踊って歌いたい
音楽が始まるとみんな集まってくる
大きな演奏のトラックがやってくると人々は熱狂する
音楽に包まれてみんな飛んだり跳ねたり
おなじみのカリプソを感じてラプソのノリを感じて
ドラムとベースを感じて
リズムに合わせて激しく踊ろう

火曜のカーニバルの日。夜明け前だが、宴は最高潮に達している。サンフェルナンドヒルでは至るところでソカと呼ばれる激しい音楽が耳に入ってくる。

クォイと私がトリニダード・トバゴに入ったのは、その前夜だった。朝にはアンナ・ソン（宋德貞）と夫のジョン・ジョンストンがホテルまで迎えに来てくれることになっていたため、睡眠時間は4時間しかない。二人に連れて行ってもらうのは、首都ポートオブスペインだ。ここで「カーニバル」と呼ばれる毎年恒例の祭りが開催される。

トリニダードのカーニバルといえば、カリブ海地域最大の祭典であり、国を挙げて1週間続く熱狂の宴だ。トリニス（トリニダード島民はこのように自称する）にとってカーニバルがないときは、前回を思い出しながら次回の準備をしていると言われるほど、カーニバルなしには夜も昼も明けない。

最初の宴は日曜に始まり、月曜の午前4時に終わる。丸一日街を練り歩くパレード「ジュベ」が始まると、参加者同士がペンキや泥、オイルを互いの体に塗りたくる。年に1度、羽目を外す口実のようなものだ。

火曜日のカーニバルでクライマックスを迎える。コスチュームで仮装したバンド（「マスバンド」と呼ばれる）が島中を練り歩く。ポートオブスペインで随一の最も盛り上がるパレードである。お祭り騒ぎは「灰の水曜日」の早朝まで続く。その後は島中のスイッチが切れたように静まり返る。人々はカーニバルの熱を冷ますため、ビーチでのんびり過ごすのだ。

今日、私たちは、パレードに参戦することになっている。

アンナとジョンは、待ち合わせている友人のローレンス・ロウの家に向かう。家はポートオブスペインから近い緑豊かな山あいにある。ベンガルボダイジュの木が風に吹かれ、ゆっくりと霧が晴れ始める中、鳥のさえずりが聞こえる。朝の爽やかな香りが辺りに満ちている。

ローレンスは、中国系トリニダード人の2世に当たり、ショッピングモールに「カフェ・カリビアン」というファストフード店を5軒出店するオーナーだ。イタリア系カナダ人の妻、カルメンとはトロントで知り合ったという。アンナ、ジョンも交えて、カーニバルの常連チームであるエドムンド・ハート率いるマスバンドのメンバーとして参加するのだ。カーニバルにはさまざまなマスバンドが参加するが、エドムンド・ハートのマスバンドは、カーニバルでも最大級で、中国系トリニダード人の間で人気を集めている。この日、同マスバンドに集まったプレイヤーはおよそ5000人。今年のテーマ「華やかなりし人生」に合わせ、何色かのテーマカラーの小グループに分かれる。

今回私は、新たに知り合った友人らとともに、アステカ文明をテーマにしたターコイズブルーのコスチュームをまとっている。女性は、ビキニに羽根付きのヘッドギア、さまざまなビーズで飾られている。男性は、ビキニのパンツに腰布を巻き、ゴールドの胸当てをつける。

ジョンストンは子供のころからパレードに参加してきた。「歩けて、体を動かせる」条件さえ満たせば参加できる子供向けの「キディ・マス」(訳注：ちびっ子パレード)があるからだ。一方、アンナはトリニダード生まれだが、夫に出会うまで参加したことがなかった。

コスチュームの準備を整え、腰にぶら下げるスキットル(訳注：酒の携帯ボトル)にラム酒を満たしたら、8時にいよいよカーニバルのメインステージとなる広場に向けて出発だ。

トリニダードで食べる「絶品なめらか豆腐花」

トロントには、大きなトリニダード人のコミュニティがある。その大半は、あるいはその親の世代は、1970年代にカナダに移住した人々で、カリブ海の他の島々からの移民も多かった。

私は1976年にカナダに移住したが、知り合いや一緒に仕事をした仲間の中には多くのトリニスがいる。その多くは中国系である。

以前、非営利団体「ハーモニームーブメント（和諧運動）」で私のスタッフとして働いているヘザー・デ・ペザという女性がポートオブスペインに住む親類を訪ねると聞き、現地でおもしろいエピソードがありそうな中華料理店オーナーがいないか調べてほしいと頼んでおいた。帰国したデ・ペザによれば、現地で誰に聞いてもサンフェルナンドの「ソンズ・グレートウォール（長城酒家）」という店の名が挙がったという。オーナーは店名にもあるモーリス・ソン（宋耀金）という人物で、カリブ海地域で最高の中華料理を出す店らしく、水曜夜に実施しているビュッフェが有名だそうだ。

そのモーリス・ソンと妻のブレンダ・ロウ（羅美霞）はカナダにたびたび訪れては一時滞在していると知り、ちょうど滞在中にトロントで連絡を取ることができた。聞けばソン夫妻は子供たちにカナダの教育を受けさせるために1970年代にトリニダードからカナダに移住した。すでに店は娘のアンナに任せているが、店を手伝う目的で相変わらずトリニダードとの行き来を繰り返している。

私は、そんな夫妻からカーニバル中に遊びに来いと誘われていたのだ。かくして、私は、人生最大のストリートパーティー参戦が決まったのである。その結果、トリニダード・トバゴという島全体を語ることになったのだ。

ソンズ・グレートウォールは、2階建ての建物にある。文字どおり塀に囲まれた店には、錦鯉が泳ぐ池や石庭、石灯籠、庭園の滝などがある。夜になると、派手に点滅するネオンサインや外のスピーカーから流れるBGMも加わって、サンフェルナンドの暗い高台にひときわ目立つ中国風テーマパークを思わせる。しかも、珠玉の名店だ。

中国系トリニダード人起業家としてグレートウォールを鳴り物入りで開店させたのが1981年のこと。当時、そのニュースが新聞の1面を飾ったほどだ。著名人もちょくちょく出没する。訪れた客には、首相や大統領、大使、ハリウッドスターもいる。中華料理を熱望したアジアからのミスユニバース出場者も来店したとか。額に入れた新聞の切り抜きやサイン入りの写真が店内の壁一面を飾り、さらには客席のグランドピアノの上にも置かれている。

その1つには、首相夫人とモーリスがダンスをしている様子が写っている。ビュッフェランチの後でモーリスが説明する。

「中華料理は、英国料理と違って、とても難しいんです。中華のメニューには料理が何百と並んでいます。『海老をいただこうか。焼鴨《シウガッ》（ローストダック）もね。あと蒸し魚も』なんていう注文は普通に入ってきます。当然、こちらとしては一番いいバランスで料理を提供する必要があります」

この店の広東料理は本場の味だ。中国から太平洋を挟んだ向こう側でとりわけ絶品の焼鴨を出しているのがモーリスである。中国の生まれ故郷の村から自らじきじきにスカウトしてきた料理人たちが腕を振るい、マイアミから取り寄せた中華用調理器でローストしている。

だが、この店の点心ときたら、ただただ天下一品だ。

香港から何千キロも離れた地で、今まで味わった中で最高水準の点心と実感した。蝦餃《ハーガオ》（海老蒸し餃子）は、透明感のある皮から中に詰まった海老が透けて見える。叉焼包《チャーシューバオ》（叉焼まん）は、ふんわりとしていて蒸し立ての熱々が味わえる。豉汁鳳爪《シーチャプホンジャウ》（鶏足の豆豉醬《トウチジャン》蒸し）は皮までこってり、しっとりしている。牛肉丸《ガウヨッユン》（牛肉団子）は香辛料が絶妙だ。そして何よりも重要なポイントだが、頬張るとほろほろと崩れていく柔らかさが自慢だ。

だが、ハイライトは豆腐花《ダウフファ》（豆花）だ。つるんとなめらかな口当たりで、毎朝、木桶で蒸して作る伝統製法を採用し、温かい豆腐に氷砂糖シロップをたっぷり添えて提供する。香港以外の地でこれほどおいしい豆腐花を食べたことがない。とびきりの絶品である。

当然のことながら、創業者のモーリスもここの厨房を誇りにしている。中華の厨房としては、これまで見た中で屈指の清潔さだ。厨房の中央に端から端まで届く長い調理台があり、これで厨房が半々に区分けされている。片側の壁沿いには4つの中華レンジが並び、それぞれに中華鍋がセットされている。その先に蒸し器があり、蒸籠《せいろ》が5段重ねられている。反対側の壁沿いには、冷蔵庫やパントリーが並ぶ。汚れもなく、在庫食材も十分にそろっていて、整然としている。厨房に入らせてもらうと、白い厨房服の中国人料理人がステンレスの調理台をきれいに片付け、インド人のウェイトレスは、これから客席に運ぶ皿の端についたソースを丁寧に拭き取っていた。

言うまでもなく、サービスはトップクラスだ。グレートウォールのスタッフはプロ意識が高く、黒と白のきちっとした制服に身を包み、接客マナーの教育もしっかり行き届いている。

トリニダードでは、この店がレストラン経営の研修の場となっていることも驚くに当たらない。ウェイトレスのプリヤ・チューインは、観音開きの扉のガラスをかがんで磨いている。彼女にとっては学校を出て最初に得た仕事だ。ここグレートウォールでトレーニングを受ける機会に恵まれて感謝しているという。父方の祖父は華人で、母はインドとアフリカの血を引いている。そんなさまざまな文化を背景とした家庭で、いつかは中国に行ってみたいという夢を抱えて育った。

「うちの店が娘さんを教育していることにご両親も喜んでいます。人生の基礎固めになりますから」とモーリス。

出稼ぎ家長の「もう1つの家族」

モーリス・ソンの父に当たるウイリアム・ソン（宋振東）がトリニダードに移り住んだのは1937年のこと。30代前半になって香港で英語を身につけ、香港に近い故郷の龍崗《ロンガン》に住む遠縁のおじに資金援助を依頼した。同世代の中国人に多く見られたように、少しでも暮らし向きをよくしようと、中国に幼子を残して北米・中南米をめざした。

このようにして父親は、1920年代から1940年代にかけて行われた、トリニダードへの中国移民第3陣に加わった。

中国の家族に電信送金で仕送りをしていたが、それでも一家は非常に貧しく、日中戦争をかろうじて生き延びることができた。盗賊や日本の侵略を避けてたびたび山に逃げ込んだこともある。そんなときはモーリスの母が朝、山を下りて村まで行き、5人家族の食べ物を乞うこともあった（モーリスには姉が2人、妹が1人いる）。

父親がトリニダードに到着してから10年後、12歳になった一人息子のモーリスを呼び寄せた。

モーリスは、香港からアメリカンプレジデントラインズの客船で20日かけてサンフランシスコに上陸。さらに飛行機で2日を費やし、ようやく首都・ポートオブスペインにたどり着いた。

「父とはわかりませんでした」

空港に迎えにきた父親に会ったときの印象をこう振り返る。

「私の顔を見て、父は『息子よ、お父さんだよ』と言ったんです。父は私が2歳のときに中国を出ましたから、父の顔を知らなかったんですよ」

父親は、サンフェルナンドから遠くないハーミテイジという村で小さな雑貨店を営んでいた。モーリスも店の手伝いをすることになった。食通で社交家として知られていた父は、「いつも白のシャツでめかしこんで、高級なスポーツカーを乗り回していました」。ほどなくして父は、まだ子供のモーリスに店を任せるようになった。

モーリスがトリニダードに移住してから5年後に母も合流し、クリスチャンとしての洗礼名「ルーシー」を授けられた。

モーリスがじきじきに腕を振るい、客家《ハッカ》料理の定番である梅菜扣肉《ムイチョイカウヨッ》（訳注：豚バラ肉を角煮風に煮込んでから、芥子菜《からしな》の漬物を干した梅菜と一緒に蒸して味付けした料理。客家語ではモイッォイケウニョッ）などでもてなしてくれた後、夫妻のささやかな自宅を訪れた。そこで私は、モーリス夫妻が両親と離れて暮らしている点に触れた。

「奥様から聞きましたが、お母様ととても仲が良いそうですね」

モーリスが言葉を詰まらせる。

「母は私たち子供のためにいろいろなことを犠牲にしました。私はトリニダードに来るまで父の顔も知らなかったくらいで。だからお母さんっ子なんですよ。当然、母がこちらに来たときはうれしかったですね」

中国では男性が自宅に家族を残し、遠く離れた新世界に出稼ぎに出ることは珍しくなかった。その点に興味を持っていた私は、父親がこちらに来てからもう1つの家族を持ったのかどうか尋ねてみた。最初ははぐらかしていたが、とうとうそうだったと認めた。

「こちらで女性を作っていたことをお母様はご存じだったんですか」

「ええ、知ってましたよ。その女性は店にたびたび顔を出していましたが、きちんとした方でした」

「その女性との間にお子さんは何人いたんですか」

「本人が言うには息子が1人。私も顔見知りです。その子のことは息子だと言うのに、私のことは……」

そこまで言いかけて、彼は視線を逸らし、必死に涙をこらえていた。中国に残された男の子たちがカリブ海諸国にいる父親やおじに呼び寄せられるようになったのは19世紀後半以降である。結婚適齢期になると、後継をつくるために中国に嫁探しに送り返される。女たちは中国に残って子育てに励み、男たちは再び北米や中南米に戻る。こうした家族の分断は、他の土地で第二の家庭を持つきっかけにもなり、新世界に移り住んだ多くの移民家族の心に深い傷を残している。

モーリスが貧しい小売店主を振り出しに、レストラン経営者として成功をつかんだころ、夫と15年間離れ離れで苦労の連続だった末に一家を再びまとめ上げたのが、母のルーシーだった。

カリブ海地域の至るところに中国系商店

モーリスによれば、自身の成功の陰には、トリニダードで最初に指導を受けた教師、ノエル先生の存在も大きかったという。ノエルは、フランス、アフリカ、インドの血を引く女性で、同じカリブ海に浮かぶ隣国バルバドスの出身だ。祖父がその隣国であるセントルシア出身のフレンチクレオール（訳注：欧州系と現地住民の異人種間の両親をもつ、フランス領植民地で生まれた人）である。この地にやってきた当時、英語はいっさい話せなかったモーリスの面倒を見てくれたのが、担任だった24歳のノエル。

夕方近くになって、モーリスと私は、ノエルも誘って、シペロ・ローマカトリック学校を訪ねた。平屋建てレンガ造りの校舎は、コンクリートの格子窓とトタン屋根の質素な学校で、学年差や時間割のない自由授業方式の教室が5つか6つほどある。モーリスが通っていた当時と大きくは変わっていない。今日は学校はがらんとしている。校庭からはニワトリの鳴き声が聞こえる。インド人の管理人がノエルの姿に気づき、ドアを開けて私たちを招き入れてくれた。昔話に花を咲かせ、友人たちの思い出話で盛り上がった。

モーリスは50年以上昔と同じように教室の一番前の席に座って黒板を前にすると、トリニダードに来たばかりのころを思い出したようで感傷的な表情を浮かべている。

「授業中はいつも先生の近くにいましたね」

「それはね、この子に話しかけたり、説明したりするには、そうするしかなかったですから。ほかの子たちと一緒というわけにはいかなかったですしね」

はきはきと答えるノエルの姿は、かつて英語教師だったころを彷彿とさせる。「放課後は自宅にも寄って面倒を見ていたこともあって、個人的に世話を焼くことができたんです。楽しい時間だったわね。お店の裏庭でよくクリケットをしたじゃない。覚えているかしら」

そう言いながらモーリスの脇を引っ張った。

ノエルによれば、モーリスは世話になった人に対する感謝と敬意を忘れたことがないという。

「うぬぼれることもないし、自慢げに振る舞うこともないんです。きちんとした清廉潔白な商売を長続きさせるには、謙虚さや誠実さが欠かせませんね」

帰り道、私たちは、モーリスが少年時代を過ごしたハーミテイジの雑貨店に寄ってみた。今は住宅になっている。試しにノックしてみると、若い男性が出てきた。立ち寄った経緯を説明したところ、うれしそうに当時の古い写真を何枚か見せてくれた。そのうちの1枚に、住民の男性の父親が、モーリスの父のウイリアム・ソンと一緒に写っていた。

「1948年に中国から来た当時は、木造でしたね」

モーリスが説明しながら歩き回る。

「何か見つけてきては売っていましたよ。販売免許があったので、ウイスキーやスコッチ、ラム、ワイン、食品、衣類、裁縫道具、自転車部品など何でも売っていました」

カリブ海地域は、村でも町でも至るところに「中国系商店」がある。移民にとって、レストランやクリーニング店と並び、何でも屋的な小さな雑貨店を開くことも、新しい国で生き抜き、社会に溶け込むための手段だ。

19世紀中ごろ、初めてカリブ海の島々にやってきた中国人は、砂糖のプランテーションの年季契約労働者として働いた。1900年代初頭には、商人や小売店主などの自由労働者としての移民が中心だった一方、年季契約労働者として送り込まれた多くのインド人は農民になった。

私は、モーリスの案内でポートオブスペインのチャイナタウンとして活気あふれるシャーロットストリートを訪ねた。中国系トリニダード人が商店やミニマーケット（訳注：小規模の食料・雑貨店）の経営から身を起こし、どのようにして大型食品店やスーパーマーケットチェーンを手がけるまでに駆け上がったのか、この目で確かめたかったからだ。

私たちが訪ねたのは、グレートウォールで使用するほとんどの中華食材の仕入れ先でもあるウィンシン・ゼネラルストア（永盛）だ。店は大賑わいで、レジには客が3列に並んでいる。店のバックヤードでモーリスがオーナーの黄《ウォン》ティィリョンを紹介してくれた。

「ここじゃ、みんな家族みたいなもので、お互いに助け合っています」と黄。

シャーロットストリートは、華人の溜まり場でもあり、同じ故郷の人々が集う同郷会も多い。モーリスが指差す先には、「恵東安会館《フイトンオン》」という看板がかかっている。華人の中でも、彼のような客家出身者の同郷組織だ。

カリブ海地域に暮らす中国移民の大半は漢民族の一派、客家である。客家の人々は、「中国のユダヤ人」と呼ばれることが多い。中国の中原《ちゅうげん》（訳注：黄河中下流域にある平原）から2000年をかけて移動を続けながら、さまざまな文化や食を吸収し、中国南東部に根を下ろした。

1962年にトリニダード・トバゴが独立してから、華人に対する社会的な受け入れが緩やかに進み、1970年代にはおよそ1万人を数えるまでになった。ところがその後、次の世代の多くが植民地独立後の社会に不安を覚え、カナダや米国への移住に踏み切った結果、その数字は一転して減少に向かう。

だが、そのまま留まった人々にとって、シャーロットストリートは、心の支えであり、駆け込み寺のような存在だ。交流、買い物、食事、商売を目的に島中から華人が集まってくる。

町中華からトリニダード随一の中華レストランに

サンフェルナンドヒルという小山の頂上にある展望スポットを案内してもらった。晴れた日には海の向こうのベネズエラまで見えるそうだ。午後遅く、まばゆい金色の日差しの中、モーリスと妻ブレンダが初デートのときのように手をつなぎ、散歩している。

ブレンダがまだ中国にいたころ、戦禍を逃れ、ある村に一家で疎開した。その村こそ、モーリスの故郷でもあった。小学校も同じで、母親同士も知り合いだ。戦後、ブレンダの一家は香港に戻る。そのころ、ずいぶん前にトリニダードに移住していたブレンダの名付け親から、幼なじみのモーリスとの縁談を持ちかけられる。

ブレンダが振り返る。

「50年代後半の香港に未来はありませんでした。うちは貧しかったですね。同級生の中にはバーのホステスになる子もいましたが、私は嫌でした」

両親は、ブレンダにトリニダード行きを勧める。願わくばモーリスを気に入り、そのまま結婚して現地に定住してくれたら、という思いだった。だが、ブレンダはサンフェルナンドなどという地名は聞いたこともなかったし、パンナム機での移動中も、経由地のサンフランシスコでどうして降りなかったんだろうと悔やんだほどだった。

「空港に出迎えにいって驚きました。小学校1年生のときの記憶では、ぽっちゃりした可愛い顔立ちでした。でもすっかり大人になって美人になっていました」

ドライブしてアイスクリームを食べに行くなど、何度かデートを重ねた末、1958年に二人は結ばれる。性格は対照的な二人だった。モーリスは田舎育ちの照れ屋。客家語（訳注：客家が話す言語。中国語の一方言にすぎないが、世界の華僑・華人の間では一大勢力の言語）で穏やかに話す。かたや都会育ちのブレンダは、社交的で愛嬌もある。娘のデビーによれば、人付き合いが好きで、あちこちに顔を出す社交好きだという。しかもブレンダは、広東語の中でも現代的とされる香港の広東語を話す。

当初、ブレンダはトリニダードが好きになれず、英国統治下だった香港と比べても貧しくて遅れていると感じていた。「香港も未発展でしたが、それでもテレビくらいはありましたから」とブレンダ。

1万5000ドルあれば婚約を解消して実家に帰れるのに、と言い出したこともある。モーリスにそんな金はない。そんな彼女を説得したのは、未来の義母となるルーシーだった。ブレンダを心から歓迎したのである。ルーシーは息子が良き伴侶に巡り合えるのを楽しみにしていた。ブレンダは、義母と心の絆で結ばれていて、1970年代後半に義母がこの世を去ってから、思い出してはたびたび涙を流してきた。

「本当によくしてもらいました。親切で優しかったですね。子供が生まれてからは私がレストランで働いている間、子供を預かってくれました。実の母よりも義母のことが好きでした」

モーリスは、移住当初は父の店を手伝い、その後は自分の店を持つなど、中国系商店を20年近く経営した末に、レストラン開業の夢を抱くようになった。12歳のときから父親に仕込まれた料理の腕は確かだった（娘の宋徳容、愛称パッツィーによると、天性の料理人で、舌で覚えた味を見事に再現できる才能があるという）。ブレンダは夫を説得してトリニダード南西部にあるサンフェルナンドに引っ越した。製鋼所や精錬所が集まる工業の中心地であり、島では第2の都市だ。

1968年、モーリスは、父に資金援助を請い、6人の従業員を集めて、サンフェルナンドのコーヒーストリートという通りにあるラッキービルディングの1階に軽食堂「ソンズ・スナケット（宋家快餐店）」を開店する。唯一の中国人料理人が作るのは、チキン＆チップス（トリニダード人のお気に入りメニュー）、ハンバーガー、それに中華料理数種類だった。モーリスは給料なしで働いた。

数年後、同じビルの上階に「ソンズ・チェリーブラッサム（梅花酒楼）」をオープンした（訳注：著者がモーリスらから聞いた話では、中国語の店名は「梅花」で、英語名は「桜」という相違がある。一般に海外の中華料理店の英語名は、中国語を離れて地元受けのいい名前にすることがあり、これもその可能性がある）。トリニダード初の店内総絨毯敷きで空調完備の中華料理店で、従業員は18人、客席数100席を備える。

当時、市長は「こんな店がサンフェルナンドにできるなんて思ってもみなかった」と感想を漏らしたという。野党指導者で後に首相となるサンフェルナンド出身のパトリック・マニングでさえ、結婚披露宴の会場にチェリーブラッサムを選んだほどだ。

1階と2階の店で厨房を共有していたため、モーリス夫妻は一日中階段を上り下りして2つの店を切り盛りしていた。そのかたわら、アンナ（宋徳貞）、ジョニー（宋徳学）、デビー（宋徳慈）、パッツィーの4人の子育てにも追われた。

カリブ海地域に暮らす多くの華人が70年代初期にそうであったように、モーリス夫妻も、政情不安になった際の保険として、トリニダードと同じく英連邦に属するカナダの市民権を獲得している。ブレンダは子供たちを連れてトロントに移り、高校や大学に進学させた。モーリスがカナダに滞在したのは数ヵ月だけだった。

トリニダードに戻って一生懸命働けば、従業員も協力的になり、ビジネスの成功につながるとの信念があったからだ。

1981年には、300万ドルを投じ、50人の従業員を集めて「ソンズ・グレートウォール」をオープンする。次女のデビーがカナダの大学を1年休学して、同店の立ち上げの手伝いに来てくれた。ほどなくして、息子のジョニーも従業員教育係としてトリニダードに戻ってきた。だが、カナダから戻ってソンズ・グレートウォールの経営を手伝ってくれたのは長女のアンナだった。

カーニバルと太極拳

ポートオブスペインの中心部に広大な公共緑地、クイーンズパークサバンナがある。その西側には、植民地時代の歴史的建造物がいくつも並ぶ。北側には王立植物園がある。かつてこの地には、英国統治時代の遺産でもある競馬場があった。

そして現代では、カーニバルのメイン会場となっている。

毎年、南側に観覧席と審査員席を備えた野外ステージが組まれる。市の周辺には、いくつか通過点が設定されている。出場するマスバンドはこうした通過点にある審査ステーションの前を通過すればコンテストのポイントを稼ぐことができる。ただし、メインスタンドは必ず通過しなければならない。各バンドは、なるべくたくさんの審査ステーションを通過できるようなルートを選択する。

ソカ（「ソウル・オブ・カリプソ」の省略）と呼ばれる音楽は、カリブ圏で伝統的なカリプソに、エレクトロニックな要素を加えた軽快なパーティー音楽だ。マスバンドが街を練り歩く際、演奏者らを乗せたトラックも一緒に移動する。このトラックからあふれる激しいビートが街中に響き渡る。パレード参加者に人種も年齢も関係ない。多種多様な色や形のコスチュームを身にまとい、飛び跳ねたり、腰をくねらせたりしながら進んでいく。

サンバチームが何ヵ月もリハーサルを重ねるブラジルのカーニバルとは違い、トリニダードのカーニバルはもっとカジュアルで気楽なものだ。膨大な人波を眺めていると、まるで印象派の絵画のような色の大河が流れていく。

うだるような暑さの中、私はじっと「華やかなりし人生」をテーマにしたパレードが通り過ぎるのを待ち続けた。5つのバンドが通過した後、お目当てのハート率いるバンドがようやくやってきた。このバンドの全員が通過するまでに30分かかった。

そこかしこに華人らしき顔が見える。私は、月曜夜にトリニダード入りしたのだが、その際、トロントに移り住んでいた中国系トリニダード人が大量にカーニバルのために戻ってきていた。

クォイは本領を発揮し、人混みの中でダンサーを追いかけて撮影を続けている。機敏でなめらかなカメラワークもいい。本人いわく、フットワークがすべてだ。なるほど彼は太極拳をしている。私もだ。いつも師傅《シーフー》（師匠）からは、「重心を低く保て」「気を丹田に沈めよ（「気」を臍《へそ》の下辺りに集めよ）」「両足をしっかりと地につけろ（大地とつながれ）」「下半身を使って静かに体を動かせ」と指導されている。

トリニダードに暮らす者はすべてトリニダード人

トリニダード・トバゴの人々にとって国籍とは、民族性よりも市民権を指す。その意味でトリニダード・トバゴという国は、人為的に作られた集合体と言える。トリニダード島とトバゴ島という2つの島からなるこの国は、島によって人も気質も大きく異なる。出身の島に合わせて、それぞれに自分たちをトリニダード人、トバゴ人と称する。

現在の民族構成は、先住民族であるアメリカインディアン、かつてアフリカから連れてこられた奴隷の子孫、華人の商店主、年季契約で送り込まれたインド人労働者に加え、スペイン、フランス、英国など欧州からの入植者の末裔もいる。この構成に加えて、レバノンやシリアからのアラブ人、16世紀後半の大航海時代に欧州から訪れたユダヤ人も混ざり合う。

アンナの夫、ジョン・ジョンストンは、中国、フランス、スペイン、アフリカの血を引くトリニダード人の4世だ。カナダの高校を出て、米国の大学を卒業後にアンナと出会う（ソンズ・グレートウォールのレジが故障した際にアフターサービスで店に訪れたのが、彼だった）。

トリニダードに暮らす者はすべてトリニダード人だ。「○○系」などと余計な飾りは不要。国籍の前に形容詞はいらない。ジョンを始め多くの人々が先祖とのつながりを示す目印をとうに失っている。夫婦でグレートウォールを切り盛りしている時間は、ある意味で華人としての血を感じている。

店の営業が終わり、真夜中近くにようやく一息つきながらジョンが言う。

「お義父さんががんばって今の姿に築き上げてくれたんです。すでに段取りもうまくできているし、あれこれ手配もできています。僕らはもうやることがないほど、できあがっているんです」

夫の横に座るアンナが言葉を継ぐ。

「レストランの仕事はきついし、朝から晩まで休む間もありません。でも両親の働く姿を見て育ったし、両親ができるんなら、私たちだってできるはずなんです。だって、こうやって代替わりしたんですから」

だが、ジョンには言葉の壁がある。「料理人たちはあまり英語が話せないし、僕は中国語がさっぱり。だから厨房との意思疎通に苦労しています」

父の影響で客家語、母の影響で広東語をそれなりに話せるアンナにとっては、大した問題ではない。それに大学卒業後に香港で1年間働いた経験もある。

「この店は両親にとって、特に父にとっては子供みたいなものですから、父には安心してもらいたいんです。もっとも、父が引退することはないでしょうけど。ただ、最近は少し余裕ができたこともあって、私たちに任せたいみたいです」

店は末っ子、客は家族

こんな気分にさせてくれるものなんて、この世にほかにない
俺のジュベのノリにどんな素敵なマスバンドも立ち止まる
夜が明けた瞬間にほとばしる特別な感覚
今日の注文はピッチオイルパンと上等なスティールバンド
素敵なノリを感じよう……ジャンプアップ
素敵なノリを感じよう……ジャンプアップ
素敵なノリを感じよう……ジャンプアップ
素敵なノリを感じよう……ジャンプアップ

ジョニー・ソンのラジオ局WEFM（96・1MHz）に足を踏み入れると、ちょうど『FEELIN' DE VIBE』という曲がかかっていた。歌っているのは、中国系トリニダード人2世でチャイニーズ・ランドリーの芸名で活躍するアンソニー・チョウリンオンで、ソカというジャンルの曲だ。ロードマーチ（脚注：パレード中に使用する楽曲）として人気がある。数あるロードマーチの中でもこの曲は、2日間に及ぶカーニバルのパレード中に最も演奏回数が多い。

ジョニーは、父親のグレートウォール立ち上げを手伝った後、この島の音楽・エンターテインメン

ト業界で起業するというはるかに実入りのいい道に進んだ。現在は、都会的なカリビアン音楽を中心とした番組編成で一番人気のFMラジオ局の共同オーナーの座にあるほか、人気のナイトクラブ「ゼン（禅）」と「クラブココナッツ」を経営している。このFM局は、スポーツスタジアム「クイーンズ・パーク・オーバル」から通りを挟んですぐ向かいにある。ちなみにこのスタジアムは、クリケットでトリニダード出身のスーパースター選手、ブライアン・ララが活躍したこともあって、ファンの間ではいわば聖地になっている。クリケットの国際試合の中でも最高峰の試合に出場を果たした国民的スター選手である。

そんなララ選手とジョニーが一緒に写っている写真が壁にかかっていた。写真を眺めていた私にジョニーは「友人なんです」と説明する。

ジョニーは40歳。気取らず、驚くほど引っ込み思案で、とても華やかな音楽業界で活躍する経営者とは想像もつかない。しかも、思ったよりも華人気質が強い。カナダに暮らしていたころは、付き合いがあった仲間はトリニダード人ばかりだった（その事実を知って母親は愕然としたそうだ）。にもかかわらず、客家語を話し、中国文化との相性も悪くない（母親のブレンダは、香港出身の若い女性と一緒になってほしいと思っている）。

その日の午後、ジョニーは見るからに取り乱していた。聞けば、早朝、クラブココナッツに何者かが侵入したという。こんなタイミングで取材させてもらうのは憚《はばか》られるが、ゆかりの場所を案内し、父親の名声について話してくれることになっている。

「父がトリニダードではかなり有名人ということに、僕はずいぶん助けられていますが、僕が努力して父のレベルにどこまで近づけるかが大事ですね。謙虚さという点でも、人々からの尊敬という意味でも、父の半分もできれば御の字ではないでしょうか」

資金面でモーリスの援助はあったが、ジョニーは父親譲りの起業家精神を発揮して自分のビジネスを築き上げている。

「ビジネスの世界ではもうちょっと積極的ですね。だから、誰からも好かれるとは限りません」

「またレストランの仕事をやってみたいですか」

「いつか一周して振り出しに戻ってくるかもしれませんね。でも楽なビジネスではありません。外食業に戻るならよほどの覚悟がないと」

「カナダに戻るつもりは?」

「やっぱりここが一番ですね。自分にとっては楽園なんです。トリニダードは楽園ですよ」

空港の駐車場の近くに「ダブルス」の屋台がある。ダブルスとは、ナンのような薄焼き2枚でヒヨコ豆入りのカレーをサンドイッチにした伝統的なスナックだ。移住などでトリニダードを離れるときに、最後にこれをほおばるのは、一種の儀式となっている。

屋台でダブルスを食べながらモーリスが言う。

「次に来るときは空港で、ソンに会いにきたと伝えてみてください。特別待遇になると思いますよ。

私のことをみんな知ってますから」

　ポートオブスペインにもレストランをオープンしてほしいという声がモーリスのもとにたびたび寄せられるという。料理人、支配人、接客責任者などモーリスが育てた人材がグレートウォールを辞めて店を開くケースはある。だが、こうした弟子たちは「今も家族の一員」であり、自分が店を出して直接競合するようなことはしたくないと言う。

「引退はしないと思います。この店は、私の末っ子みたいなものです。何もやることがないとしても、30分でもいいから店に顔を出すんです。池の金魚を眺めて、厨房を見回して万事順調かどうか確認するんですよ。客席に挨拶に行くこともあります。みんな私の家族みたいなものですから」

　国外離散した他の華人同様に、モーリスも、謙遜、勤勉、家族重視、子供のための自己犠牲など、中国の伝統的な価値観の多くを重んじる。

　取材の旅も終わりに近づいたころ、当初から抱いていた疑問をぶつけてみた。私たちを特徴づけているのは、国籍なのか、はたまた民族性なのか。精神的には中国から離れたのかも知りたかった。

「私は華人です。12歳でこちらに来ました。でもトリニダード人に帰化しました。今はトリニダード人です」

第4章　中華料理店を探してアフリカへ

——モンバサ（ケニア）

隣に座っている男性に目をやると、胸に怪我をしたようで包帯を巻いている。白いズボンには血が滴り落ちている。

ここは赤道直下、モンバサの警察署だ。私を含め、ここで待っているのは、被害届を出しに来た人たちである。デスクは2つあるが、受付の警官は1人だけで、被害届の処理に追われているところだ。今度は、頭に包帯を巻いた若い男が入ってきた。となると、私よりも先になることは明らかだ。

それならそれで構わない。私自身は怪我もない。単に強盗に遭っただけの被害届である。

その晩、私は、モンバサ中心部のモイ通りという目抜き通りを歩いていた。20年前に食事をした覚えのある中華料理店にまた寄ろうと向かっていたのだ。車の往来はほとんどなく、歩道の街灯もない。バークレイズ銀行を通り過ぎた。

突然、背後で足音が近づいてくるのが聞こえた。10代後半と見られる若者が4人、いや5人はいたと思う。1人が私を呼び止めるや、ナタを振りかざす。その瞬間、持っていたショルダーバッグを違う男にひったくられた。さらに別の男が私の後ろポケットに手を入れたと思ったら、財布がなくなっていた。ほんの3秒のできごとだった。連中は通りの反対側に広がるスラム街の暗い路地に逃げ込んだ。被害は、カメラ、現金、トラベラーズチェック、クレジットカード、パスポート。おまけにカナダ人としてのアイデンティティまで奪われた思いだ。

実は、さっきの銀行には、ターバン姿（ということはシーク教徒だろう）の警備員2人がいて、事件の一部始終を平然と眺めていたのである。

「連中はあんたの後をつけていたんだ」と警備員が言う。もう一人が「あれはソマリア人だ」と、淡々と続ける。かつてソマリア内戦による難民がケニアに続々と押し寄せたことがある。

「ずっと見ていたのに、助けもせずに傍観していたのか」

警備員の説明には、唖然とするばかりだ。

すると、背の高いほうの警備員が親切にも、電話ボックスから警察に通報してくれた。歩道の縁石に腰掛けて捜査員が来るのを待つが、待てど暮らせど現れない。

痺れを切らした私は自ら警察署に赴いたというわけだ。私の番になり、警官が書類に記入している。警官は記入を終えると、捜査員が宿泊先まで送るから外で待てという。署の外に出ると、喫煙していた警官が「どこから来たの？」と私に尋ねる。

世間話をする気にもならず、とにかくホテルに帰りたかった。ナイロビの地で、パスポートの再発行にどのくらいかかるのか見当もつかない。4日後にはモーリシャス行きのフライトがあるというのに。

ホテルに戻り、ルーフトップバーのラストオーダーに間に合ったので、わずかに残っていた現金で夕食のタンドリーチキンを注文した。幸いにも航空券は部屋に置いてあった。ケニア東海岸の都市ラムへの往復旅行も予定していた。帰りはナイロビに戻った後、モーリシャスに立ち寄り、3週間後にトロントに帰る計画だった。

夜の空気はひんやりしている。向かいの観葉植物の陰になっている席では、カップルがいちゃついている。大いに楽しんでいて結構なことだ。それに比べて私ときたらどうだ。この悲しみを癒す金もない。寝るのが一番だ。

2000年11月21日の真夜中すぎ。CNNのニュース速報に釘付けになった。その年の米国大統領選挙の開票を巡るゴタゴタで、アル・ゴア候補が政治生命をかけてフロリダ州の再集計を要求していた。それに比べれば、わが陣営が戦っている相手は、微々たる不都合だ。

西瓜牛肉炒め、パパイヤと鶏肉の蒸しスープ

私がアフリカを最初に訪れたのは、それより20年前のことだった。そのときはナイジェリアで仕事があったのだが、モントリオールに帰る前に、ケニア、エジプト、モロッコにも足を延ばす機会を得た。エジプトでは、カイロからシナイ半島にある国境の検問所を通過してエルサレムを訪問する寄り道も計画していた。

1980年代のナイロビは、静かなオアシスといった雰囲気で、植民地時代のなごりが見られた。ナイロビに戻ってくると、中華が食べたくなった。そこで中華料理店を探しにオフィス街の中心に向かった。何を食べたのかも、どこで食べたのかも覚えていない。だが、店のオーナーと意気投合し、翌日、モンバサまで彼の車に乗せてもらったことは覚えている。

オーナーの名前は忘れてしまったし、8時間の車の旅も詳しいことは思い出せない。オーナーは、アフリカ生まれの華人で、体格は中柄、よく日にやけた20代後半の男性だった。ホテルで降ろしてもらったとき、「ここモンバサでも別のレストランを経営しているので明日ランチでもどうですか」と誘ってくれた。

その店は「ホンコン・レストラン（香港酒家）」という名で、白壁に囲まれた敷地内にあり、インド洋の雄大な風景を望むパティオ席のある大邸宅風の店だ。オーナーがじきじきに迎えてくれた。お薦めは、西瓜牛肉炒め、燉木瓜鶏湯《ダンモッグワガイトーン》（パパイヤと鶏肉の蒸しスープ）だという。

伝統的な中華料理の手法に地元産食材を組み合わせ、今風の言葉で言うフュージョン料理を生み出すことは、世界中の中華料理店で決して珍しくない。とはいえ、アフリカで熱々の蒸しスープとは？この類まれなる体験は、今も記憶から消えることがない。

これは燉湯《ダントーン》と呼ばれる広東料理の手法で、具材と水を入れて密閉した陶製の壺を、湯を張った大きな鍋に沈めて調理する。時間をかけて調理するため、食材の繊細な風味をじっくり引き出せるだけでなく、すべての栄養素をしっかり閉じ込めることができる。特にフカヒレや燕《つばめ》の巣など高級食材を調理する際に、こうした特徴が生きてくる。ただし、最大5時間も煮込むとあって、ほとんどの厨房では根気強さが求められる。

思い浮かぶのは、私の大好物だ。中国式の宴会でよく見られる冬瓜燉湯（冬瓜の蒸しスープ）である。先ほど挙げた作り方で言えば、陶製の壺の代わりに、冬瓜のワタと種をくり抜いたものを壺に見立てて使用する。特に冬瓜の表面に龍と鳳凰、あるいは長寿や富を表す漢字を彫り込んだものが食卓に運ばれると、客の間で驚きの声が上がるものだ。

それから、中国版おふくろの味とも言うべき雪耳糖水《シュッイートンソイ》（白キクラゲの氷砂糖煮）のおいしさは、誰だって記憶に残っているはずだ。白キクラゲは中国語で「雪耳」というなかなか詩的な表現をする。デザートではあるが、燉湯と同様の方法で作るスープで、パパイヤ、梨、干し竜眼（ライチの親戚のような果物）、蓮の実、干し黒ナツメ・干し紅ナツメ、干しアンズ、北杏仁（訳注：香りが強い中国北部産の杏の種）・南杏仁（訳注：甘味の強い中国南部産の杏の種）などさまざまな食材を組み合わせる。「体にいいデザートになるんだよ」というのが母の口癖だった。私が楽しく食べられるように仕向ける母親なりのやり方だったのだろう。白キクラゲは、燕の巣に似ているが、値段は手ごろだ。秋から冬にかけて空気が乾燥して寒くなってくると、体に必要な潤いや栄養を補ってくれる食材である。

厨房を案内してもらうと、料理人はケニア人ばかりで、ますます感心した。アフリカ大陸で、香港からの助っ人なしに調理されたすばらしい中華料理を味わえるなんて信じられるだろうか。

レストランから数ブロックほど行くと、ジーザス砦があった。1590年代にポルトガルがモンバサ港を守るために築いた砦で、インド洋貿易を巡って西欧の強国が影響力を誇示した初の成功事例と位置づけられることも多い。

だが、ナイロビの考古学博物館に立ち寄ったところ、意外な展示品を発見した。沖合いの沈没船から回収された磁器や鉄製品など、明の時代の工芸品。展示室の中央には15世紀の東アフリカで使用されていた帆船「ダウ船」があった。この舵のデザインは、当時の中国船にしか見られないという。

欧州中心の世界史観では、中国がインド洋やアフリカ東海岸に与えた文化的影響は過小評価されがちだ。だが、中国は太古の昔からアフリカとのつながりがあった。アラビア半島経由の海洋貿易が確立したのは、紀元前1世紀ごろの漢王朝の時代にさかのぼる。1418年には、明王朝の提督だった鄭和《ていわ》率いる艦隊がスワヒリ海岸のマリンディに到達している。これはポルトガルの探検家、バスコ・ダ・ガマが喜望峰回りで同地に到達する80年も前のことであった。鄭和の艦隊が戻る際、マリンディを治めていたスルタンは特使を派遣するとともに、中国皇帝にキリンを贈った。

さて、翌日に私は海岸線を北上して、白砂のビーチがあるマリンディに立ち寄る2時間の旅に出た。途中でトラックをヒッチハイクしながらの旅だ。マリンディは、かつてアフリカのこの地域の支配を巡ってモンバサのライバルだった。伝統的には港町であり、欧州の探検隊によるインド航路の寄港地となった。

1498年にバスコ・ダ・ガマが航海時の目標物として海沿いの崖に建てた記念碑「バスコ・ダ・

ガマ・ピラー」がある。だが、中国人がこの地に到達したことを示す痕跡は何も見つからなかった。

中国とイスラム社会の歴史

鄭和は1371年、中国南西部・雲南省でイスラム教徒の家庭に生まれた。当時、この地域は依然としてモンゴルの支配下（元王朝、1279年〜1368年）にあった。

明が雲南を攻略した際、子供だった鄭和は捕らえられて去勢され、その後、燕王・朱棣（後の明の皇帝・永楽帝）の身の回りの世話をする宦官として献上された。

永楽帝から大船団の指揮を命じられ、1405年から1433年まで南シナ海やインド洋への7度に及ぶ大航海を担うことになる。

第一次から第三次の航海では、インドのマラバル海岸のカリカットに到達した。

第四次航海では、艦隊がペルシャ湾のホルムズに向かう途中でモルディブに立ち寄っている。第五次航海では、艦隊はホルムズからアデン、モガディシュを経由し、東アフリカ海岸に沿って南下し、現在のケニアにあるマリンディに到達した。明朝の中国は、傑出した海軍国であり、当時としては航海術や造船技術に非常に秀でていたのである。

鄭和の処女航海は1405年。300隻以上からなる艦隊で、乗組員総数は2万8000人に上った。西洋でこれに匹敵する艦隊は第一次世界大戦まで存在しなかった。この中には、艦隊の司令官である鄭和やその補佐が乗る宝船《ほうせん》と呼ばれる大型船62隻も含まれていた。この宝船は、長さ127メートル、帆柱9本、4つの甲板があり、乗組員は500～600人だった。ちなみに、それから90年後に航海に出たコロンブスのサンタ・マリア号は、宝船の5分の1の規模で、乗組員はわずか52人だったという。さらに180年後に登場したスペイン無敵艦隊は、わずか130隻で構成され、最大のガレオン船でも長さ55メートルにとどまった。

明朝の艦隊は、重武装（軍隊や軍馬の輸送船を含む）で、大量の宝物（絹、磁器、漆器）を運び、中国の国力や富を世界に知らしめる役割を果たした。

私から見ると、こうした航海の偉業は、中国の人や文化を世界に拡散させる重要な役割を果たしたことだ。「南洋」（東南アジア諸地域）に中国人が定住するようになったのは唐代にさかのぼるというのが定説になっているが、それより5世紀下った明の時代の大航海こそ、東南アジアへの中国人移民が急増する直接の要因だったのである。

こうした地域に暮らす華人にとって、鄭和は民衆的な英雄として崇拝の対象、永遠の存在、神聖なる人物であり、実際、中国で鄭和にちなんで建立された多くの寺院に祀られている。シンガポールで少年時代を過ごした私は、三保太監（三宝太監）の物語に親しみ、彼の海外遠征をテーマにした連続物の劇画本をむさぼるように読んだ（訳注：鄭和はムスリムの出で、初名は三保または三宝といい、宦官の位の中で最高の太監に上り詰めたことから、中国では三保太監または三宝太監の通称がある）。

忘れてはいけないのは、鄭和がイスラム教徒だった点だ。中国とイスラム社会の関係づくりに重要な役割を果たしたのである。鄭和が個人的に東南アジアにあるモスク（訳注：イスラム教寺院）の建設の面倒を見たことがあり、メッカ巡礼のために紅海に小艦隊を送り込んだと言われている。その後、第7次航海を成し遂げてから、人生の幕を閉じている。

再びケニアで中華料理店探しの旅

『ニューヨーク・タイムズ・マガジン』1999年6月6日号に作家のニコラス・クリストフが手がけた「1492年に至るまでに何があったのか」と題した記事が掲載された。これがきっかけで私はパテ島に向かうことになった。

クリストフは、中国人がアフリカ沿岸に定住するきっかけとなった古代中国の難破船の伝説の真相を突き止めようとしていた。やがて、パテ島にその集落があることを発見する。マリンディから車で北に5時間のところにあるユネスコ世界遺産の町・ラムから船で到達できる島だ。

島に住むある部族との遭遇について、クリストフが記事にまとめている。アフリカ沖合に沈んだ明の船の船員の末裔だと長老たちから聞かされたと証言したのだ。確かに華人らしい顔立ち（あまり色黒でない肌や細い目）で、中国から持ち込まれた品々（陶磁器）を所有している。風俗習慣（太鼓のばちさばき、籠の模様編み、生糸づくり、墓）も古代中国の風俗習慣に酷似していて、わずか10キロほどしか離れていないアフリカ大陸のものとは、似ても似つかない。

明の時代には、国境を越えた交易や移住が一般的だったのだ。海のシルクロードの出発点で、また、鄭和がインドやその先に向かう航路の主要寄港地でもあった中国南部・福建省の泉州には、アラブ人、ペルシャ人、マレー人、インド人、アフリカ人、トルコ人など外国人が20万人も暮らしていた。当時の中国人は、私たちが考える以上に外の世界を知っていたのである。

では、アジアやアフリカを欧州人のように植民地化しなかったのはなぜか。その疑問にクリストフはいくつかの理由を挙げている。中国の帝国の閉鎖性、商人・貿易商に対する皇帝の不信感、単に中国人が新たな領地を植民地化することにこだわりがなかった点などだ。ただ遠く離れた国々に力を誇示したかったのである。

１４３１年には鄭和の第七次航海が実現したが、その後、永楽帝の後継者は船団の破壊や地図・計画書の焼却を命じる。造船技術や航海術の進歩に終止符が打たれた。中国が内向きに変わった瞬間である。

私はパテ島に大いに興味をそそられた。今回は、まさにこれが理由でケニアを訪れたのだ。願わくば、中華料理店探しの旅と、島の華人集落の存在が結びついてほしいとも考えていた。

20年後につながった人脈

かつてモンバサで食事をして以来、あのホンコン・レストランをもう一度訪ねてみようと心に決めていた。カナダで偶然、レイモンド楊《ヨウ》（訳注：ヨウは中国語の方言である潮州語の発音）という男性と知り合いになった。私の友人の両親がトロント郊外に住んでいて、その隣人である。

楊は70歳。ひょろっとした中国系南アフリカ人で、1961年にケニアに移住した。首都ナイロビで中華料理店「マンダリン・レストラン」を30年近く経営した後、カナダに移住してきたのだ。モンバサのホンコン・レストランについて尋ねると、間髪いれずにオーナーのリチャード劉《ラウ》一家と知り合いだと答えるではないか。劉一家も南アフリカ出身だという。劉一家がケニアに移住した時点では、リチャード劉はまだ未成年だった。ところが白いベンツを乗り回していたそうだ。

そもそも楊が南アフリカを離れた理由は何だったのか。

「私は南アフリカ人といっても、〝カラード〟(訳注:白人でも黒人でもない有色)の南アフリカ人なんだ。アパルトヘイトの中で生きるのは嫌だったんだ。リチャードの一家が国を出たのも同じ理由じゃないかな」

なぜケニアを選んだのか。

「英国の植民地だったし、社会秩序もあるし、穏やかで平和で、何というか楽園に見えたんだ。間違いなく平等に暮らすことができると思ったんだ。当時のケニアには、華人住民は数えるほどしかいなくてね。そのほとんどは私たちのように南アフリカでレストランを経営していたんだよ。あのころナイロビの3大中華料理店といえば、パゴダ、ホンコン、マンダリンだったんだ」

20年の時を隔てて、またケニアにつながる人脈が見つかったことになる。

「金がなければ、島にも行けないさ」

例の強盗事件の翌朝、ホテルを出ると、カマウ・ムワンギという運転手のタクシーが待っていた。ラム行きの飛行機に乗るため、モンバサ空港に送ってもらうことになっていたからだ。その前日に空港からホテルまで送ってくれた運転手がカマウだった。短い移動距離だったが、すっかり仲良くなっていた。

前夜に強盗に遭い、パテ島に行けなくなったとカマウに打ち明けた。パスポート紛失届を提出するため、内務省まで送ってくれるだろうか。しかも、提出後は、翌日のフライトのため、ナイロビに戻っていなければならない。

「金がなければ、島にも行けないさ」とカマウは笑顔を見せる。

「それに君に払う金もないんだ」と伝えた。

「大丈夫。現地に着いたら郵便為替で送ってよ」

私は運がいい。いつも気さくで親切なタクシー運転手に当たる。例えばイラン中部のイスファハンに行ったときのことだ。少々厄介な問題について、王政下の秘密警察SAVAKの関係者と思われる人物との交渉を手伝ってくれたのも運転手だった。インドでタージマハルを訪れた際、真夜中にひどく体調を崩したときも、まだ開いている薬局を探してアーグラの街を走り回ってくれたのも、タクシー運転手だった。

今回、カマウは私を乗せて、内務省の庁舎から庁舎へと2時間もかけて走り回った。付き添ってくれたカマウは、気にするふうもない。さすがは地元民。役所の列に割り込めるタイミングを含め、どういう手順になっているのか知り尽くしているからだ。紛失届の提出も終わり、ようやく空港にたどり着いた。ナイロビに戻る次の便にうまいこと間に合った。

ナイロビ空港に戻ると、旅行カウンターにマーガレットがいた。ほんの24時間ちょっと前、ロンドンからここに到着した際、モンバサとラムに行くチケットを手配し、再びナイロビに帰ってきた日の宿泊先としてナイロビ・ヒルトン・ホテルを予約してくれたのが彼女だった。目下の窮状を話すと、マーガレットは即座に同僚に何かを伝えたかと思うと、カナダ高等弁務官事務所、HSBC銀行、アメリカン・エクスプレス（まさに「出かけるときは忘れずに」だ）に連れて行ってくれたのである。

それから2日間はホテルにこもってテレビでクリケットの試合を観戦して過ごした。あまりの被害妄想で外出する気にもならなかったからだ。強盗の一件ですっかり心配性になってしまった。また襲われるんじゃないか、強奪されるんじゃないかと気が気ではない。

ただ待つほかない。

3日目、ついに新しいパスポートを受け取り、シティマーケットという市場に出かけて、カマウと約束したとおりに送金を済ませた。さらに、初めてリチャード劉と出会ったホンコン・レストランのナイロビ支店に顔を出した。

私の記憶どおり、劉は若々しい顔立ちだが、頭にはちらほらと白いものが目立つ。過去にモンバサまで送ってくれたことも覚えていた。レイモンド楊のおかげで、ここに再訪できたことを伝えた。彼も「レイモンドおじさん」のことを忘れていない。

「当時は2人ともずっと若かったんだ」と笑う。48歳。私より2つ若い。

「確か白いベンツに乗っていたよね？」

「シルバーホワイトだよ」と私の記憶を訂正する。

劉によると、出身地である南アフリカのプレトリア（訳注：行政上の首都）のことはほとんど覚えていないという。1959年に一家で南アフリカを離れ、2年後にモンバサでホンコン・レストランを開業し、さらにナイロビに支店を出したそうだ。現在は劉の姉が経営し、妹は市内でドラゴンパールという店を開いている。

「移住を考えたことは？」

「まったくないね。根っからのケニア人だから。アフリカが大好きなんだよ」

前日まで滞在していたモンバサの様子が、かつての私の記憶とは、まるで違っていたと告げた。

「確か最初にケニアに来たのは80年代だったよね。あれ以降、ケニアはずっと下り坂なんだ。水も出なければ、電話もつながらない。カージャックや凶悪犯罪は日常茶飯事でね」

「実はモンバサのホンコン・レストランに歩いて行く途中で強盗に遭っちゃって」と打ち明けた。

「よく注意しないとダメだよ」と同情のかけらもない。

「外出するときは、いつも背後に気をつけるんだ」

「そうか、油断していたな。相変わらず80年代の気分だったから」

最初の出会いからずいぶんと歳月が流れた今、なぜ彼を探し出そうとしたのか理由を明かし、半生を取材し、レストランのドキュメンタリー映画を撮りたいと申し出た。だが、あまり乗り気ではない。何か言えないことがあるのか、はぐらかそうとしているように見える。それでも考えておくと約束してくれた。翌日のランチにまた店に寄ってくれと誘われた。その日は夕食を終えた私をヒルトンまで送ってくれた。友人のパーティーに行くそうだが、そちらには誘われなかった。

翌日店に顔を出すと、劉は、私と話す時間がないという。店の奥で打ち合わせに忙しいとのことで、私は一人で食事をした。そのうち、劉は、いとこを空港に送ると言い残して、あたふたと店を出て行った。強盗事件で行き損ねたホンコン・レストランのモンバサ店を経営しているいとこだそうだ。話す時間はないが、連絡を取り合おうと言いながら出て行ってしまった。

私は翌朝、モーリシャスへと出発するので、ここでのレストラン探しはあきらめざるを得ない。ケニア最後の夜は、ニュー・スタンリー・ホテル内にあるソーン・ツリー・カフェで過ごす。東アフリカのジャズバンドの演奏を聴きながら、「タスカー」というラガービールでのどを潤し、ケニアがもう少し穏やかになってくれることを祈った。

第5章　かくもたくましき人々

――サンジュリアン（モーリシャス）

「中華クレオール料理をお探しと聞きましたが」

メガネをかけた威厳のある華人らしき男性が近づいてきて、フランス語で話しかけてきた。60代前半だろうか。昼下がりだ。見ず知らずの男性が、ル・サンジョルジュ・ホテルに宿泊している私を探して訪ねてきたのである。フロントのスタッフは顔見知りのようだ。

「この島ではシェ・マヌエル（滿意飯店）の料理が一番です。今晩、島を出る前にぜひお寄りください」

そう言いながら名刺を差し出した。「ジョセフ・チャン・マン・キン（曽繁興）元芸術文化大臣」とある。

噂はあっという間に広がる。インド洋沿いのアフリカ諸国で3週間に及んだ中華料理店探しの旅を終え、今晩にはパリに飛ぶ予定だ。希望どおりの店が見つかれば、改めてスタッフを連れて戻ってくるつもりである。

それにしても、私が中華クレオール料理を探していることをどうやって知ったのだろうか。そう尋ねると、モーリシャス映画開発公社（ＭＦＤＣ）の元従業員から聞いたのだという。私自身、その元従業員とは今朝会ったばかりだった。

「今晩、空港に向かわれるそうですが、その途中のフロレアルに我が家がありますので、いらっしゃいませんか」

そう言い残してジョセフは去って行った。

アフリカ、フランス、インドが混ざった中華を探せ！

チップを手にホテルの外に出て、いつも待機してもらっているタクシー運転手、ラジに声をかけた。ほんの数日前に私が初めてモーリシャスに到着した際に拾ったタクシーの運転手がラジだった。以来、私にとっては、頼りになるガイドであり、友情も芽生えた。

「場所はわかりますよ。前に客を送り届けたことがあります」とラジ。「荷物をまとめて、チェックアウトしたほうがいいですね。そこに寄った後、空港に向かいましょう」

クモの巣のように島に張り巡らされた細い道をタクシーはスピードを上げて進む。インド食品店や中国系のパン屋が集まるエリアを通過し、午後の日差しを浴びて青々と茂ったサトウキビ畑を突っ切る。ほかに車の姿は見えなくても、ラジはクラクションを鳴らしまくる。

紹介された店に入ると、マヌエル・リー・ピアン・ナム（李定權）を名乗る男性が「妻のコレット

がお待ちしております」と迎えてくれた（訳注：リー・ピアン・ナムの部分は華人のフルネームのように見える

が、姓。モーリシャスでは、移住してきた華人のフルネームがまるごと姓として登録されることが多かったため、その一族は、移住1世のフルネームを姓として代々引き継いでいる)。強靱そうな外見とは裏腹に、物腰の柔らかい50代後半の男性だ。昼間ホテルに訪ねてきた元大臣のジョセフは、この男性の義兄に当たるそうで、私の来店を店に電話で伝えてきたのだそうだ。

元大臣は、どうして私が店に寄ると確信したのだろうか。

そんなことを考えているうちに、コレット・リー・ピアン・ナム（林慶平）が厨房から出てきた。55歳。感じの良いふくよかな女性で笑顔を絶やさない。フランス語には「あなた」を意味する単語として、打ち解けた相手に使う「tu」とフォーマルな「vous」があるが、最初から親しみを込めて「tu」で迎えてくれた。私は華人ではあるが客家語は話せない。夫妻も英語はそれほど堪能ではない。

そこでフランス語での会話となった。

「ア・チュ・デジャ・モンジェ？（As-tu déjà mangé?）」

「ごはん食べた？」という意味だ。中国語では、挨拶代わりに使うフレーズである。英語ならさしずめ「How are you?」といったところか。ランチタイムはとっくに終わっている時間だ。厨房も休み時間だろう。即座に答えられずにいると、コレットが「当店自慢の料理」を用意してくれると言う。

「いやいや、お気遣いなく」と心にもないことを言ってしまった。

正直に言えば、そのためにわざわざ来たのである。ともあれ、中国文化では、訪問先の主人が提供する食事を断ることは礼節を欠く。どのような時間帯であろうと、すでに満腹状態であろうと、だ。

厨房についていき、茄汁魚柳《ケイジャッユウラウ》(魚のトマト煮。いわば中華風アクアパッツァ)の調理風景を見せてもらうことにした。ハタの切り身をフライパンで揚げ焼きにする。続いて中華鍋を火にかけ、タマネギ、ニンニク、唐辛子、タイムを色が変わるまで炒める。サイの目に切ったトマトを投入。絶えずソースを少し手に取っては、ひと舐めして味を確認している。優秀な料理人に共通する所作で、あらゆる段階で味見を欠かさない。数分煮込んでから、タピオカ粉を加えてとろみをつける。最後に、先ほどの魚を投入し、30秒ほど火を通す。

「エ・ヴォワラ!(さあ、召し上がれ)」

ラジと私は、夢中になって平らげた。中国野菜の炒め物やたっぷりの白飯もきれいに食べ切った。ニンニクの風味と赤唐辛子の辛味がたまらないと感想を伝えた。

「中華とクレオールを融合させた私の創作料理なんですよ」とコレットが顔をほころばせる。「お客さんはみんな気に入ってくれますね。インド人のお客さん向けには、少しだけカレーを加えて辛味を強めています」

「故郷の客家料理はどうですか」

「もちろん、提供しています。でも、クレオール料理というのは、そもそもアフリカ、フレンチ、中華、インドが組み合わさったユニークな料理なんです。この島では、それぞれの味が全部融合しているんですよ」

文化と料理が混ざり合った様子を表現したくて、「Comme un（コム・アン＝まるで）……」と言いかけてはみたものの、「るつぼ」に相当するフランス語が思い浮かばない。そこで英語で「メルティングポット」と続けてみた。

「ウイ、トゥー・メラーンジュ（ええ、全部混ざり合った状態です）」と、彼女が笑いながら応じる。すべてが混ざり合っている。まるでこの国のようだ。コレットも席につき、貧しい客家の家庭に育った彼女がどのようにしてレストラン経営者になったのか話し始めた。コレットの料理には、思わずうなってしまったが、興味の尽きない半生も文句なしにおもしろい。

コレットは、「このレストランを創り出したんです」と、「創造」を意味するフランス語の動詞「créer」を使って表現する。また、中華料理とモーリシャス料理が完璧に融合したメニューも独力で創作している。コレットは、私が次に訪問するまでに、タコのサフラン煮込みなど中華料理とモーリシャス料理を融合させた新たな名物料理を用意しておくと約束してくれた。

「でもレシピは教えられないわよ。企業秘密だから。この料理もみんな真似をするんだけど、うちのような味にはならないの」

私の中華モーリシャス料理を探す4日間の旅は成果なしに終わると思われたが、アフリカを去るわずか数時間前になって、探し求めていたレストランの物語に出会うことができた。

牛肉団子のスープ、塩鶏の丸焼き、肉詰め豆腐

モーリシャスに活気ある華人コミュニティがあることは以前から知っていた。

わが家は、私が1歳のときに香港からシンガポールに移住し、商品取引会社を経営していた。砂糖、ゴム、パーム油を扱っていて、モーリシャスにある華人経営の商品取引会社と頻繁にやり取りがあった。こうした取引会社からの封書が届くと、カラフルなモーリシャスの切手を剝がして自分のコレクションに加えるのが子供のころの楽しみだった。

初めてのモーリシャス訪問に備え、家族が現地にいるとか、旧友が現地にいるなど、トロントに住む中国系モーリシャス人の友人らから、取材の取っかかりになりそうな情報をかき集めておいた。みんな現地コミュニティのつてを快く紹介してくれた。こうしたつてを通じて、なんと現地の同郷会や商工会議所の代表、商社の経営陣、通信会社モーリテルの会長ら、華人コミュニティのリーダー格を集めたグループが急遽作られたという。そして、現地のチャイナタウンであるロワイヤル通り入り口の「ファースト・レストラン（第一飯店）」で、わざわざ私のために点心の昼食会を開いてくれたのである。集まったメンバーは、およそ3万人からなる結束力ある客家コミュニティについて熱心に説明してくれた。

客家は、文化的・言語的には、漢民族の一派に位置付けられ、2000年以上の系譜をたどることができる。中国・黄河中下流域の平原である中原《ちゅうげん》から何世紀もかけて移動と定住を繰り返し、16世

紀ごろには主として広東省や福建省のいくつかの山間部に定住した。

中国にはさまざまな集団があるが、客家は、その中でも特に国外離散が多い集団と考えられる。

客家は、19世紀後半から20世紀前半にかけて、中国南東部から、インドやインド洋地域、カリブ海地域、北米・中南米、南太平洋など世界各地へと散らばっていった。モーリシャスに住む華人の大部分は、客家としてのルーツをたどると広東省の山間にある梅県（北京語ではメイシャン、客家語ではモイイェンと発音）という地区が浮かび上がる。


シェ・マヌエルを初訪問してから4ヵ月後、クォイとデイビッド・スー（斯紹華）を伴って現地に赴いた。モーリシャスは、随所でシンガポールを彷彿とさせる場面に出くわす。どちらも多民族が暮らす小さな島国であり、貨物の集散地であり、また、旧英国植民地らしく左側通行など大英帝国の影響が色濃く残っている。

中国からの商人や貿易商が最初にモーリシャスにやってきたのは、19世紀半ばごろのこと。レユニオン島、セーシェル、マダガスカル、モザンビーク、南アフリカをめざす華人の開拓移民にとっては、一大中継地でもあった。中国から来た商人や貿易商の多くは、ロワイヤル通り沿いに定住し、活気あるチャイナタウンを形成した。

その晩は、撮影クルーにとって、「本場客家料理」を謳うファースト・レストランでの初めての食事だ。オーナーのマイク・ンー（呉龍昌）は、シャンドマルス競馬場の場内ブックメーカーだった人物。前回の取材旅行で華人コミュニティの人々と楽しんだ昼食会を思い出す。あのときは食事後に競馬場に繰り出したのだった。

今回の昼食は、牛肉丸湯《グウヨッユントン》（牛肉団子のスープ）、塩焗雞《イムゴッガイ》（塩鶏の丸焼き）、釀豆腐《ヨンダウフ》（肉詰め豆腐）、釀苦瓜《ヨンフーグア》（海老・魚のすり身を苦瓜に詰めた料理）だ。どれも客家料理の定番だ。ただ、苦瓜（ゴーヤ）は体を冷やす食品なので、私は食べないことにしている。かかりつけの漢方医からは、体内の「熱・寒」「温・冷」のバランスを維持することが大切と常に言われている。私は漢方で言う「寒底」（冷え性）という体質（訳注：日本では「寒証」と称されることもある）のため、バナナや生の芥子菜の葉などの「寒性」の食材は摂取しないようにと医師からアドバイスされている。体質的に問題のないデイビッドは、世界を食べ尽くす勢いで飛び回りながら、最高に楽しい時間を過ごしている。

クォイと私が育った香港は、客家の人々を積極的に受け入れ、客家料理が普及している。20世紀前半、多くの客家が広東省から、穴だらけの国境を越えて英国直轄植民地であった香港に流入した。

「ここは台湾そのものだよ！」

レストランを後にする際、デイビッドが声を上げる。なるほど、同じような装飾、同じような雰囲気、幼いころから慣れ親しんできた客家料理を出すのだから無理もない。17世紀半ばには、台湾海峡を隔てた福建省から大量の客家が移住している。

客家料理は、台湾料理の中で傑出した存在だ。それに、蒸し暑い夜も、デイビッドにとっては台湾南部のけだるい夏の日々を思い起こさせるのだろう。

「これって、そのままウォン・カーウァイの世界だね」

今度はすっかり郷愁の念に駆られたクォイが興奮ぎみに叫ぶ。ロワイヤル通りの雰囲気やムードは、60年代の香港を彷彿とさせる。まるで香港映画界の名匠・王家衛《ウォンカーウァイ》監督の作品にたびたび描かれた世界である。

同じ文化を背負っているせいか、クォイやデイビッドと仕事をしていると安心感がある。単に言葉や習慣が同じというだけでなく、このような状況に身を置いたときに私たち全員が同じ気分や感情を抱くからだ。

客家のソウルフード「豚バラの梅菜蒸し」

シェ・マヌエルがあるフラック県サンジュリアンという村は、首都ポートルイスから東海岸のビーチに向かって車を40分も走らせるとたどり着く。今回も運転手はラジに任せている。塀に囲まれた敷地に地味ながら広々とした建物がシェ・マヌエルだ。周囲にはサトウキビ畑が広がる。平屋建てで、屋根は東洋的なパゴダ風だ。中国式庭園にはミニチュアの仏塔や水車が設えられていて、竹林まである。

「今回はスタッフの方もご一緒なんですね」

出迎えてくれたコレットは、ウェイターにテーブルの準備を指示すると、慌ただしく厨房に消えていった。フィッシュカレーに、梅菜扣肉《ムイチョイカウヨッ》（豚バラの梅菜蒸し）という、これまた思い出に残る食事を振る舞ってくれた。

客家は流浪の民であることから、生活の拠点とした多くの地域の特色を取り入れ、それをヒントに発展させた料理が多い。客家料理は、特に煮込み料理や蒸し煮料理に干し肉と豆腐を多用する特徴がある。その場合、干し肉をしっかりと調理しつつ、やわらかさを保ち、自然にうまみを引き出せるかどうかにかかっている。

客家料理についてまとめた『The Hakka Cookbook』の著者、リンダ・アヌササナン(劉玉珍)によれば、客家料理は「ごまかしがなく、おおらかで、素朴。無駄がなくてほっとする農民のソウルフード」だ。

私好みのほっとする味といえば、客家の扣肉である。豚バラ肉をとろ火で煮込んでから揚げ焼きして皮をやわらかくして脂身をほぐし、芥子菜の漬物を干した梅菜、濃口醬油、砂糖、五香粉《ウーシャンフェン》(訳注:中国の混合香辛料)のタレで長時間蒸し煮にするという、手の込んだ料理だ。

やわらかく調理された肉は、口の中でとろけ、箸で簡単に切れるほどだ。さらに、脂身が一緒に添えた梅菜をしっとりとさせ、豊かな香りとコクのある心温まる味わいが生まれる。

これほどまでに味わい深い扣肉は、香港でも台湾でもお目にかかったことがない。

「その扣肉は昨日作ったんです」とコレット。なるほど母がよく言っていたが、蒸し煮料理は、作った翌日のほうがおいしい。味が染み込み、さらに深みが出るからだ。

昼食をいただいた後、コレットと庭園を散策しながら、レストランのことや料理に対する考え方を聞いた。その日の午後は、気温も湿度も高く、私たちの周囲を蚊が飛んでいてうるさい。デイビッドは腕や足に止まる蚊を追い払おうと叩いていて、マイクブームをまともに持っていられないほどだ。

コレットの客家料理は父親直伝だが、それ以外のメニューはすべて独自に編み出したものだという。例えばフィッシュカレーは、クレオール料理とインド料理の融合である。

「インド人のお客様が多いし、ご近所にもインド人の方々が必ずいるんですよ。父はインドの言葉が話せたんですよ。うちの店にはインド人もたくさん来たので、そのうち父もずいぶん流暢になったんです。おもしろいでしょう？　インドの言葉を話す中国人なんてね」

結婚後は、夫の両親が営む店に住み込みで働き続け、高圧的で人使いの荒い姑の言いなりになる生活にうんざりしたコレットは、1970年に独立を決意する。家業を離れ、大農園の労働者相手の麺の店をサンジュリアンに開いた。店といっても屋台並みの簡素なもので、オイスター、トマト、カレーの麺を1杯25セントで提供した。

「あれがシェ・マヌエルの始まりでしたね。鳥が巣を作るようにゆっくりと商売を大きくしていきました。そのうち、噂を聞きつけた住民が島の至るところからサンジュリアンにやってきて、私が作る麺やオイスターカレー、モーリシャス料理などを注文するようになったんです」

注文は増え続けた。それでも打ち立ての麺を提供したいと、夜遅くまで働く日も多い。ある晩、粉を混ぜるミキサーに右手を巻き込まれてしまった。医師の見立てでは、完治するまでに少なくとも2年はかかるとのことだった。

「あの後、どういうふうに仕事を続けるエネルギーが生まれたのかわかりません。片手しか使えなかったですから」と、感情を殺すように語る。「体がついていかず、つらくて泣いたこともあります」

一日に100人から150人もの客が続々と来店するところまではいい。

「でも、全部一人でこなしていたんです」

右手は3ヵ月ほどで良くなったが、前腕にはっきりと傷跡が残ってしまった。

香港仕込みの黒豆ソースで店を再建

1975年、「ジェルベーズ」という大型サイクロンが発生し、店は全壊してしまう。コレットはしっかりとしたコンクリート造りのレストランを建てようと決心する。かくしてシェ・マヌエルはひっそりとオープンした。厨房が広くなったおかげで、自分が得意とするクレオール料理、インド料理、そして自身のルーツでもある客家料理に、モーリシャスのさまざまな文化を反映できるようになった。業績は順調に伸びていった。だが、6年後、来る日も来る日も同じメニューを作り続けることに嫌気がさす。

コレットは「客家料理のことはもう忘れよう。高級な料理をものにしよう。本場中国の広東料理を」と自分に言い聞かせた。

店を2ヵ月休業し、香港の料理学校で学んだ。

「豆豉醤《ダウシジョン》やバーベキューソースなどの新しいソースの作り方を身につけました。焼味《シウメイ》（中華の焼き物）のテクニックを習って、叉焼《チャシウ》や焼鴨《シウガッ》（鴨のロースト）から作り始めたんですよ」

店に復帰したコレットは、レストランの再オープンに首相を招待した。

「大変だったんですよ！」

そう言いながら香港で取得した修了証書を高々と掲げて見せた。今、その証書は立派な額に収め、バーカウンターの壁の目立つところに飾ってある。その後も毎年香港に行っては新たな料理を学びながら、腕を磨き続けている。シェ・マヌエルは大成功を収めたが、今も毎日自ら厨房に立つ。

「料理に喜びを感じてはいますが、アシスタントが必要なときもあります。でも店が忙しくなるとアシスタントは細かいことを気にせず急いで調理するんですよ。すると、私に苦情が来るわけです」

一方、夫のマヌエルは、有閑マダムならぬ有閑紳士のように見える。店の名は夫の名から取ったものだが、営業には一切関わっていない。料理もしない。するのは自宅の皿洗いだけとコレット。私が知る限り、客家の家庭は中国でも海外でも似たようなものだ。母系の家族制度が柱になっていて、畑の世話も、家計の切り盛りも、すべての意思決定も女性が担う。

私たちが取材で訪れたときも、コレットが厨房のアシスタント1人をクビにしていた。コレットが件のアシスタントにクビを言い渡しているのを横目に、マヌエルが私を庭園に誘い出し、自ら育てている熱帯植物や花を案内してくれた。

「これはタマゴノキですね。ほら、実がなってるでしょう。食べたことありますか」

タマゴノキの実は、水分が多く、金色の果肉でパイナップルやマンゴーのような香りが特徴だ。さまざまな料理に使われるほか、ジャムやジュースに加工したり、サラダのトッピングにしたりする。マヌエルはレストランを経営こそしていないのだろうが、庭園の世話という形でささやかながら力になっている。その庭園では、コレットが厨房で使う野菜も栽培している。

モーリシャスは多文化共生社会

モーリシャスは、さまざまな文化や人種のるつぼだ。ヒンズー教徒、イスラム教徒、仏教徒、カトリック教徒が共存し、話す言葉もフランス語、クレオール語（訳注：複数の言語同士を便宜的に混ぜた言葉が母語として定着したもの）、英語、タミル語、ヒンズー語、さらには中国語の中でも客家語、広東語、北京語が入り混じる。人々は、ボナクイユやボーション、グランベなど、フランス語系の名を冠した村や町に住んでいる。

モーリシャス島自体は、最初にアラブ人が発見した。16世紀初めの大航海時代初期にポルトガル人が到達した当時は無人島だった。100年後、オランダ人が到達し、マウリッツ・ファン・ナッサウ（オラニエ公マウリッツ）の「マウリッツ」の英語読み「モーリス」にちなみ、モーリシャスと命名した。オランダ、フランス、英国の植民地時代にプランテーションの拠点となり、マダガスカルやアフリカ大陸から奴隷が移入された。

モーリシャスには、オランダがジャワ島から年季契約労働者を導入した1600年代以降、少ないながらも華人の存在はあったが、まとまった規模の中国人移民が最初に訪れたのは、フランス統治下の1780年代のことだ。1835年に奴隷制が全面撤廃されると、英国はインドから年季契約労働者をモーリシャスに移入した。その末裔が今や人口の70％を占めるまでになった。

フランスからの入植者とアフリカからの奴隷の間の異人種間結婚によってクレオール文化が生まれ、その独自の伝統や独特の言語が誕生した。クレオール語は共通語であり、人口の85％を占める人々の母語でもある。

ほとんどの産業やサトウキビのプランテーションについては、フランスが今も支配権を握っているが、現地の政治はインドが優位に立っている。華人は、同国の全人口120万人の3％にも満たないが、会計、エンジニアリング、法律、医療など専門職で不釣り合いなほど大きな割合を占めており、その多くは海外で教育を受けてきた人々だ。また、経営者も多く、小売業ではほぼ独占状態だ。

ナポレオンは、ナポレオン戦争の末にモーリシャスを英国に明け渡すが、現地に根付いたフランス文化を維持する約束を取り付けていた。現在、英語が行政言語となっているが、学校教育での第1言語は依然としてフランス語だ。驚いたことに、同国内に英字紙は存在せず、フランス語新聞が英語の政府公告も掲載している。看板は英語かフランス語のいずれか、あるいは英仏併記になっていて、カナダのケベック州に見られるような言語への神経過敏な雰囲気は一切ない。おそらく社会全体が実用上困らない程度にバイリンガルであれば、どの言語が支配的といったことは気にならないのだ。

モーリシャス人の大半はバイリンガルどころか3ヵ国語を流暢に操り、クレオール語、フランス語、英語を苦もなく切り替え、しかも生まれ育った母語や方言まで話せる。私がアフリカ大陸行きの航空券を予約したアトムトラベルエージェンシーの小柄な華人女性は、電話中の相手と地元の平板な発音が特徴的なクレオール語で対応したかと思えば、別の電話にはフランス語で答え、私とはモーリシャス訛りの英語で話し、3つの言語を手際よく切り替えていた。もし私が客家語を話せたら、客家語で対応してくれたはずだ。

15歳で結婚したら〝姑の奴隷〟に

さて、コレットの両親（もちろん客家である）が1920年代にモーリシャスに移住した際、父親が最初にありついた仕事は、現地の裕福な家庭の料理人だった。その後、小さな雑貨店を開いた。カリブ海地域ではおなじみの光景だが、この島にも華人経営の雑貨店が点在している。その一部は高級路線に進み、スーパーマーケットチェーンに発展することもある。コレットの父親が経営する雑貨店は、東海岸にあるベルエアという小さな町の人通りの多い交差点で、今も変わらず営業を続けている。コレットのレストランから車で30分ほどの距離だ。

「兄弟姉妹は私を含めて11人もいるので、みんなで店を手伝いましたね。7歳のころ、コメや生地を売ったり、洗濯をしたりしていたのを覚えています」

そう言いながら、店内を案内してくれた。何もかも懐かしさを覚える。シンガポールで子供時代を過ごした私は、級友の家にしょっちゅう遊びにいっては、ここのような昔ながらの華人経営の雑貨店の屋根裏に潜り込んだものだ。そこには木のにおいや埃っぽい空気がたちこめ、40年代に作られた家具があった。

9時、コレットが料理を始めた。1皿目は、客家ならではのコメが原料の黄酒を使った魚料理だ。一家のお気に入りでもあるという。

「父が私を助手に選んでくれたんですが、光栄でしたね。そんなわけで、私が厨房に入ることになったんです」

12歳のとき、父親から学校を辞めて店の手伝いをしてほしいと頼まれた。やがて、家族ぐるみで親しくしている知人が縁談話を持ってきた。そのときコレットは15歳だった。知人は、自分の店の従業員にマヌエルという好青年がいて、タバコも賭け事もやらないし、カジノに通うこともないと、コレットの父親に説明した。

「父のような仕事一筋の人でした。だから、父に異存はありませんでした」とコレットが振り返る。

翌年、コレットはマヌエルと結婚し、義父の店で働き始めた。その翌年には子供も生まれ、ポールと名付けた。だが、夫の両親との同居生活は、コレットにとって辛い毎日だった。

「私は、言うことをよく聞く嫁でした。自分の両親にも口答えしたことがなかったですから。いつか結婚したら、夫、舅、姑の指示に従えと親からいつも言われていました。よくある話なんですが、特に姑は、嫁の立場につけこむんですよ。モーリシャスではまずそうなります。インド人の家庭でもそうですね。でも私は何でも言うことを聞きましたよ。姑はいつも威張り散らしていました。黒いものでも、姑が白といえば白なんです。奴隷みたいな扱いでしたが、これくらいどうってことないと自分に言い聞かせて耐えました。人知れず涙することもしょっちゅうでした。そんな姑との生活は容易ではありません」

１９７０年にコレットの父が亡くなり、長男が店を継いだ。その後、１９９０年に長男が亡くなり、その息子のジョージに引き継がれた。ジョージの家族は妻と２人の幼子。一家で店の裏手に住んでいた。かつてコレットも両親と一緒に暮らしていた家だ。これは中国の伝統で、客家では特にその傾向が強い。

私たちは、ベルエアにあるコレットの実家の雑貨店を後にした。すでに夕方になっていた。辺りにはイスラム教の祈禱時間を知らせる声「アザーン（訳注：1日5回の礼拝時間になるとモスクからスピーカーで放送される呼びかけ）」が響き渡る。私たちは数ブロックほど歩き、コレットの２番目の兄が経営する軽食堂を訪れた。この店では、木製のカウンターでカレーヌードルなど中華やインドの軽食を出している。カウンターに立つ店主の背後に設置されたアルミ製ラックには、ワインやウイスキーなどが天井まで並べられている。

店の近くに差しかかったとき、コレットが「兄は私みたいにガツガツしていないの」と漏らす。兄がどんどん上をめざしたいとか、もっと大きく、もっとよくしたいというふうに考えないのがコレットには理解できないらしい。コレット自身、きょうだいの中で誰よりも向上心があり、絶えず上をめざして努力し、子供のころに味わった貧しさから抜け出したと自負している。

客家女性の人生を切り開く覚悟

私たちの歴史は私たちの中にあり、宙を舞う
漢の記憶は遺伝子に深く息づき
過去の夢から今の岸辺へと
独自の道、独自の言葉を運ぶ

ジョセフ・チャン・マン・キンによる叙事詩『Le Grand Chant Hakka』(英題『The Hakka Epic』、中国語題『客家人之歌』)の一節だ。彼がこの詩を書いたのは40代後半。先祖の祖国を訪れ、父親の一族と初めて対面した後のことだ。客家の人々に寄する頌詩《しょうし》であり、2000年にわたって伝統を守り続けてきた強い思いが込められている。

私にシェ・マヌエルという店を最初に紹介してくれたジョセフは、詩人、作家、歴史家、外交官、哲学者とさまざまな顔を持つ。教養人であり社交的なジョセフは、ポートルイスのチャイナタウンで、メキシコからの移民である父と、国内北部のパンプルムース出身の中国系モーリシャス人2世の母の間に生まれた。12人の大家族だった。

今回の2度目の現地取材でフロレアルにあるジョセフ宅を訪問し、乱雑な書斎で話を聞いた。学のある人物にふさわしい本棚である。

「実は客家人の源流は、黄河流域にあった魏の国なんです」

魏は、中国戦国時代の「戦国七雄」の一つに挙げられる国だ。その後、魏は秦の始皇帝に征服され、ついに紀元前221年に秦が天下統一を果たす（その始皇帝によって築かれたのが、万里の長城だ）。客家の人々は、始皇帝に服従することをよしとせず、移動、逗留、移住を繰り返す民となった。黄河流域から旅立った客家は、2000年もの間、各地を転々とし、新たな地を求めてさまようことも厭《いと》わなかった。

「だから真の漢族なんです」と、やや改まった口調で語る。

世界的には、通常、中国人イコール漢族ということになっている。だが、少数民族と公式に分類される民族は、ウイグル族、チベット族、チワン族、ミャオ族、さらには漢族だがイスラム教徒の回族など、55に上る。こうした少数民族が全人口に占める割合は8％にすぎない。とはいえ、その数は1億人である。

客家は、保守的で勤勉で伝統的とされる。子供たちは、同じ集団内での結婚を強く奨励されて育つ。私がモーリシャスで出会った客家人も同様で、たとえ植民地から脱した現在の文化的るつぼの国を故郷として暮らしていても、独自の言葉や文化、伝統を頑なに守っている。

「自己主張が強く頑固な集団としても有名ですね」とジョセフが続ける。「客家はもの静かで、愛想もいい人たちですが、言いなりになるような民族ではないので、挑発に対して黙ってはいないですよ。戦う民ですから、満州政府に反抗するとか、制度を変革するといった機会があれば、俄然、戦う力を発揮するのです」

紀元前3世紀から西暦1世紀後半までユーラシア草原地帯東部に住んでいた漂泊の民である客家と匈奴は、民族間の結びつきがあった。ジョセフは、両者の類似点を挙げながら比較する（中国人にとっての匈奴は、欧州人にとってのフン族に近い）。

よく聞く話では、客家の女性は特にたくましくて、立ち直りも早く、自己主張が強いうえ、大家族の女家長の座にあることも多い。13世紀後半、中国の女性には纏足《てんそく》が強制された。西側世界でいうハイヒールのように、性的な魅力を高める象徴とされたが、客家の女性がこの風習を受け入れることはなかった。

なぜか。

「男性が戦に出て、もし命を落とすようなことがあれば、その後、誰が家族の面倒を見るというのですか。女たちしかいませんよ」とジョセフが指摘する。「男たちは逃げました。死に物狂いで逃げ回りました。さもなくば殺されましたから。家庭を守る責任は、女たちにかかっていたのです」

「もっと重要なこととして、畑仕事もありましたね」と私がつけ加えた。客家の女性たちが日除けにつばの広い帽子をかぶって、畑仕事に精を出す様子が目に浮かんだからだ。

「確かに。纏足なんかしていたら、畑を耕せませんからね。そういうこともあって、女性に纏足をさせる風習が客家に受け入れられなかったんです」

なるほど、そう考えると、コレットの闘争心にも合点がいく。積極的で上昇志向があり、粘り強さと勤勉さで人生を切り開く覚悟だ。

「お店をやめたら、何をすればいいのかわからない」

コレットの姑の遺灰は、ポートルイスを見わたす小高い丘の上の仏教寺院に預けてある。私たちが寺を訪ねると、コレットは線香を供えて手を合わせ、世を去る直前に最終的に和解した姑の墓前にいたわりの言葉をかけていた。

「長年、姑のお世話をしてきましたが、死に際に、私のことが大好きだと言ってくれました。心の中の憎しみが消えてなくなりました。姑の言葉ですべてが報われた思いでした。『本当の母と同じ。一緒にいてください』と言いました」

コレットの舅は、たばこも酒も好きで、行き当たりばったりの人生だった。仕事はしたことがないし、家族からは厄介者扱いだった。雑貨店を切り盛りし、子育てもすべてこなしていたのは姑だった。今、私が見る限り、マヌエルもレストラン経営には関わっていない。強いて言うなら、バーのカウンターに立って、客との雑談に応じている程度だ。

気になった私は疑問をぶつけてみた。

「どうしてシェ・マヌエルなんですか。シェ・コレットじゃないんですね？」

「私はそんなにでしゃばるような女じゃありませんよ」と笑顔を見せる。

「目立つのは好きじゃないんです」

「この店は常連さんがたくさんいますね」

「どのお客さんとも親しくさせてもらっています。オーストラリアや南アフリカ、フランスに引っ越した方もいますが、お付き合いは変わりません。モーリシャスに帰ってきたときは必ずお店に顔を出してくれるんです。厚い友情や深い愛着があるんですね。だからどのお客さんとも常に連絡を取り合っています」

「今後のことはいかがですか」

「料理が大好きなんです。あと10年は働けそうな気がします。いたって健康ですし。今やめる理由がないですね。お店をやめたら、何をすればいいのかわかりませんもの」

第6章　アパルトヘイト時代の愛

――ケープタウン（南アフリカ）

「もっと華人らしくありたいですね」

ケープタウンを訪れる1ヵ月前、エドナ林《イン》から電話があった。もうエドナというクリスチャンネームは使わないという連絡だった。

「これからは安瑾《オンクアン》と呼ばれたいんです。林安瑾《インオンクアン》です。中国語の名前で呼んでもらいたいっていう思いがとても強くなってね」

66歳のオンクアンは生まれてからずっとケープタウンに暮らしている。市外には出たこともない。アパルトヘイト（人種隔離政策）廃止後の時代は、自分の華人としての血にまっすぐ向き合いたいという。

「アパルトヘイトのせいで、華人になりきれなかったんですよ」

「安瑾」は、生まれ育った家族の言葉である客家語の名前をローマ字で表記したものだ。ほんの数年前に標準中国語（北京語）を習い始め、今では初歩的な中国語を話したり書いたりできるようになった。ロケハンのために初めて現地を訪れたとき、安瑾が漢字で自分の名前を書いて見せてくれた。安瑾は、エドナという自分のクリスチャンネームについて「醜い英単語」だと言う。

「南アフリカの暗黒時代ですね」

家族経営のジレンマ

「私、ダメな料理人でね……。みんなが『太乱了《タイルアンラ》、太乱了』と言うので、いつも逃げ回っているんです」

中国語で「散らかっててひどい」という意味だ。

安瑾が小さな厨房の隅で中華鍋を振りながら、牛肉炒麺《ガウヨッチャウミエン》（牛肉入り焼きそば）を作っている。鍋から持ち帰りの容器に手際よく盛り付ける動きに合わせて、束ねていない長い髪が揺れる。カメラに気づいた安瑾が「ちょっと、初日から撮らないでよ」と言う。

私はクォイとデイビッド・スーを伴ってモーリシャスから昨晩遅くに到着した。宿泊先から、シーポイントにある安瑾の店まではさほど離れていない。この辺りは、ケープタウンの中でも上流階級の多いウォーターフロント地区だ。店に入ったときはまだディナータイム前だったので、客のいないダイニングルームを通り抜け、まっすぐ厨房に向かった。ロマンチックでシックな装飾の店構え、店内のキャンドルライトや白いテーブルクロスとは打って変わって、厨房は確かに散らかっている。

2001年3月21日、国際人種差別撤廃デー。この日は、南アフリカでは祝日扱いだ。1960年のこの日、南アフリカのヨハネスブルグから75キロ離れたところにある非白人居住区のシャープビルで、アパルトヘイト反対のデモ行進に警官隊が発砲し、69人の黒人が死亡した。このシャープビル虐殺事件を機に、アパルトヘイトに世界の耳目が集まることになった。

20年来、人種差別反対運動に関わってきた身としては、この重要な日にこの国に滞在できて幸運だった。

安瑾が仕事の合間を縫っては、私のテーブルにやってきて椅子に腰掛け、「父は料理についてとても細かかったんですよ」と語る。「姉や兄はもっと詳しく知っていると思いますが、何を1カップだとか、これはこの大きさに切れとか、長さはこのくらい、これはこういうふうにしなきゃダメだといった具合で。でもレシピはくれませんでした。見よう見まねで覚えるしかないんです」

ケープタウンで一番の老舗中華料理店といえば、「ゴールデン・ドラゴン（金龍）」だ。ブリー・ストリートに1960年にオープンした。大ざっぱに言えばチャイナタウンの一角と言える場所だ。一度移転して、さらに15年前に現在の所在地であるメインストリートに再移転した。1階建ての店舗が並ぶ一角にあり、店の前の歩道沿いには木製の柵を備えたパティオ席もある。

1992年、夫の林文仁《インラムアル》が亡くなったのを受け、安瑾がこの店を継いだ。それまでの伝統的な広東料理のメニューから、中国北部の料理に切り替えた。中国からの移民やビジネスマンが増えたこともあるし、地元の人々の嗜好の変化もあったからだ。

数年前、彼女が愛情たっぷりに「ゲイコンビ」と呼んでいるデザイナーの友人2人の助けを借りて、店の内装を刷新し、新たな新装開店キャンペーンを打った。

今は市内にたくさんの中華料理店がある。例えば同じ通りをちょっと行った先には、ダチョウ肉の豆鼓《トウチ》（訳注：黒豆を発酵させた中華調味料）炒めという人気料理を出す「ミスター・チャン（百福）」が開店した。それでもゴールデン・ドラゴンは常連客をしっかりつかんでいる。

「私たちが生き残ってきた根底には、これがあると思うんです。私たちががんばり続けることで、競合店に多様性が生まれるんです」と説く安瑾はどこか誇らしげだ。

「それに、私はお客さんに応じて味付けを調整してるんですよ。華人の団体客が来店して、ヨハネスブルグから来たようだと判断すれば、味付けを少し変えますね」

娘の林梅麗《インメイリー》は、「ダーバンから来たと思われるインド人のお客さんなら」それ相応の味を考えるという。梅麗は、サービススタッフとともにダイニングルームを担当している。スタッフは主に中国からの留学生だ。

唯一の例外がピーター・バン・ウィックというアフリカーナー（訳注：アフリカーンス語を母語とする南アフリカ生まれのオランダ系白人）で、てんかんの持病がある。ある日、職を求めてふらりと店を訪ねてきた。安瑾は、よそで断られたなら、自分の店でチャンスをあげようと考えた。

レストランの仕事はどうかと梅麗に尋ねると、

「やりがいはあるけど、ストレスも多いですね。父が事故で働けなくなってからの数年間、母と必死に店を切り盛りしてきました」

店内は客でいっぱいになっていた。梅麗は、厨房に駆け込んだかと思えば、客席スタッフの応援でホールにも出てくる。しかも、客の様子に目を配ることも忘れない。ときには客席で箸の使い方を教えることもある。

「いいチームになったと言われるようになりました。母が厨房担当、私がホール担当です。楽に経営できる仕事ではありません。でも、人とのふれあいが楽しいですよね。母が厨房に立っていなかったら、代わりに誰かを雇うか、私自身が母の料理を覚えるしかなかったですから」

梅麗には2人の兄がいるが、どちらも店を継ぐ気はなかった。確かに、彼女の世代なら、親の店を継ぎたがらないのもうなずける。母親、つまりは安瑾が引退を決めたら、梅麗が継ぐのだろうか。

「当面はそうですね。でも、ずっととなると、どうかな。家庭を持ったら、いい労働環境とは言えないですから。長時間労働だし、そこまで忍耐力もないし、子供だって落ち着けないですから」

これは、中華料理店を営む家庭の多くの子供たちが直面するジレンマだ。親としては、子供に家業を継いでほしいわけではないが、後継者がほかに見つからないか、仮にいても信用して任せられないのだ。

塩味・甘味・香ばしさが絶妙！「茄子の醬油煮」

王朝輝《ワンジャオフイ》が休憩時間に厨房から出てきたので、歩道にせり出したパティオ席で一緒にビールを飲んだ。上海から労働ビザでやってきた30歳の男性だ。何でもいいから職に就きたい一心だったという。

ある日、彼がゴールデン・ドラゴンの前を通りかかると、入り口の左右に貼られた「春聯」が目に入った。春聯とは、春節（旧正月）の年越しに当たって玄関の左右に貼る一対の縦長の赤い紙で、めでたい対句が書かれたものだ。ゴールデン・ドラゴンの春聯には、左側が「金」で始まる句、右側が「龍」で始まる句がしたためられていた。これを見た王は、華人オーナーの下なら快適に働けると考えたという。以前、厨房の補助作業をしたことがあったし、少しは料理の心得もあったおかげで、すぐその場で採用が決まった。

私は、彼の作る紅焼茄子《ホンシャオチエズ》（茄子の醬油煮）が絶品だとほめた。紹興酒、醬油、生姜、砂糖、酢、ニンニク、唐辛子を合わせたつゆで煮込んだ料理で、塩味、甘味、香ばしさが絶妙なバランスを生み出している。

その晩は空気がひんやりとしていた。ディナー営業が終了した。外のテーブルにいた私たちのところに安瑾がやってきた。帰り際の常連客に丁重に挨拶している。そこには一種の達成感が漂う。本人が期待していたほどの景気ではないが、それでも店は生き残っている。さらに、中国出身のスタッフを抱えていることは、自分の名前を変えたこと以上に、華人としての血のつながりを強く感じさせてくれるという。

アパルトヘイトの人種別居住区

ケープタウンは、南アフリカで初めて中国人移住の受け皿となった街だ。17世紀中ごろから18世紀末にかけて、バタビア（現・ジャワ島）で職人や庭師として働いていた中国人移民をオランダ人入植者がケープタウンに移入した。オランダ東インド会社が保有する香辛料貿易船を修理したり、水夫の壊血病対策に新鮮な果物・野菜を船に供給したりする必要があったからだ。

１７４０年には、地元居住者向けに10軒強の中華料理店が開店した。

19世紀後半、今度は英国が何千人もの中国人移民を農場労働者や使用人、商店主として使うため、南アフリカのさまざまな地域に移入した。１８７０年代には、さらに多くが中国から独立移民として流入するが、１９０４年に中国人排斥法が成立した（１９３３年に廃止）。

同年、年季契約の中国人労働者約６万５０００人がトランスバールの金鉱に送り込まれた。黒人鉱山労働者が頻繁にストライキを起こしていたために労働力不足に陥っていたからだ。

中国人契約労働者のおかげで金生産量が増加し、南アフリカ経済の復活につながったと考えられている。だが、白人の間では、中国人移民に仕事を奪われるのではないかといった脅威論があり、辛亥革命で清朝が終焉した１９１１年、中国からの契約労働者は本国に送還された。

そのころには、多くの職業に華人が定着し、特にいわゆる「カフィル食堂」の経営が多かった。この「カフィル」（Ｋで始まるので〝Ｋワード〟と言われることも）という言葉は、黒人や原住民に対して曖昧に使われる人種差別語だ。

ケープタウンの華人人口は少ないままだったが、ヨハネスブルグやトランスバールに加え、ポート・エリザベス、イースト・ロンドン、ダーバンなど別の地域にも流入があった。だが、全国どの地域でも、華人はアパルトヘイトの人種別居住区の周縁部に暮らしていた。要は、白人と呼べるほど白くなく、黒人と呼べるほど黒くないというわけだ。かといって「カラード」とも違う。このカラードという言葉は通常、インド人や異人種間の結婚で生まれた住民に使われる。

非公式には、華人は白人とみなされた。「アジア人」はインド人を指す言葉だったからだ。当時、インド人は、肌の色が濃いという理由で中国人以上に差別的に扱われた。とはいえ、バスや公共の場では、華人とて隔離された区画に座らなければならなかった。ただし、食料品店という日常生活に不可欠なサービスを手がけていたことから、白人居住区に住むことが許されていた。しかし、会社も住宅も白人名義人による51％以上の所有が義務付けられていた。

「日本人は名誉白人だった。私たちより１つ上の等級でしたね」と梅麗。

安瑾の夫、故林文仁は、１９１７年に父親に連れられて南アフリカにやってきた。当時9歳。おじが経営する食料品店を手伝うためだった。スーツケース一つで河港都市イースト・ロンドンの街に降り立った。実は中国語名は、姓が林《ラム》、名が文仁《アルイン》なので「ラム・アル・イン」と書類に書いたところ、入国審査官は、最後の「イン（仁）」を姓として登録した。よくある話だが、アングロサクソン系の人名は姓が最後に来るため、勘違いされたのだ（訳注：妻も漢字では「林安瑾」だが、アルファベット姓は夫にあわせた「イン（仁）」なのでこの二人の本書のルビは漢字に正しく適応したものではない）。

16歳で港湾労働に就くため、ケープタウンに移った。ほどなくして、食料品店と軽食堂を開業し、貿易会社、LAイン社（林文仁公司）を興した。アパルトヘイトが正式に開始される前年の1947年、林は、市の港湾に近い工業地帯、パールデン・アイランドのマリン通りに「ナンキン（南京）」というレストランを初めて開業する。

肩書はいろいろあったが、心の底では社会正義活動家を自任していた。中国向けに戦時救護の資金集めに奔走し、中国海員公社（船員協会）や中華学校の創設に尽力し、ケープタウン華人公会（相互扶助組織）の幹事を務めるなど、ケープタウンの華人社会では著名な存在だった。いずれの役職についても、メラニー・ヤップ（葉慧芬）、ダイアン・リョン・マン（梁瑞来）共著『Colour, Confusion and Concessions: The History of the Chinese in South Africa』に詳しい。

他の華人はおとなしかったが、林は歯に衣着せぬタイプだったと安瑾が説明する。林は英語が話せたので、白人と華人の間でうまく立ち回り、通訳や交渉はもちろん、ときには法律上のゴタゴタから同時代の仲間を救ったこともある。

林はまた、アパルトヘイト反対運動に熱心なことでも知られていた。あるとき、鉄道駅に「カフィルお断り、中国人お断り、犬お断り」という看板があるのを見て、地元の駅にかけ合い、撤去させたことがある。中国人は何千年もの文明があり、なぜそんな優れた文化を排除したいのか、というのが林の主張だった。無関心が充満していた時代に、この反骨精神は、ガンジーが南アフリカ時代の1906年に主導した反対運動を模範としたものだった。当時、トランスバール植民地でのアジア人の土地購入を禁じた法律に反対の声を上げる行進に、1000人の華人がインド人とともに参加した。

だが何よりも林は起業家であり商売人であった。アイデアが豊富で、アワビの缶詰、臘腸《ラップチョン》（中国ソーセージ）、蝦片（海老せんべい）、醤油、五香粉、化学調味料（ＭＳＧ）など、中華の軽食や食材、調味料の製造・販売を手がけた。中華料理を作る手順を音声で解説した『チャイニーズクッキング』というレコードを制作したこともある。いわば、耳で聞くレシピ集である。レコードには、酢豚、蝦婆蛋《ハポダーン》（ザリガニ入り中華オムレツ）、杏仁鶏（アーモンドチキン）、そして少々自己PRも兼ねた炆鮑魚《ワンバウユイ》（アワビの醤油煮）など、11種のレシピのナレーションが収録されている。そして材料は、ＬＰレコードのジャケット裏面に記載されている。

　妻の安瑾は、夫が乗り出した数々の事業のうち、どの程度がものになったのか定かではないが、「とても頭のいい人でした。大した学校教育は受けていませんが、驚くほど鋭い人でしたね。自分で考え抜いて、答えを見つけ出すんです。いろいろなことができる人でした」と評する。

　安瑾が生まれ育ったのは、客家の移民一家で、白人居住区で食料品店を営んでいた。１９６０年、20歳のとき、未来の夫となる林が初めて手がけたレストラン、ゴールデン・ドラゴンで働き始めた。2年後、二人は結ばれる。そのとき、林は55歳。安瑾にとって年齢差は気にならなかった。むしろ、林からは完全な自由が与えられたという。

「でも自由という名の束縛でした。自由だからこそ、制約にもなったんです。『出かけてもいいかしら』と聞いても『君次第だよ』と言うはずなので、責任重大だというプレッシャーを感じざるを得ないんです」

安堇にとって、こうした自由があったからこそ、長きにわたってレストランを経営し続けるたくましさが育まれたのである。

南アフリカは〝虹の国〟

この時期は一年の中でもいい天気が続く。ケープタウン住民によれば、復活祭（訳注：イースター、春分の日の後の最初の満月の次の日曜日）が終わると、雨季に入るという。レストランの定休日に安堇と娘の梅麗を誘ってボ・カープに足を延ばした。かつて「マレー・クォーター」と呼ばれた地区で、ケープタウンでは最古の歴史を誇る居住区だ。

ダウンタウンに隣接するボ・カープ地区は、19世紀前半に建てられたカラフルな住宅や石畳の坂道で知られる。この地区には、17世紀にオランダ統治下のバタビア（訳注：現・ジャワ島）から移入されたイスラム教徒の奴隷の多くが定住していた。また、オランダの統治に反発してバタビアを飛び出したイマーム（訳注：イスラム教の礼拝の導師）もこの地に暮らしていた。その末裔がケープマレーと呼ばれる人々で、今もここに暮らし、集団としてのアイデンティティも概して無傷のまま維持されている。地区内には7つのモスクがあり、ケープタウン最古となる１８０４年築のモスクもある。

安堇はこの地区に足を運んだことがなかった。そんなこともあって、見るものすべてが新鮮だったようだ。

「ケープタウンは文化のるつぼでした」

そう言いながら、ボ・カープ博物館館長のフィリード・ベイシアが展示を案内してくれた。つばのないフェルト生地の円筒形の帽子、トルコ帽（フェズ）は、現地に暮らすイスラム教徒のマレー人に広まったそうだ。

「どういうわけか、マレーという言葉は、純粋な白人とか黒人とかアジア人という集団に入らない人たちをひっくるめて指すときに使われています。だから、中東やインドネシア、アラブ、そして華人の血を引く人々が含まれても不思議ではありません」

集団地域法が1950年に制定されると、住民はこのイスラム教徒だけが暮らす地区からケープ・フラッツ（有色人種の居住地区）に強制移住させられ、家は没収されてしまった。

この地区にもう住むことが許されなくなっても、人々は政府に対して古いモスクや史跡を保存するよう訴えた。中には、強制移住措置に徹底抗戦を決め込んだ人たちもいた。

生まれ育った家に今も住み続けているのが、ヨセフ・アフマドだ。一家で徹底抗戦した様子を今も覚えている。

「母が『家を取ればいいさ。でも私は子供と居座るからね。どこにも行かないよ』って連中に反論してましたね」

実際、一家は居座ることができた。

アパルトヘイト廃止後、疲弊した地区を再び元気にしたのが、マレー人コミュニティだった。その復活には目を見張るものがあった。ケープダッチ様式建築の歴史的な住宅群は、修繕して、深紫や赤紫、深紅、明るい黄、明るい青など、目の覚めるような色にペイントされた。

今ではすっかり観光地に変貌を遂げたが、依然として貧困地域だ。

「幸運なことに歴史的な遺産は保全できましたが、かつてここに住んでいた住民の95％が家を失いました。この街は魂が抜けてしまったんです」とアフマドは嘆く。

そんなボ・カープ地区の住宅の2階に診療所を構える理学療法士のガニエマ・ジョンソンは、アパルトヘイト廃止後の変化を好意的に受け止めている。

「私たちの独自の文化があるからこそ、人が集まってくるんです。その大半はイスラム教徒です。でもキリスト教徒やユダヤ教徒、ヒンズー教徒もいますし、アフリカ系の人たちはまた別の文化や宗教があります。だから南アフリカは〝虹の国〟って言われるんです。たくさんの人種がともに暮らす国ですから」と断言する。

日本人は白人？　黒人？

ボ・カープからシグナル・ヒルという急坂を登り切ったところにヌーン・ガン・ティールームがある。マニュアルシフトの車では難儀するほどの坂道だ。このティールームは、私が前回のケープタウン訪問の際に知り合ったアパルトヘイト反対運動の活動家、シェリーヌ・ハビブの自宅だ。

今回は安瑾を紹介しようと思い、ハビブを訪ねた。この2人ならアパルトヘイト時代の生活について語り合えると考えたからだ。

ハビブは、1980年代に統一民主戦線（UDF）で活発に活動していた。このUDFは、反アパルトヘイト運動組織の緩やかな連合体で、イデオロギー的にアフリカ民族会議（ANC）ともつながりがあった。

「自宅から出かけたきり戻ってこない人たちがいます。警察に射殺されるからです。そんな話はいくらでもあります。友人も毎日のように命を落としました」と涙をこらえながら語る。

映画制作手法としては掟破りだが、ハビブにカメラに向かって直接語ってもらった。

「マンデラ氏が釈放されるまで、非白人居住区では恐ろしいことが数えきれないほど起こっていました。学生たちが反対運動をすると、警察が発砲するから、子供たちは命を失い、悲鳴をあげ、叫び声をあげる。拷問や心の傷は数えきれません。当時、UDFで活動していた私は、ケープ・フラッツにある自宅でこうした活動家たちをかくまっていました」

ケープ・フラッツは、市街南東部の広大な低地だ。アパルトヘイトの時代は、集団地域法などの人種に基づく法律により、白人専用の都心区域から非白人を強制的に排除し、ケープ・フラッツに政府が用意した非白人居住区に移入させた。

ハビブは言う。「この国では『黒人』と呼ばれる人たちがどういうイメージで捉えられていたのか、さっぱりわかりませんね。ひとくちに『黒人』と言っても、アフリカ人、マレー人、インド人、セントヘレナ島の有色の人々、カラハリ砂漠に住む狩猟民族の末裔まで含まれていたものですから、そこに今度は日本人がやってきて、どうにも困ってしまったわけです。さて日本人は黒人なのか白人なのか、どちらでもないのか、政府もわからない。これは大問題ですよね。私たちはそれを見て、大笑いしたのを覚えています」

南アフリカは過渡期にある。50年におよぶアパルトヘイトからようやく目覚めた国をどのように導けばいいのか。この過渡期はいつまで続くのか。いつかは人々のイライラが爆発するのではないか。

「この国の白人は、分かち合うということを学ばなければなりません。すべてはそこからうまくいきます。まず人々がきちんと食べていけるようにすることが大切です。『ザカート』（喜捨）は家庭から始まると言います」

ハビブの言う「ザカート」とは、施しを意味するイスラムの言葉だ。

「政府は、人々に立ち上がる術を与える必要があります」と安瑾は緊張気味に話し始めた。「この国はいまだに成熟化の途上にあります。新たに手にした知識が十分に理解されるまでには時間がかかります」

それを受けてハビブが答える。「人々は以前より豊かになりました。それなりに自由もあります。でも依然として生活は楽ではありません。若い人たちはそこまで辛抱強くありません。私もそうでした。この国から何度も逃げ出しては、そのたびに戻ってきました。地元のテーブル山や海が恋しくなるからです」

安瑾は「あなたは立派な国際人ですよね。いろいろなところで活躍しています。私にはここ、ケープタウンしかないんです」と訴える。

するとハビブもうなずきながら、「私にとってケープタウンはやっぱり最高の場所なんです。そう、今もよそで暮らすなんてありえない」。

安瑾は窓の外のテーブル山を見つめた。

“白と黒の華人”の結婚パーティー

アパルトヘイトは黒人と白人の間にあからさまな溝を作り、人種を分断し、国に流血と暴力をあふれさせた。

350年以上もの間、南アフリカに暮らしてきた華人にしてみれば、ある日気づいたら、2つの軍隊が対峙する緩衝地帯に立っていたようなものだ。アパルトヘイトにもがき苦しむ中で華人コミュニティは崩壊したも同然だった。人目を避けてひっそりと暮らし、仕事に打ち込んだ。先が見えない日々。不安と混乱の中で分断は深まっていった。一部には、林文仁のように、自分にできる範囲で非暴力・非協力の抵抗を続ける人々もいた。それ以外の多くの人々は、自分のコミュニティの問題だけに目を向け、アパルトヘイト体制に全面的に与するのではないにしても闘争には関わらないようにしていた。

現在、多くの人々が当時の暮らしについて口を閉ざす。4ヵ月前に初めて安瑾に会ったとき、私の取材には応じないほうがいいと友人2人から助言されたという。華人コミュニティが差別を見て見ぬふりで、結果的に共犯者となってしまった恥ずべき歴史が明るみに出ることを恐れたのだ。

安瑾が吹っ切れるまでには、それなりに時間がかかった。取材旅行もいよいよ最終日を残すのみとなった。安瑾は、ユダヤ人の友人も交えてディナーを楽しんだ後、私を自宅に招き、当時の悲しい思い出を打ち明けてくれた。

麻雀一式を取り出し、白人居住区での子供時代から話し始めた。

「華人家庭は、うち以外に3軒あって、いずれも半径2、3キロの範囲内で食料品店を営んでいました。まとめ役のような人物はいなかったですね。そこで誕生祝いで互いの家を行き来して絆を深めて、毎週日曜には、母親たちが麻雀を楽しんでいました」

そう言いながら結婚式のアルバムを取り出した。

安瑾は優雅なウェディングドレス、林はダークスーツ姿で、上着のボタンホールには花飾りも見える。カトリック教会で結婚式を挙げ、クラブで披露宴が開かれた。

「夫はここに移民として来たので〝白い〟華人、私は地元生まれの〝黒い〟華人という扱いでした。実際、法律を破る形で結婚して、そのために特別な許可も取得したんです。披露宴では、華人を隔離する必要がありました。白人とは交流できなかったですから。実は取引先の白人を招待していたんですが、現地生まれの華人は、白人と一緒にいてはいけないし、もちろん、中国で生まれてこちらに来た古い世代の華人とも交わってはいけないことになっていました」

パーティーに付きもののダンスタイムはどうしたのか。

「ホールの片側に白人の座席、反対側に華人の座席が用意されました。そしてダンスが終わると、白人が片側の席に戻り、華人は反対側の席に戻るんです。滑稽でみんな大笑いしていましたね」

安瑾も娘の梅麗も、自分のアイデンティティとしては南アフリカ人より華人としての意識のほうが強い。役所に提出する書類に人種を記入する際は、カラード、アジア人、黒人、白人のいずれかを選ぶことになっていたが、梅麗はどれも選ぶことなく、「Chinese」と書き込んでいたという。

華人同士の結婚はどう思うか尋ねると、「華人を選ぶのが一番だと常に考えています」と梅麗。「基本的には、南アフリカ系華人ですね。生い立ちが同じですから。結局のところ、肌の色じゃないんです。中身が誠実で正直な人がいいですね」

1998年に南アフリカが中華人民共和国と外交関係を樹立して以来、中国からますます多くの移民や留学生が訪れるようになった。前の晩に外でダンスしている梅麗と厨房で働く王朝輝を見かけて、どうやら二人は付き合っているような気がした。

フランシス梁《リャン》ら数人の男性が「キャッスルラガー」ビールのボトルを片手に、バーベキューコンロで厚切りの肉を焼いている。南アフリカ西部州中華会館（訳注：中国語の「会館」は建物だけでなく、相互扶助組織も意味する）が日曜日に開催する持ち寄り式「ブラーイ（南アフリカ式バーベキュー）」の会場だ。地元には200世帯の華人家庭があるというが、全員が集まったかのように賑やかだ。

地域信託が買い上げた旧気象台の建物に、中華会館とコミュニティセンターがある。バスケットボールのコートでは、その場に居合わせた顔ぶれで試合を楽しんでいた。2階には教室や活動ルームもある。中庭には、今日の持ち寄りバーベキューのためにテーブルが設営されていた。会館内の中2階のバスケットボールコートを見下ろすオフィスでフランシスが説明する。

「中華会館は、華人の交流の場として華人の一体感を醸成するとともに、特に子供たちを対象に、華人としてのアイデンティティ維持に取り組んでいます」

50代前半。会館の理事を務めていて、本人はコミュニティの古株だと考えている。

フランシスは、イースタンケープ州クイーンズタウンで育った。当時は公立学校への入学が許されなかったため、父親のライオネルが大臣の許可を取り、おばの家に居候してイースト・ロンドンの白人学校に通わせたという。

ライオネルは、現地で生まれ育った中国系南アフリカ人で、フランシスの母であるジュリエットは、中国系モーリシャス人だ。クイーンズタウン（現・コマニ）で食品配送事業を営んでいた。このエリアは、かつての黒人居留地であるシスカイとトランスカイに挟まれたところにある。

ライオネルの自宅を訪ねて話を聞いた。

「取引先は100％黒人でした。みんな白人を信用していないので、うちに来てくれたんです」

だが、家族としては目立たないように振る舞い、仕事に邁進し、「相手が誰であれ感情を害することのないようにした」という。

フランシスは、今も両親とは客家語で話す。今日でもコミュニティの結束力が大きい理由を問うと、「異人種間の結婚がほとんどなく、いつも助け合っているから」と説明する。

「僕は2世なので中国語が話せます。でも若い世代、特に子供たちは、中国語を話すことにあまり興味がないんですよ。でもね、年齢を重ねると、華人としてのアイデンティティを守ろうとするし、そこに誇りを感じるようになるんです」

南アフリカの将来には希望を持っている。フランシスは、肌の色が違うだけで人を差別し、機会を奪うことは間違っているといつも感じている。

「僕より5歳とか10歳上の世代は、かつての経験があるから、この国に対して恨みとか苦々しさを感じているんじゃないかな。逆に7、8歳若い世代だと、公立学校も入れるようになっていたから、もっと前向きの感情を持っているでしょうね」

国を去った仲間は多い。だが、ここに残った人々の結束力は強いとフランシスは見ている。彼自身、移住するつもりはないが、耐えがたい状況になったら、移住も考えるという。

「自分では華人と思っています。中国系南アフリカ人です。間違いなく南アフリカ人ですから」

自分の国なのに滞在者の感覚

ポルトガルの探検家、バスコ・ダ・ガマが香辛料を求めてインドに向かう際に喜望峰を回ったという話はいつ聞いても心を奪われる。聞けば、安瑾は、そんな喜望峰が望めるケープポイントに一度も足を運んだことがないという。彼女の自宅からわずか1時間半ほどの距離にもかかわらずだ。

そこで、ケープポイント国立公園を訪問する際、安瑾と梅麗を誘った。東海岸に沿って車を飛ばす。途中で通過する町は、名前こそミューゼンバーグとかフィッシュホークといったオランダ風なのだが、街並みは英国らしさが漂う。

アフリカ大陸の最南西端に位置するケープポイントでは、ケーブルカーのフライングダッチマン号に乗れば、旧灯台まで一気にたどり着ける。崖の上からの見晴らしに圧倒される。この地で太平洋と大西洋が交わるのである。太陽に照らされたもやはきらきらと輝き、海と陸が神秘的な雰囲気に包まれる。

ケーブルカーからも見える喜望峰は、このケープポイントのすぐ西隣にある。ちなみにアフリカ最南端は、ここから東に150キロほどのところにあるアガラス岬だ。

喜望峰そのものはもちろん、欧州によるアジア植民地化の歴史の中で喜望峰が持つ意味には興味が尽きない。私は、そんな喜望峰への熱い思いを安瑾に切々と説く。熱心に耳を傾けていた安瑾が、欧州からの植民や南アフリカに見られる遺物について、自らの思いを語り出した。

「ここには愛国心と言えるものがないんです。私たちはいつもこの土地に『滞在中』という感覚でした。実際、この地は白人のものだったわけで、私たちは単に彼らの領域に侵入していただけでした。私たちが権利を主張する余地などまったくなかったんです」

「ここは自分の国だと声をあげたことは?」

「まったくないですね。意地を張っているわけじゃなくて……本当に一度もないですね。どう言えばいいのかな。みんなが出入りできる楽園みたいな場所で、決して私たちのものではないという感じでした」

「今はどうですか」

「今は黒人たちのほうから『もういい、しがみつくな』と言っています。エネルギーと情熱を込めてそう言っているんです。『しがみつくな。ここの人間じゃないんだ。嫌なら出ていけばいいんだから』って」

「同感ですか」

「私もそう思います。一番言いたいことですね」

多くの中国系南アフリカ人のように、安瑾もカナダへの移住を望んでいる（姉2人はトロント在住だ）。もっとも、現時点で実行に移す可能性はなさそうだ。ためらいがあることは明らかだ。夫が残した遺産がある。

私は、物理的にも心理的にも殻に閉じこもっていた安瑾を引っ張り出して話を聞くまでに、1週間以上を費やした。だが、最終的に見えてきたものは、新生南アフリカで自分が置かれた状況について、心の奥底にある迷いとあきらめの感情だった。

第7章　スプ・シノワーズは国民食

――タマタブ（マダガスカル）

そこは霊魂に囲まれた場所だった。遠く離れた異国の地で亡くなった後、この中国式寺院に帰ってきて安らかに眠る人たちの魂だ。中国では、故人の魂が生まれた土地に帰るためのスペースを寺院敷地内に確保するのが一般的だ。そうやって故人を偲ぶのである。

だが、私が訪れた場所は中国ではない。実は地球の裏側のマダガスカルである。

タマタブにある中国寺院の先僑堂（先人華僑の霊を祀る祠堂）で、色褪せた故人の白黒写真に囲まれて、3本の線香に火を灯し、赤い祭壇に三礼した。

2000年11月下旬のことだった。私のドキュメンタリーシリーズ『中華料理店』の下見でタマタブ華僑総会（訳注：現地の華人同郷会）を訪れたついでに、すぐ隣のこの寺院に寄ってみたのだ。

「ここに祀られている人々は、パリ、モントリオール、メルボルンなど遠くからこちらに運ばれたのです」

非常勤の管理人、岑應洪《シャンインハン》が説明する。

「でも、そのご家族が亡くなったときも、こちらに写真を置くことになっています」

岑はマダガスカル人の母と中国人の父の間に生まれた。第二次世界大戦後、13歳のときに教育のために両親が中国に送った。当時の現地華人コミュニティでは、たとえ両親のどちらかが華人以外であってもそうするのが一般的だった。1949年に毛沢東率いる共産党が勝利したため、岑は香港の親戚のところで暮らし、マダガスカルに戻ったのは30歳になってからだった。

タマタブに戻った岑は、華人学校で教鞭を取り、香港で結婚した妻と7人の子供を育てた。1973年に妻が亡くなり、マダガスカル人の女性と再婚。さらに7人の子供に恵まれた。

長年マダガスカルで暮らしてきた身だが、依然として中国との固いつながりが残っていた。父親は南海県（現・広東省）出身で、今も省都・広州市の近くにいとこが住んでいる。

「自分のことを華人だと思っていますか」

「もちろん、華人です」と断言する。

「だから戦後に中国に戻って進学したんです」

岑はすでに引退しているが、非常勤で教壇に立ち、中華学校を手伝っているという。近いうちに、家族が暮らすバトマンドリーに戻る予定だ。東海岸沿いに180キロほど南下したところにある。

「山の自宅に帰るんです」

私は、その朝早く、首都アンタナナリボからたどり着いたばかりだ。アンタナナリボはフランス語でタナナリブ、もっと短くタナと呼ばれる。そこから、今朝はインド洋に面した港湾都市に飛んできたのである。私は、中華料理店を求めてこの町にやってきた。トロントの私のオフィスにいる中国系モーリシャス人の義姉の知り合いに、クリス・リー・シン・チョンという男性がいる。その弟、ポール・リン・シン・チョンがアンタナナリボに住んでいるとのことで、そのつてで地元の華人コミュニティを紹介してもらうことになったのだ。前の晩に首都に乗り継ぎで立ち寄る際、ポールの仕事上の知人が空港まで迎えにきてくれることになっていた。

私を待っていたのは、なんとカトリーヌ・ドヌーブだった。いや、そっくりの女性だった。ブロンドの髪に日焼けした肌、純白のコットンのワンピースに、つばの広い白い帽子というでたちで、まるでカトリーヌ・ドヌーブが映画『インドシナ』の撮影でゴム園のセットに入ってきたかのようだ。

強いて違うところを挙げるなら、そこがアフリカで、朝の土砂降りで辺りはずぶ濡れということだ。カトリーヌ（彼女の本当の名前を思い出せない）が運転するスズキの4WDに乗り込む。ファッションショーのキャットウォークを軽やかに歩くように、車は路面の穴や水たまり、小石、裂け目を器用に避けながら走り抜ける。おかげで、白いパンプスを汚すような事態にはならなかった。

「モン・マリ・エ・メティス（Mon mari est métissé）」

車が走り出すと、彼女はこう切り出した。

「夫の先祖は華人以外も混ざっている」という意味だ。

「だから取材対象にはならないでしょ。町に着いたら、本物の華人を紹介するわよ」

まったくもって驚きだが、マダガスカルに移住した華人はすでに5世代以上になるという。その多くは、現在の広東省南東部に当たる南海県の出身で、私の先祖もこの地の出身だ。

香港で私の父と同じ高校に通っていた人もいた。

3日後、曲がりくねった道を8時間かけてアンタナナリボまで戻った。帰りのフライトは欠航。翌朝早くのモーリシャスに飛ぶ便に乗るため、何としてもタナにたどり着く必要があった。実は、その前後に腸感冒にかかってしまい、4日間も同じ服のままだ。今ごろ荷物はアフリカ大陸のどこかにあるはずだ。

タクシーの後部座席で半分もうろうとしながら横になっていると、何か点滅しているものが目に入った。3階建ての建物で柱には漢字で「南順会館」と彫られている。

ムラマンガという市の山中の真っ暗闇の中だ。まさかこんなところで広東省の南海と順徳の出身者が集う同郷会に巡り合うとは。私が子供時代を過ごしたシンガポールでも、自宅の隣に同じ会館があり、まさしく今目撃したものとよく似た建物だった。

人生、一周してまた振り出しに戻った気分だ。地理的にも歴史的にも離れているはずのマダガスカルの華人との縁をはっきりと感じた。まるで同じ村を源流とする大家族の一員のようだ。

遅めの朝食にはワンタンスープ

「レストラン・カントネ（訳注：フランス語で「広東料理店」の意）」

「スプ・シノワーズ（訳注：フランス語で「中華スープ」の意）」

ジョフレ大通りのはずれに佇むトタン屋根の小屋。青い扉の上に釘で打ち付けられた板に、こんな言葉が赤字でペイントされている。店内は暗い。遅い朝の光が壁板の隙間から差し込んでいる。乱雑なオープンキッチンに置かれた大鍋には、ワンタンスープが煮えたぎっている。10人ほどの客がベンチに腰掛け、遅めの朝食に「スプ・シノワーズ」を食べている。

スプ・シノワーズとは、要はワンタンスープのことである。今や現地では国民食だ。英国でインド料理のチキンティッカマサラが国民食になっているのと同じだ。マダガスカルでは「プスプス」と呼ばれる人力車がどこに行っても見られ、今も町で一番の移動手段となっているが、スプ・シノワーズとプスプスは、1890年代後半に中国から入ってきた文化の代表だ。

フランスでは、肉や野菜の種類にかかわらず、中華麺の入ったスープはすべて「中華スープ」と呼ぶ。一方、マダガスカルでは、スプ・シノワーズ、つまり中国風スープといえば、麺のないワンタンスープとほぼ同義語である。

実は4ヵ月前に初めて足を踏み入れてから、この広東レストランにすっかり惚れ込んでいる。まるで西部劇でお馴染みの酒場であるウエスタン・サルーンのような場所だった。何なら、西部劇よろしく店の前を枯れ草の玉が風に吹かれて転がっていても違和感がない。

この店を切り盛りする陳淑婷《チャンスクティン》の両親は、私の先祖のルーツである南海の隣の順徳県の出身だ。彼女自身は、北部の小さな山村で生まれた。一家はタマタブに引っ越し、華人学校に通った。1972年にオープンしたこの店は、6年前に亡くなった母親から引き継いだ。

最初の訪問時には、ドキュメンタリーへの出演許可を取り付けるのに苦労した。「話し下手だから」の一点張りで、なかなか首を縦に振ってくれない。その日の遅くになって、娯楽クラブで麻雀卓を囲む高齢の華人女性の中に陳淑婷の姿を見つけた。広東語のおしゃべりに花が咲いていた。雀卓にはそれぞれが自分の携帯電話を置いている。

そこで私はもう一度かけ合うことにした。

「こんなおばあさん、必要ないでしょ？」と、依然として煮え切らない返事しかもらえなかった。

今回は、陳淑婷が出演に応じてくれることを祈って、クォイとデイビッド・スーも引き連れ、マダガスカルに再上陸した。世界を旅しながら巡り合った中華料理店の中でも、特に興味深い店を世に伝えようと固く決意したからだ。

「またカナダから来たの？」

70歳になる小柄な陳淑婷が尋ねる。

「あなたのことを取材したくて来たんです」

念のため、そう伝えた。

私たちを追いやるように「こんな汚いところ、テレビになんか出せないよ。話せることなんか何もないんだから。カメラはやめてね。『ジェイド』の奥さんがチャンさんっていう人だから、そこに行きなさい。あの人のほうがはるかにきちんとしていて、店もきれいで大きいから」

フエダイ、車海老、蟹──翡翠餐室の高級中華

ジェイドとは、ラトルドタシニー通りにある「レストラン・ル・ジェイド（翡翠餐室）」のことだ。確かにこちらのほうがきれいで大きい。2階建ての白い建物。緑と白のストライプのオーニングがつくる日陰にはパティオ席もある。店内に入ると、白い壁には、夕暮れのビーチやヤシの木など、南太平洋の風景を描いた絵画が飾られている。

私は、店に足を踏み入れれば、ここにはおいしい中華料理があるとピンとくる。メニューをさっと見るや、それは確信に変わる。フランス語と中国語が併記のメニューには、豉汁炒蟹《シージャップチャウハーイ》（蟹の豆豉炒め）、椒塩鮮魷《ジウイムシンヤウ》（イカの塩胡椒揚げ）、蒜味大蝦《シュンメイダーイハ》（車海老のガーリックソテー）、姜葱蒸魚《ギュンチョンジュンユイ》（フエダイの青ネギ生姜蒸し）が並ぶ。いずれも海の幸を生かした定番の広東料理である。

食欲がそそられる。フエダイ、車海老、地元産の中国野菜を注文した。隣のテーブルの大きな蟹が目に入った。おいしそうな豆豉醬が気になってしかたない。我慢できずに、同じものを注文することにした。

すると、マダム・チャンが、「本日のおすすめ」の白灼蝦《バーチョックハー》（茹で有頭海老）はどうかと言う。中国語名の「白灼蝦」は、「沸騰した湯でさっと茹でた海老」という食欲をそそらない名前なのだが、広東料理では私の大好きなメニューなのだ。殻付きの海老をそのまま色が変わるまで茹でるだけの料理で、手づかみで刻み唐辛子入りの醬油につけて食べる。

「今朝、入って来たばかりなのよ」と言いながら、マダムは伝票を手に、厨房入り口でひょいと頭を下げて中に入っていった。

香港のシーフードレストランは、生け簀の海老をテーブルまで持っていって客の了承を得てから調理に入る。ここの生け簀は、目と鼻の先にあるインド洋だ。

さて、私の注文した料理が配られてきた。感激で言葉が見つからない。こんな新鮮な海鮮を味わったのは初めてで、茹で加減も非の打ち所がない。完全に火が通り切らないタイミングで湯から上げる完璧な仕上がりだ。広東語には、蒸し魚に「見紅《インホン》」(訳注：広東語で「赤い色あり」の意)という言葉がある。中骨にほんのわずかに赤みが残っていれば、火が通りすぎず、絶妙の蒸し加減ということだ。

その日はクォイの45歳の誕生日。まさにお祝いにぴったりの料理だ。デイビッドはバースデーケーキを買ってきた。たったの2万マダガスカル・フラン(約3米ドル)だったという(訳注：同国通貨はフランとアリアリが混在していたが、2005年からアリアリに統一。1アリアリ=5マダガスカル・フラン)。ロウソクを用意してもらった。

マダムのミデイ・チャン(陣美棣)は60歳。タマタブから100キロほど南にあるブリッカビルという町で生まれた中国系マダガスカル人の2世だ。タマタブの華人学校を卒業しているから、広東語は完璧だが、順徳出身の両親の影響か、わずかな順徳訛りがときおり見え隠れする。

10年前にこの店を開く前に、3年間、母校の教壇に立ったこともある。

ミデイの厨房で調理補助をしているスタッフに華人は一人もいないが、ここで作られる料理は本当に絶品だ。この店のシーフードの鮮度と絶妙な味付けという広東料理の2大要素を考えると、香港のトップクラスの店と比べても遜色ないとマダムに伝えた。だが、彼女が中国や香港に一度も行ったことがないという事実を知り、衝撃を覚えた。

「父に教わったんです。料理が好きな人でね。私は、見よう見まねですね。香港の料理本でも勉強しましたよ。特にミセス・フォンの本で」

ミセス・フォン（訳注：方太、本名は任利莎）は、1980年代に実用的で使いやすい料理本や雑誌を出版するなど、香港の料理番組で人気の料理研究家だ。

レストランの厨房に入ると、家庭にありそうな道具ばかりのがらんとした空間だ。ここで6人のスタッフが蒸し器や中華鍋、砂鍋（土鍋）と格闘している。ミデイは全体を指揮しながら、スタッフに指導し、忘れていたらまた指導し、できあがった料理はテーブルに出す前に一品ごとにチェックを欠かさない。米粉の生地を延ばして蒸し餃子用の半透明の皮を作るスタッフの手際の良さに、すっかり感心してしまった。

「誰も本物の中華料理は食べたことがないんです。上手に料理するのに必要な本物の味を知らないんですね。中には、ほんの2、3ヵ月でコツをつかむ優秀なスタッフもいます。正式なやり方なんてありません。私を見て覚えるんです。調理の仕方や炒め方を教えて、オーダーごとにどの食材を中華鍋に入れるかを教えます」

厨房裏手の屋外では、海が見えるところで2人のスタッフが大きなフエダイのうろこを取っている。こちらは、やはり定番料理である糖醋魚柳《トンチョウユイラウ》（揚げ魚の甘酢あんかけ）に使われるという。

ル・ジェイドの客は基本的に「お金のある人たち」だ。店には、海外移住組の華人の客も多い（「そういうお客さんは鮮度が最高のものしか注文しない」とミデイ）。中国の貿易商、香港のビジネスマン、隣国モーリシャスの投資家などだ。その多くは、休日を利用して来店し、350キロも離れたアンタナナリボから遠路はるばるやってくる客もいる。

私が隣のテーブルの料理を指差す。半分に割ったパイナップルにチキンソテーがのっている。これも何かと何かの融合料理だろうか。

「あれは私の創作ですよ。あのお客さん用に作ったんです。気に入ってくれたので、メニューに載せました」とミデイ。順徳人は料理上手だからねと私はつぶやいた。

「格式ばったレストランを開くつもりはなかったんです。食べていけるだけの収入になればと思って。生活は苦しいですよ」とミデイは異を唱える。

家族のことを聞こうと思った瞬間、カメラのレンズを手でふさがれてしまった。

「もう私の話はいいじゃないの。もう撮らないでよ」

マダガスカルで味わう「自家製月餅」

マダガスカルは、親しみを込めて「ビッグアイランド」と呼ばれる。アフリカ東海岸の沖合400キロに浮かび、島としては世界第4位の大きさを誇る。2000年の歴史の中で、アフリカ人、アラブ人、マレー系インドネシア人、欧州人、インド人、中国人が定住し、さまざまな文化が共存する屈指の国となった。

ビッグアイランドに人が定住し始めたのは、紀元前350年ごろのこと。マレー系インドネシア人がインドネシアからアウトリガーカヌー（訳注：左右に浮子が張り出したカヌー）で上陸したころだ。9世紀ごろには、モザンビーク海峡を渡ってアフリカ人が渡来する。12世紀中ごろにはアラブ人が到達、その後、インド人、中国人、欧州人が続く。

驚くなかれ、マダガスカル住民の半数は、ボルネオ地域からの移民と遺伝的につながりがあり、残る半数は東アフリカと関係があるという。マダガスカル語はインドネシアに起源を持つ。最も近いのが現在のマレーポリネシア語だ。このインドネシアとのつながりは、人々の顔立ちや水田稲作など、至るところに見られる。

タマタブへの中国人移住に関して、文献に初めて登場するのは、フランス統治下になる前の1860年代初めのことで、ほとんどはモーリシャスやレユニオン、セーシェルの島々からだ。19世紀末には、フランスの植民地政府が掘削、道路・橋の建設、タマタブ―タナナリブ鉄道の工事のため、順徳県から3000人の広東人労働者を募った。同時期に年季契約のインド人労働者も上陸している（現地のマレー系インドネシア人に比べると、中国人もインド人も仕事を教え込みやすく、欧州やクレオールの労働者に比べて賃金の要求水準が低かった）。

中国人労働者は最初に定住したマダガスカルの東海岸から、天然資源が豊富な高地の村や山を越えて密林地帯などへと散らばっていった。片田舎の道なき道を進み、密林地帯で生活しながら作業をするといった、欧州人がやりたがらない仕事を担った。塩や砂糖、石鹸、ガソリン、衣服などの必需品を農民に売る代わりに、バニラやコーヒー、胡椒、クローブを入手した。コーヒー農園やバニラ農園を経営する者もいた。

マダガスカルの中国人入植地の歴史を掘り起こしてみようと決意し、タクシー運転手のブルノ・ラオ（労遠成）の助けを得て作業を進めている。彼は、タマタブ華人学校でミデイの教え子だった。

「これから山登りに連れていくよ」とラオから広東語で説明された。「僕の田舎のブリッカビルがあるんだ」

実は中国文化では、「山に登る」という表現には不気味な響きがあるのだが、マダガスカルで耳にするのは今回が初めてではない。道教の道士（訳注：仏教の僧侶に相当）は、漢方薬になる薬草を見つけに、あるいは不老不死の霊薬を求めて山に入る。中国武術の剣術士は、山にこもって俗世から離れ、心の平穏や悟りを求める。寺院管理人の岑應洪でさえ、寺院に来ているときは、山の中にある自宅に帰りたいと思うそうだ。

ブリッカビルは、タマタブから中央高地の首都までを結ぶ国道2号線沿いの人口2万人の町だ。かつては大きな華人コミュニティの本拠地となっていたが、世代を重ねるにつれて、現地人との結婚が増え、新たなマダガスカル人が誕生していった。

「みんな僕のようにメティス（複数人種の祖先をもつ子孫）なんですよ」と、今度はラオがフランス語で説明する。「全国で残っている華人は1000人くらいですね。ブリッカビルでそういう家庭は7世帯だけですよ。でもメティスはたくさんいます。特に北部は多くて、独特の文化的な融合が見られます。こういう人たちをマダガスカル人と言うんですが、祖先は華人です」

南下を続けていると、太陽の日差しがみずみずしく茂った渓谷を明るく照らし出す。やがて海岸線に出る。そして100キロほどの山道を走り続けたら、大きく西に急旋回する。リアニラ川を渡り、右に急カーブして国道を離れ、ブリッカビルのメインストリートに入る。アルミの屋根にレンガ造りの平屋が道の両側に並び、辺境の地を思わせる。マカロニウエスタンの映画からそのまま飛び出したような風景である。

これならクリント・イーストウッドが登場して決闘を申し込まれても不思議ではないと思った。もっとも、地元の人々は人懐っこく、家に来てビールでもどうだと次々にお誘いを受ける。ラオは、この町のほとんどの人たちと顔見知りだから助かった。町で食料品店を営む華人は4人いて、その1人がミデイ・チャンの弟のギルバート（陳接昭）だ。

最後に寄った店で、高齢の華人女性が密造ラム酒をボトルから樽に注いでいるのが目に入った。奇妙なほどに見覚えのある光景だ。しかも女性もどこかで会った気がする。よく見ると、世界各地の華人の暮らしぶりにスポットライトを当てた香港のテレビ番組『尋找他鄉的故事』（訳注：「遠く離れた土地で見つけた物語」の意）に出ていた人ではないか。ここに来る2週間前に見たマダガスカル編だ。なんという偶然か。

夫の黎良應《ライリャンイン》が店の奥から出てきて、広東語で歓迎してくれた。「よく来たね。順徳の黎です」「南海の関《クワン》です」

まるで近隣の地区から来た人に自己紹介しているようだ。中国の古い世代が自己紹介するときには、出身県を名乗る習慣がある。先祖の祖国を離れてから何世代時代が下ろうとも、人との関係をつくる近道はこれなのだ。

1960年代までは、マダガスカルに移住した華人の95％は、香港に近い広東省南東部の南海と順徳という2地域の出身者で占められていた。

黎がブリッカビルにやってきたのは1920年、13歳のとき。それ以来、この土地を出たことがない。現在93歳。マダガスカルの華人としては最高齢だ。妻の曽雁成《ツァンガンシン》は、いわゆる〝花嫁カタログ〟で品定めされて1940年代にこの地にやってきた。夫婦で「ブーランジェリー・ライ（興泰號）」を経営して五十有余年になる。屋号とはうらはらに、単なるパン屋ではなかった。穀物・農産物、輸入缶詰、あらゆる酒類・ビールの小売りや流通も手がけている。

マダガスカルの町や都市では、華人商店主が国の社会構造の維持に一役買っている。商店が近隣の交流の場となっていて、雑談に興じ、一杯やりながら、音楽を聴いたり、噂話で盛り上がったりしている。また、金貸しも兼ねていて、村人に将来の収穫を担保に融資するなど、農村経済で重要な役割を担っている。

夫妻から、店は末っ子に任せるから、近くの自宅に移動してビールを飲もうとお誘いを受けた。2

階建ての自宅は、倉庫や納屋を思わせる場所で、広々としているが、散らかっている。家財道具や装飾品は1950年代のものだ。ただし、繁盛していることを示す動かぬ証拠があった。冷蔵庫が2台あり、使用人も2人いる。私たちが訪れたときには、一人の使用人がアイロンがけをしていた。ダイニングルームと隣接のキッチンは川に面している。

曽雁成が自家製月餅《げっぺい》をすすめてくれた。母国から遠く離れたマダガスカルの地で、移民が中国の伝統を守っていることに驚いた。月餅は、蓮の実餡に加え、塩卵（訳注：塩漬けにしたアヒルの卵の黄身）も1つか2つ入れることがある。通常は、旧暦の8月15日の中秋節のお祝いに作られる。このブーランジェリーでは、一年中作っている。

マダガスカルで人気のビール「Three Horses」を数本空けた後、2階のリビングルームに移動した。そこで、夫妻が本当の自慢の種を披露してくれた。テレビ出演である。例の香港のテレビ番組のマダガスカルの回である。黎が中国から移り住んだ青年時代を回顧する内容だ。

番組を見せてもらった後、私が年配者に必ず尋ねる質問を持ち出した。「どこで墓に入りたいか」である。

「中国」と黎が答える。それが無理なら、生まれ故郷の村に魂が帰ることができるように、順徳の先祖代々祀られている寺廟に写真だけでも飾ってほしいという。だが、それも叶いそうにないことは黎もわかっている。黎の記憶にある中国とは、様変わりしている。

息子は中国・フランス・マダガスカル文化の申し子

ジェイドのマダム、ミデイが息子のマルコ・タオチーと暮らしているアパートに何度か迷いながらたどり着いた。4階のバルコニーからは、海の絶景が楽しめる。海風が吹き込む。

タオチーは27歳。この世代には典型的なことだが、マダガスカルを出てフランスで学校教育を受けてきた。そのままフランスで兵役を終えた後、「マダガスカルの外の暮らしを知りたい」と考え、地中海を望むアンティーブで米国系レストランに3年間勤務した。

フランス人の妻ビリアーヌ、生後8ヵ月の息子アントワーヌを伴い、母親のレストランを手伝うために帰国したところだった。弟はフランスにいる。元々、母親と一緒にレストランを始めた姉は、結婚したばかりだ。「そうなると、店を手伝えるのは僕だけなので」と笑う。

「今のところ、5年間と決めています。家族と過ごす時間がなくなるので、厳しい仕事ですよ。この先、どうなるかわかってますから」

帰国してカルチャーショックはあっただろうか。

「ええ、最初は大変でした。暮らしぶりがまるで違いますね。生活のペースがのんびりしています。ようやく落ち着いてきて、自分のペースができてきました。マダガスカルは欧州とは違います。社会的なセーフティネットがないので、頼れるのは自分だけなんです」

妻のビリアーヌは、地元のリセ・フランンセ（訳注：フランス系インターナショナルスクール）で教壇に立っている。実はマダガスカルに来るまで、夫が華人家庭の出とは知らなかったそうだ。

「フランスでは欧州らしい生活を送っていました。でも夫の家族や義母の生活スタイルは、私とは違います。文化が違うんです。義母と私の考え方が合わなくて厄介なこともありますね」

持って生まれた境遇を理由とした差別についてどう思うか、タオチーに聞いた。

「偏見や人種差別はどこにでもありますが、マダガスカルでは、華人はすんなりと受け入れられているし、うまく溶け込んでいますよ。地元の人々と華人は互いに尊重し合っています。この国の華人は誰でもマダガスカル語が話せますが、フランス人でマダガスカル語が話せるのはわずか20％にとどまっています。だから現地の人々との関係も深くなるんです。ちょうど両者の間にいるのが華人で、仲介役なんです。華人といえば、どの時代も貿易商や商人でした。それは言わずと知れたことです」

タオチーは、自分のことを中国、フランス、マダガスカル文化の申し子だと感じているが、考え方は依然として非常に中国的だという。

母親があまり触れたがらなかった家系の話題も、あっけらかんと話す。母方の祖父母は中国から移住したが、父方の祖父母はマダガスカル生まれだという。私が訪問した際、店のバーカウンター内の目立たないところで働いていた華人が、タオチーの父親だ。ミデイにとっては再婚相手なのだが、今は離婚して一緒には住んでいない。ミデイの最初の夫は海兵隊員で、タオチーによれば、自分の民族を明らかにしなかったという。

「一度決めたら絶対やり遂げる人」と、母の決断力を絶賛する。

「それが成功の秘訣なんです。レストランでは大切なことですよね。料理を作り始めたら、やり直しはきかないですし」

スプ・シノワーズというメニューのことも聞いてみた。現地では定番メニューで、みんなから愛されているように見える。

「ええ、大人気で、おいしいです。朝食に食べる人が多いですよ。でもスプ・シノワーズを作っている人はメティスが多いですね。外食産業では中国系が至るところにいます。ここでは中華料理はみんなに喜ばれています」

ミデイの店を訪れたときも実感したが、「スプ・シノワーズは国民食みたいなもの」とタオチーが説明する。

国民酒は密造ラム酒？

国内最大の港湾を擁するタマタブは、15万人が暮らす静かでのどかな港町だ。日陰の多い大通りは、フランス統治下の優雅な雰囲気を醸し出している。だが夜になると、街は活気づく。手元のガイドブックによれば、ディスコやナイトクラブ、レストラン、軽食などの物売り、麻薬の売人、売春婦が動き出すのだ（宿泊先は町一番のホテルというホテル・ネプチューンだが、客室には無料のコンドームが備えられていた）。

クォイとデイビッドは夕食後に街に繰り出すつもりだ。私は監督と交渉役を兼ねているせいで、一日終わるとヘトヘトになる（通常、映画のロケ先では、現地の言語が話せる地元民を交渉役に起用して、どんなに細々とした雑用でも、すべて手配を任せるのが一般的だ）。

クォイとデイビッドが思ったより早くホテルに帰ってきた。通り沿いのバーで肌も露わな衣装の売春婦3人を振り払って逃げてきたとかで、二人の会話には、Gストリングとか乳首とかブラックママといった言葉がときおり混じる。ここは聞かないほうがよかろう。

翌朝、現地の人力車であるプスプス2台を手配して、タマタブの目抜き通りであるジョフレ大通りの「エピスリー・リュウ」（劉食料品店）に向かった。ゆうべは夜通しの土砂降りだった。モンスーンを思わせる暴風雨の威力は凄まじく、道路は排水がまったく追いついていない。

道は冠水状態だ。プスプスは車輪が大きいので、客の座席は水面より高いところにあり、濡れることはない。では引き手はどうか。ずぶ濡れではない。膝まで水に浸かりながら、路面にあるはずの見えない陥没を巧みに避けながら進んでいく。陥没はそこら中にある。仮に陥没にはまって立ち往生しても、引き手同士が互いに助け合う。

劉榮業《リュウユンイエル》の食料品店は、たばこ、缶詰、キャンディ、薬、ビールや酒など何でもそろっている。この店にも、アルコール度数が75％もある密造ラム酒がある。密造酒は大きなビジネスになっている。マダガスカルでは、農家がサトウキビ畑で密造しているラム酒のことを「トゥカガシ」と呼ぶ。直訳すれば「マダガスカルのアルコール」だ。国内では長い歴史があり、事実上の〝国民酒〟の地位にある人気のアルコールだ。

エピスリー・リュウでは、割と早めに酒を提供する。午前中遅くから飲めるのだ。一人で立ち寄る客もいれば、2人連れ、3人連れも訪れる。雑談に花を咲かせ、みんなでビールを空けていく。だが、ほとんどの客は、安い非合法の酒を求める。店の裏にある樽からブリキのコップに注いでもらうのだ。詰め替え用のボトルを持参する客もいる。

香港生まれの劉は13歳でマダガスカルに渡った。ムラマンガという町で親戚が食料品店を営んでいたため、この店で働くことになった。ちなみに地名のムラマンガとは「安いマンゴー」という意味だ。首都から120キロ離れた中央高地に位置し、周囲には熱帯雨林が広がる。

10年後、北部で自分の店を開店させる。ここで知り合った中国系マダガスカル人3世のレモンド・チャン（陳妙娜）と結婚した。1989年にタマタブに住む別の親戚から、現在の店の譲渡話が舞い込む。劉は誘いに乗り、現地に移り住んだ。

劉夫妻には3人の子供がいる。長女と次女は台湾の大学に進学し、一人はそのまま教師として台湾に残った。もう一人の娘はオーストラリアに渡り、フランス人男性と結婚した。末っ子の息子ジェームズは、両親とともに店で働いている。

昔から中国人移民は、現地生まれでも、両親のどちらかが華人でなければ、マダガスカルの市民権が与えられない。だから、誰も台湾とは縁がないのに、元の「中華民国」の市民権を保持している。

マダガスカルが1972年に中国と国交を樹立すると、新たに設立された中国大使館は、緑色の台湾のパスポートを中華人民共和国発行の赤色のパスポートに交換する措置に喜んで応じた。

華人の経済団体や学校、社会・文化組織は、中国の新たな共産党体制に忠誠を誓うよう迫られた。こうした施設の多くで、台湾の旗（通称「青天白日旗」）に代わって、中国の国旗である五星紅旗が掲げられることになった。

これは、海外にいる中国人、つまり華人の心をつかみ、「新たなる強き祖国」への忠誠心を醸成するために中国が打ち出した「統一戦線」戦略の一環だ。その朝、日刊紙『マダガスカル・トリビューン』は「台湾代表団追放」と激しい調子で書き立てた。台湾の影響力のなごりはついに消滅した。

だが、劉の忠誠がどこにあるのか疑いの余地はない。劉は、本土を共産党に「奪われて」、台湾に撤退した国民党を頑なに支持している。

劉は、温和で華奢な80歳。白髪で、前歯が数本欠けている。生まれ故郷の順徳県の強い訛りで広東語を話す。町の中心にある緑豊かな一角に移動して、劉に話を聞いた。この時期はセミの声がやかましい。木につながれたウシがこちらに向かってモーモーと鳴いている。

私は市民権の話を切り出した。

「マダガスカルはあなたを市民として歓迎していないようですが……」

「市民権が取れないわけじゃないんだが、賄賂がいるよ」と声をひそめる。

「パスポートを取るためですか」

「そうだよ。賄賂が必要なんだ。腐ってるよ、ここは。この町じゃ、正直者がバカを見る。まっとうにやってたら、ただの凡人だ、私のようにね。この歳だし、若い人のように危ない橋は渡れないね」

「もし橋を渡ったら？」

「そりゃあ、汚職や賄賂の世界から逃げられなくなるよ」

「中国に帰ろうと思ったことはありますか」

「みんな自宅に先祖を祀る祠《ほこら》があってね。華人は自分の出身地を常に意識していて、郷里を忘れないものなんだ。でも帰りようがないね。行けるものなら、今すぐ行くよ。死ぬまで待つ必要もないんだから」

しばらくの沈黙の後、劉は言った。「誰も帰りたくないんだ。共産主義になっちゃったからね。もう故郷には帰れない。帰りたいって言っている華人に一人としてお目にかかったことがないね」

生まれた場所が自分の故郷

その日は独立記念日だった。店はどこも休業。ジョフレ大通りは不気味なほどに人影がない。木々の葉が風に吹かれてかさかさと音を立てている。セミの声が響く。ときおりプスプスが通り過ぎる。暑く気怠い午後になりそうだ。

ホテルジョフレは、この辺ではシンボル的な存在で、20年前にフランス人オーナーから地元の華人に譲渡されたホテルだ。タマタブの食料品店や会社も、多くは中国系マダガスカル人がオーナーだ。

ホテルのダイニングルームでは、フランス統治時代の退廃的な味わい、過ぎ去りし時代の料理が楽しめる。入り口のメニューボードを見ると、本日のコースは1品目がフォアグラのサラダ仕立てとある。白と黒の伝統的なフランス式の制服に身を包んだウェイターが目立たぬようにぽつんと佇んでいる。古臭い装飾やずいぶんとくたびれた制服が郷愁を誘う。

ランチの相手は、ロジャー梁《リョン》（梁松勁）という貿易商だ。話をしていると、クロードと名乗るウェイターが、ふた付きのスープ壺を運んできた。そこからウェイターが野菜のクリームスープを取り分けてくれる。フレンチらしいサービスである。そして「ボナペティ」（召し上がれ）と声をかける。シルバーのトレイからテーブルに用意されたステーク・オ・ポアブル（黒胡椒のステーキ）を前に話は進む。

梁によれば、１９６０年の独立後もマダガスカルは楽園だったという。だが、社会主義に変わり、外国人を追い出した１９７２年以降、腐敗で国は息絶え絶えになり、長い衰退の時代へと向かう。英国と違って、フランスはしっかりとした行政もインフラも残してくれなかったと憤る。

１９４７年に巻き起こった反フランス植民地支配抵抗運動が2年間続き、その間に10万人が命を落とした。華人の多くが中国に帰国した。梁もその一人だ。ところが、中国で１９４９年に共産党が政権を握るや、生まれ故郷のマダガスカルに戻ろうとするが、中国を出ることもままならなかった。

最終的には中国が外国生まれの中国人の出国を認めることになった１９５９年に香港に移った。香港に暮らしながら仕事を8年間続けたのち、マダガスカルに戻った。マダガスカルを出てから20年以上の歳月が流れていた。

「私はここで生まれたんです。ここが私の故郷です」

言葉に力がこもる。梁の考え方には、両親のどちらかが華人の人々も含め、マダガスカルの華人コミュニティの多くの声が集約されている。彼らのようにこの地で生まれ育った華人も、中国に行って中等教育（中学〜高校）を受け、成人後にマダガスカルに戻っている。

梁の一家は全員がマダガスカル人で、すでに成人した3人の娘は、アンタナナリボ、パリ、モントリオールでそれぞれ暮らしている。

「引退後はここで暮らすつもりです。香港は密集し過ぎだし、よほど気合いがないとなかなか。自分には向いていない」


マダガスカルに来て驚いたのだが、中国人移民の子孫の多くは、3世、4世でもいまだに広東語を話しているのだ。

何世代にもわたって中国系マダガスカル人は、子供を中国に送って教育を受けさせてきた。たとえ華人と異人種を親に持つ子供であっても同じだった。だが、日中戦争でそれが不可能になったことから、華人コミュニティがマダガスカル各地に独自に学校を建設した。規模の大きな学校になると、離れた町や村の生徒のために寮を整備するところもあった。

劉の案内で華僑学校を訪問した。華僑総会が運営する学校である。1938年にタマタブ華僑学校として誕生し、午前中は中国語、午後はフランス語で授業が行われた。中国語の教員と教科書は、中華民国から調達した。１９７５年の卒業アルバムを見せてもらったが、台湾のどこかの高校のものと言われてもわからないほどだった。

ピーク時には６００人の生徒が在籍したという。今では、全国で唯一残存する華僑学校となった。校名の「華僑」も名ばかりとなっている。授業はフランス語とマダガスカル語による公立の学校となっていて、放課後に中国語学習の時間が用意されているだけである。

「以前は、教育を受けるために中国に戻る必要がありました」と劉。「中国が共産主義になってからは、もういいことなんてありゃしない。今はフランスに行きますね」

校長と教員を紹介してもらった。いずれも両親のどちらかが華人だ。校内の案内も快諾してくれた。ある授業では、紺と白の制服を着た女子生徒が黒板に漢字で自分の名前を書いていた。やはり両親は華人と異人種の組み合わせだ。

その字は、何年も書道を続けてきたかのように達筆だ。それに比べて自分の字のみすぼらしさを思うにつけ、脱帽せずにはいられない。校庭で、元気に遊んでいる生徒たちを見て気づいたのだが、「純粋な華人」はほんの一握りしかいない。大部分は華人の血も引く生徒たちだ。ワンタンスープがマダガスカル料理に同化していったように、華人も世代を重ねる中で、マダガスカル文化の一端を担うようになったのである。

校庭の生徒たちを見ていて、ほかの国々もこういう方向に向かうべきだと思えてならない。文化や人種がすっかり混ざり合い、先祖がどこの出身かは大したことではない状況である。本当に大切なのは、自分が故郷と呼べる場所で、自分のために築いた生活なのだ。

第8章　中国から歩いてきた男
——イスタンブール（トルコ）

あれは、１９７６年10月31日の日曜日、イスタンブールでの出来事だった。

その日、私はチン・ロカンタシという中華料理店でチャールズ・チャバノルという男とディナーをともにしていた。店の英語名は「チャイナ・レストラン」、漢字で「中國飯店」とあった。日記を見返すと、「蘑菇鶏《モウグジー》」（マッシュルームと鶏肉の炒め）、「粉絲牛肉《ファンスーニョウロウ》」（牛肉春雨）とある。おまけに中国野菜もオーダーしていた。

１９７６年に出版されたガイドブック『Let's Go Europe』には、この店が紹介されていた。タクシム広場から斜めに延びるラマルティィン通り22番地の地下にあり、当時、トルコで唯一の中華料理店だった。その本には、オーナーが「中国から歩いてきた」とある。

夕食相手のチャバノルは、欧州系とアジア系の血を引く、感じの良い男性だ。実は、その日の早い時間に、かの有名なオリエント急行の終着駅として知られるシルケジ駅で知り合ったばかりだった。30代前半の日焼けした端整な顔立ちで、フランス外人部隊として西アフリカで過ごした立派な体格と、それらしき雰囲気の持ち主だ。

私は世界一周の旅の途中で、西回りの世界一周便として有名な伝説のパンナム001便でテヘランを発ち、トルコに入ったところだった。そしてアジアと欧州の交差点に立ち、次なる目的地のブカレスト行きの列車を探していたのである。チャバノルは、数日、この街に滞在する予定だった。「よかったら食事でもご一緒しませんか」と誘いを受けた。

例の中華料理店で夕食を楽しんだ翌日の晩、私たちは「プディングショップ」という有名なレストランで再会し、ドネルケバブを堪能した。60年代は、欧州とアジアの間を行き来する旅人たちが集まってくる人気カフェで、バスの同乗者を募集したり、旅の情報を交換したりするのはもちろん、ここで結ばれたカップルもいたとか。70年代後半には、安い食事を求める倹約派の旅人の駆け込み寺のような存在となっていた。

バクラバ（訳注：小麦粉生地を溶かしバターで何層も重ね、ナッツをはさんで焼き上げてシロップをかけた伝統菓子）とトルココーヒーを味わいながら、チャバノルが身の上話を始めた。ベトナムでフランス人の父とベトナム人の母の間に生まれ、10代でフランスに渡り、犯罪と薬物の日々を送った。数ヵ月前にフランスの刑務所を脱走し、インターポール（国際刑事警察機構）の指名手配を受け、イスタンブールに潜伏しているという。

「何人か傷つけちゃってね」とチャバノル。

私が世間知らずで、人を疑うことを知らなすぎたのだろう。あるいは怖いもの知らずだったのか。

そんな話は気にも留めなかった。

夕食後、シェラトンの最上階にあるバーで一杯やることになった。

一方には、ボスポラス海峡とイスタンブールのアジア側、もう一方には、ゴールデンホーン湾（金角湾）とガラタ橋という美しく光輝く夜景を一望できる。

「ほら、あそこにいるピンクのセーターの女」と言いながら、私の背後のエレベーター入り口をあごで示した。私は振り返って、ちらっと見た。向き直ると、彼は笑みを浮かべながら「今、酒に毒を盛られたかもよ」と言う。

「先週、その手でマレーシアの3人の外交官からパスポートをかすめ取ったんだから」

私はこの男にすっかり魅了されてしまった。彼の告白にひるむ理由もなかった。私のパスポートは、中国返還以前の香港に生まれた住民が持つ海外在住英国民旅券（BNOパスポート）だ。それが実に役立たずのパスポートだと、心の底でわかっているからかもしれない。英国内の居住権もないのだ。そんな代物を盗むなんて馬鹿げている。

その後、彼に会うことはなかった。丘のふもとのガラタ塔へと続く細い道はたくさんある。チャバノルはその1つを歩き、夜の闇に消えていった。

中華系ムスリムの昼食会は「牛肉餃子」

イスタンブールは、私の目にはいつも神秘的に映る。不思議な街。陰謀の街。危険な香りのする街。現代的なのか伝統的なのか、はたまた世俗的なのかイスラムの教えにのっとっているのか判然としない。だが、美しさが衰えることはない。写真家にとっては、美しい光に満ちた街である。

最初の訪問から長い年月が流れた今も、イスタンブールの記憶は色褪せることがない。あのとき、ひょっとしたらチャバノルの餌食になっていたかもしれない。それから何年経っても、例のチャイナ・レストランがどうなったのかわからずじまいだ。まして「中国から歩いてきた」男とはどういうことなのか、迷宮入りである。

トロントで開催された人種差別反対運動の会議で、偶然、ニナ・カラチカレッドに出くわした。私がその朝、中華料理店の取材・撮影を終えてイスラエルから戻ったばかりだと伝えると、彼女の幼なじみの一家がイスタンブール最古の中華料理店を営業していると言うではないか。そして「イスラム教徒の華人よ」と付け加えた。ニナは、メキシコシティに住むマンリ・デリーチを介して、その姉のロージー・マー（王楽麗）を紹介してくれた。

数日後、クアラルンプールのロージーからメールが届いた。

「1976年に中華料理店で食べたのなら、絶対うちの店だと思います。父は王増善《ワンゼンシャン》と申しまして、1957年に店を開きましたが、あなたが来店されたころにはすでに他界しておりました」

ロージーによれば、一家で中国から移住したそうだ。毎年夏に家族がイスタンブールに集まるので、訪ねてみてはどうかと誘われた。

「残念ながら私は参加できませんが、母や、私のきょうだいたちに話を聞けます」

そんなわけで2ヵ月後にはクォイとデイビッド・スーを連れてイスタンブールに飛んだのである。何としても「中国から歩いてきた」男の話を聞きたかった。本書は、私が世界中の中華料理店をテーマに制作したドキュメンタリー映画が基になっているのだが、撮ろうと思ったきっかけがその話だったからだ。

チャイナ・レストランは、今はラマルティン通り17番地の3階建てビルにある。私が1976年に寄ったときは、はす向かいの地下にあった。店の入り口には、4つの赤い中国提灯が下がっている。一つひとつの提灯に漢字が書かれていて4つ合わせて「中國飯店」という店名を構成している。1階に受付、待合室、厨房があり、メインダイニングルームは2階にある。店の名義上のオーナーであるイサ・ワン（王爾紹）は、故・王増善の2番目の子で長男だ。妻のアンギン、娘のメイリンとともに、ビルの3階に住んでいる。

「いらっしゃいませ！」

店に入ると、ヤカー・チャカーが厨房から出てきて温かい握手で迎えてくれた。まだエアコンがついていなかったため、店の外の椅子に座って涼むことにした。

そよ風が吹くと、2つの大きなトルコ国旗がはためく。猛暑日になることは間違いないので、こんな涼しげな光景を眺めるのも、うれしい息抜きになる。ヤカーは60代半ば。小柄で頭頂部が禿げ上がっている。話す姿は、身振り手振りも大きく、生き生きとして見える。ヤカーは、チャイナ・レストランの正式オープンの前から働いている最古参で、創業者の王が即決で採用した人物だ。その4年後に、王が8人の子供たちを残して他界してしまう。長女のマクブレ（王淑麗）でさえ、まだ18歳だった。悲嘆に暮れた妻はトルコ語がほとんど話せない状況だったため、ヤカーが一家の面倒を見てきたのである。子供たちの昼食を用意し、学校に送り、宿題も手伝った。

「家族みたいなものです。兄弟とか親戚のおじのような存在ですね」と50代後半に差しかかったマクブレは説明する。「昔、ヤカーさんがトルコの将官の娘さんにプロポーズすることになって、私と母がいろいろと応援したんですよ」

「トルコのリビエラ」とも称されるエーゲ海沿いの町、マルマリスのリゾートホテルにも支店がある。特にハイシーズンになると、長男のイサがそちらにかかりきりになるため、今もヤカーが本店の指揮をとることが多い。

ヤカーは、「これまでにお迎えしたお客さんは1400万人」とトルコ語で胸を張る（もっとも、ざっと計算してみればわかるが、数字は怪しい）。

「みんな『チャイナ・レストラン』じゃなくて、『ヤカーの店に行こう』って言うほどだったんですよ。元大統領のレーガンとか、アンソニー・クインとか、ユル・ブリンナーなんかが西部劇のロケで来ていましたね。あと、ルイ・アームストロングも来ました。超有名人、ケネディ世代もたくさんいました。そういうお客さんをお迎えして料理をお出ししていたんです」

王増善の妻、ファティマ・マー（馬昌玉）は77歳だが、依然として威厳にあふれている。後に再婚したダウッド楊《ヤン》（楊寶賢）とともに、朝遅めに店にやってきて、いつも正面の窓際のコーナーテーブルの席に陣取る。今日は家族親睦会の日だ。サーデット・スン（王麗）、テレンス・スンの夫婦と2人の娘、メキシコシティに暮らすマンリ・デリーチと双子の子供、台北から到着したばかりのマクブレら、残りの家族も昼ごろに集まってきた。

家族の会話には、ときおりトルコ語、中国語、英語、フランス語が交じる。それぞれの近況報告が続く。昼食会のテーブルには、炒茄子《チャオチェズ》、燉羊肉《ドウンヤンロウ》（マトンの醤油煮込み）、海老炒飯、白菜炒蘑菇《バイツァイチャオモーグ》（きのこと白菜の炒め）、牛肉煎餃《ニョウロウジエンジャオ》（牛肉焼き餃子）が並んだ。

餃子は、焼き、蒸し、茹でのほか、スープに浮かべる食べ方があり、一般的には豚肉を使う。メニューに「肉」とだけあれば、豚肉を意味する。例えば、鮮肉餃《シエンロウジアオ》（豚肉餃子）などがある。

中華料理で一番用途の広い肉である豚肉には、「甘味」がある。これは広東語で言う「和味《ウォーメイ》」（全体を調和させる味）で、とにかく幅広い材料と相性がいい。中華料理の真骨頂である陰陽のバランスが取れている食材なのだ。

すると、ファティマが私を店の隅のほうまで連れていき、「うちはイスラム教徒なので、豚肉やアルコールは出さないんです」と説明する。「たくさんのお客さんから豚肉を求められるんです。トルコ人も純粋さを失いましたね。いつだったか、缶詰のポークを持ち込んだお客さんもいたくらいですから。一目見て即座に捨てました。豚肉料理を出さないせいで、たくさんのお客さんを失いました」

昼食中に、マンリがアルバムを取り出した。パキスタンに住んでいた子供時代の写真で、数十年前には家が火事に見舞われて助け出されたのだという。明るい色のスーツに身を包んだ王が飛行機から降りる様子の写真が目に留まった。私がシンガポールに暮らしていたころの父の思い出がよみがえった。私の父も50年代に、白のサマースーツでプロペラ機に乗り、東南アジアを飛び回っていた。

なるほど王の子供たちと私は同世代であり、同じ移民としての生活を送っているのだ。私は両親に連れられて、住み慣れた香港を離れ、18歳になるまでに3ヵ国に暮らした。引っ越すたびに、辛い日々を克服しなければならなかった。せっかく住み慣れた土地は離れ難いし、友達とは会えなくなる。そして何よりも新しい言葉や文化に再び適応しなければならないのだ。

クォイも同じ境遇だ。9歳のときに香港を離れ、顔も知らない父が待つカナダに渡った。いつも根無し草や迷い子のような気分で、近所の白人の子供たちからはいじめに遭う日々だった。華人の中にいるときは西洋人のような感覚、西洋人の中にいるときはアジア人のような感覚だという。

ハラル（訳注：イスラム教の戒律に沿った食品のみを使用）の昼食は3時間続いた。食べるより話すほうが多かったこともある。食事は、プロの厨房で作られたとはいえ、飾らない家庭料理だ。メキシコやトルコの分家の子供たちは、テーブルに残っていた料理をぺろりと平らげたうえに、今度は近所のマクドナルドでアイスクリームを買ってもらうと出かけていった。

トルコのチャイナ・レストランは駆け込み寺

その25年前にチャイナ・レストランで食事をして以来、常々、王一家の歴史を知りたいと思っていた。いったい一家はどこから来たのか。どのような経緯でこの地にたどり着いたのか。ついに謎に包まれていた歴史をひもとく日が来たのだ。

王増善は、1903年生まれ。中国東部山東省に暮らすイスラム教徒の中国人家庭に生まれた。学があって何ヵ国語も話せるうえ、蔣介石《しょうかいせき》率いる国民党内でも頭角を現していた（孫文が国民党を率いて1911年に清朝を倒して中華民国を樹立）。

1937年に日本が中国に侵攻すると、王は政府とともに、戦時首都だった南西部の四川省重慶に移った。そこで、イスラム教の長老の娘で、20歳も若いファティマ・マーと再婚する。戦後、主にウイグル族などイスラム教徒が中心の北西部の省、新疆の民政庁長官としてウルムチに派遣された。

蔣介石大元帥率いる国民党、毛沢東率いる共産主義勢力の双方にとって戦時中は共通の敵だった日本が1945年に降伏すると、双方による国共内戦が激化した。蔣介石の国民党政府は1949年に台湾に逃れ、毛沢東の勝利が決まりつつあった。

王を含め、国民党に忠誠を誓っていた多くのイスラム教徒の中国人側近らは、新疆を飛び出し、ヒマラヤを越えてクンジュラブ峠を通る唯一のルートを使ってパキスタンの難民キャンプへ逃れた。一族も最終的にカラチに合流した。ここで王は、中華民国（台湾）の立法院の海外議員となった。

1952年、パキスタンのラホールでイスラム世界会議が開催された際、王は中国本土の共産主義体制を非難する姿勢を示した。だが、パキスタンは、毛沢東の中華人民共和国をいち早く承認した国でもあった。王による非難は、会議開催国政府の怒りを買い、国外退去を迫られた。1954年、王は家族とともにイラクのバスラまで船で移動し、そこから列車でトルコのアンカラにたどり着いた。

トルコに移るころには、さらに3人の子供を授かっていた。

トルコに避難したのは、偶然ではない。王は交換留学生としてイスタンブール大学で歴史を学び、その後は中国の「国民外交」代表団の一員としてトルコを訪問している。大学の恩師の招きにより、母校で中国言語・歴史学部の創設に携わった。

第8子となるサーデットの誕生後、王は乏しい収入を補うため、中華料理店を開くことにした。そのようにして誕生した「チャイナ・レストラン」は、集会所や溜まり場、駆け込み寺として、台湾からの留学生や大使館員にもてはやされた。

1961年、王は講義中に心臓発作でこの世を去る。58歳だった。

私が持っていた1976年刊のガイドブックの説明に、うそはなかった。王は確かに「中国から歩いてきた」のだった。

私は中国のイスラム教徒についてほとんど知識がないどころか、イスラム教徒が中国にどのようにやってきたのかも知らなかった。トルコで王の家族と出会ったのがきっかけで、中国史の中で学校では教えてくれない部分について、目から鱗が落ちた思いだ。ロージー・マーの調査のおかげで、中国のイスラム教徒たちについて理解を深めることができた。

早くも6世紀には、中国南東部の広東省や福建省の港にイスラム教徒になる前のアラブ人がやってきて、中国人と貿易をしていたという。7世紀中ごろ、唐の時代に入ると、政府はこうした港町での貿易を奨励し、外国の商人や居留地を保護する明確な命令が出されている。

中国にイスラム教が最初に入ってきたのは、あるアラブのイスラム教徒が福建省の泉州にやってきたころだ。このアラブ人が自分の周りの人々に伝道し、それが現地での結婚や改宗を通じて広まった。同時期に、アラビアからの特使がシルクロード経由で長安（現・西安）の唐の王室を表敬訪問している。使節一行には、居住や布教の自由が与えられ、長安に初のモスクが建設された。

11世紀から14世紀にかけての泉州は、世界屈指の先端的な港湾都市で、海のシルクロードの出発点でもあった。ここに定住したのが、アラビア、ペルシャ、シリア、インド、イタリア、モロッコからの貿易商だった。あのマルコ・ポーロが「世界で最も繁栄していて華々しい」と評した都市だ。

イスラム教の黄金時代は、15世紀の明の時代だった。明の初代皇帝、朱元璋《しゅげんしょう》（洪武帝）はイスラム教徒だったと考えられている。15世紀初頭にアフリカ東海岸へ7度の大航海を成功させた大船団の提督を務めた鄭和も、やはりイスラム教徒だった。

中国のイスラム教徒（回族）は、公式には漢族（中国の人口12億5０００万人の92％を占める）と異なる存在とされている。14世紀には明の皇帝は、回族に「馬《マー》」（ムハンマドより）、「哈《ハー》」（ハッサンより）、「羽《ユウ》」（ユースフより）など10の漢字姓を授け、こうした人々は中国史を通じて行政や軍事の面で優れた地位を築いている。

蔣介石の国民党政府は、王のように政界や軍で要職にある回族に信頼を置いていた。王が新疆に派遣された正確な理由は、イスラム教徒であり、トルコにルーツを持つウイグル族の言葉を理解できたからだ。中国本土が共産主義勢力の手に落ちると、国民党政権下で働いていた多くの回族は、政府とともに台湾に逃れた。台湾にはイスラム教の中国人が5万人いて、中国にいる2000万人のイスラム教徒の半数が少数民族の回族だ。

ウマのしっぽにつかまってヒマラヤ越え

「電報はまだ来ていないのか。どうなってるんだ」

1949年当時、長女のマクブレは6歳。毎日父親が帰宅すると、毛沢東の紅軍が迫っていると不安を募らせていたのを覚えている。だが、新疆からの撤収命令はまだ届いていなかった。

「ようやく命令が来て、私たちは大慌てで荷物をまとめて飛び出したんです」とファティマが振り返る。

王一家は中国北西部からの脱出組に合流し、長く危険な旅に出発した。最初は護送部隊とともに3週間、続いてラクダやラバに乗り、ときには徒歩も交え、ヒマラヤ山脈を越えてパキスタンに入った。子供たちの中でも年長のマクブレ、長男イサ、次女ハリメは、ラクダやラバの背にかけたカゴで運んだ。

末っ子のロージーはまだ赤ん坊で、家族が交代で背負わなければならなかった。

授乳のミルクが手に入らないからと、やむなく雪の中に捨てられたとロージーは主張する。だが、結局、大おじが赤ん坊を探しに歩いて戻り、命拾いしたそうだ。

ロージーの証言をマクブレに話すと、吹き出した。

「そんなこと、ロージーが覚えているわけないでしょ？　まだ赤ん坊だったんだから。本当はね、ロージーをおんぶしていた大おじが途中で落としていたことに気づいたのよ。それで雪の中を歩いて戻って見つけたの」

中国からの脱出劇について、ファティマは、水と火と砂と氷という４つの〝山〟を乗り越える旅だったと説明する。もちろん、山というのは、難関のたとえである。

まず「水の山」は、河川や急流で、それほど重大な壁ではなかった。「ウマに乗っていればいい」からだ。

「砂の山」とは、砂丘や流砂で、危険を伴う。「うっかり足を取られると砂に埋もれちゃうんです」

「火の山」は、タクラマカン砂漠の端、トゥルファン（訳注：新疆ウイグル自治区東部の盆地）の郊外に横たわる火焔山だ。その名は、16世紀の小説『西遊記』から取られたという。この幻想文学には、唐僧・三蔵法師が神通力を持つ孫悟空を従えて経典を求めて天竺（インド）へと旅をする途中で、炎の壁に出くわす場面がある。王ら一行も、照りつける太陽の下、「燃え盛る炎」のような赤い地肌の砂岩をきっと目にしたに違いない。

「氷の山」とはヒマラヤ山脈である。

「ヒマラヤでは、乗り物が使えません。ウマのしっぽにつかまって引っ張ってもらいながら歩くしかないんです」と言いながら、ファティマは、両手を高く上げてぎゅっと握り締め、しっぽにつかまる様子を実演してみせる。険しい急坂なので脇道があると、ウマはそっちに行っちゃうんですよ。でも、脇道にそれたら、谷に転落します。実際、たくさんのラクダやウマが山から転げ落ちましたよ。たくさんの人が足を踏み外して死んでいるんです」

涼を取ろうと、せわしく扇を煽ぎながらファティマが続ける。

「全員の面倒を見ることはできなかったですね。子供たちの世話をしていたら、大人まで面倒見られないですし。大人の手助けをしていたら子供たちがほったらかしになります」

パキスタンへの脱出に何日かかったのか正確に覚えている家族はいないが、2ヵ月以上はかかった。そして、数えきれないほどの命が奪われた。

どんな宗教だろうと善人であれ

「華人であることに誇りを持っているし、結婚するなら華人と思っていました」

長女のマクブレが断言する。ガラタ橋は重層構造になっていて、下層階はシーフードレストランが軒を連ねている。その一軒でディナーを食べながら話を聞いていたときのことだ。ゴールデンホーン湾に沈む夕日が美しい。

「トルコ人との結婚は考えたこともないですね。でも中国か台湾に行って恋人を探そうとも思いませんでした」

マクブレは、アンカラで母親が経営していたレストランを手伝っていた当時、アンカラ大学でトルコ語を勉強していた呉興東《ウーシントン》という台湾人留学生と出会う。翌年にマクブレも同大に入学してクラスメートになった。

呉は、マクブレと結婚するためにイスラム教への改宗を決意し、イスラム的な名前のウールに変更した。二人は1975年から台湾で暮らしている。だが、マクブレは敬虔なイスラム教徒ではない。祈禱もしないし、ラマダンの断食もしない。メッカ巡礼に行ったこともない。

「でもイスラム教徒だと公言しています。イスラム教を信仰しているので」とマクブレ。「自分では善人だと思うし、どこでも進んで人助けしています。どんな宗教でも、人々に良き振る舞いを説くものだと私は信じています」

サーデットは、一家の末っ子娘で、唯一トルコで生まれた子だ。父親が他界したときには3歳だった。イスタンブールのフランス人学校に通い、台湾の大学に進学し、そこでテレンス孫《スン》と出会う。彼はトルコに渡って結婚したが、イスラム教には改宗していない。

サーデットの自宅を訪問すると、「うちは娘が2人いるのですが、父親とは中国語、私とはトルコ語で話すんですよ。そして娘同士は英語なんです」と彼女は説明する。

サーデットは自らを華人と自覚しているが、トルコに根を下ろしていると考えている。彼女は、将来どうなるのかわからないとしつつも、トルコのEU(欧州連合)加盟が実現すれば、もっと欧州寄りの意識が強まると確信している。

「子供たちは、大人になったらクリスチャンになると言っています。だから私は、何を信仰してもいいから、善人になりなさいと言いました。どの宗教も同じ。自分の信仰は自分で決める権利がありますから」

ボスポラス海峡で「民主主義・中国」の統一を夢見る

ボスポラス海峡（イスタンブール海峡）を挟んで欧州側のベシクタシュの生鮮市場で、ファティマ・マーと再婚相手のダウッド楊に会う予定だ。

食材の買い出しには、ファティマ自身が市場に足を運ぶ。市場内の業者からは一目置かれる存在で、どの店も彼女のために一番新鮮な食材を確保している。店頭で無駄話はしない。いきなりその週に必要な食材を見定め、ちょっとだけ価格交渉して購入する。買い物のお供で来ている華奢な楊は、杖をつきながら妻のあとをゆっくりと歩く。ときどき何か思うところがあるのか、ふらりと別の通路にそれるのだが、いつのまにか妻に追いついている。

その後、別のハイヤーでレストランに帰った。ヤカーらトルコ人料理人が表に出てきて荷物を下ろしている間、ファティマは厨房に入って、華人料理人とその日のメニューを話し合っている。

私がファティマに再び話を聞けたのは、朝も遅い時間になっていた。待合室でいつものコーナーテーブルの席に座り、楊と小声で雑談をしながら、カゴいっぱいの豆の皮をゆっくりむく。向かいの席の楊は聞き役に徹し、ときどき相槌を打ちながら、領収証の束の1ページごとに連番を記入してハンコを押す。

押印作業が終わると、台湾から航空便で毎週届く華字新聞を取り出した。台湾政治の動きを常に注視していて、中国再統一の熱心な支持者でもある。だが、一族で北京に残っている者はほとんどいないし、原籍地とのつながりもずいぶん前に途切れたままだ。

王の子供たちはみな判で押したように、「楊おじさんは物心ついたときからずっといる」と証言する。ファティマと同じく、楊もイスラム教徒の中国人だ。台湾外交団の一員としてサウジアラビアに駐在した後、トルコの首都・アンカラに駐在した。ファティマがチャイナ・レストランのアンカラ支店を経営していた60年代後半のことである。

「私たちを監視するために大使館がミスター楊を送り込んだのよ」とファティマ。これは皮肉でも何でもない。台湾と中国の冷戦下では、海外の華人を我が方に取り込もうと両陣営が激しく競い合うことも珍しくなかった。実際、大使館時代の楊の仕事の一つが、中東地域の華人を国民党陣営にとどまらせることだった（トルコは1971年まで新中国を承認しなかった）。

サーデットが振り返る。

「私が高校生のころ、母がサウジアラビアで楊おじさんと再婚しました。誰も反対しませんでしたね」

楊は、「あのね、もう88歳だから、体が思うように動かないんですよ。歩き方を見れば、わかるでしょ？　杖が欠かせないしね」と、ため息をつく。「私の故郷はイスタンブールです。ここの暮らしにも慣れました。ここは快適ですよ」

楊の長い人生の苦労がうかがえるしわの深い骨張った顔に、私は自分の祖父を重ね合わせていた。

愛読者カード

今後の出版企画の参考にいたしたく存じます。ご記入のうえご投函ください（2024年9月9日までは切手不要です）。

お買い上げいただいた書籍の題名

a　ご住所　　〒□□□-□□□□

b　お名前《ふりがな》

c　年齢（　　　）歳

d　性別　1 男性 2 女性

e　ご職業（複数可）　1 学生　2 教職員　3 公務員　4 会社員（事務系）　5 会社員（技術系）　6 エンジニア　7 会社役員　8 団体職員　9 団体役員　10 会社オーナー　11研究職　12 フリーランス　13 サービス業　14商工業　15自営業　16農林漁業　17主婦　18家事手伝い　19ボランティア　20 無職　21その他（　　　　　　　　　　　）

f　いつもご覧になるテレビ番組、ウェブサイト、ＳＮＳをお教えください。いくつでも。

g　最近おもしろかった本の書名をお教えください。いくつでも。

郵便はがき

料金受取人払郵便

小石川局承認

1116

差出有効期間
2024年9月9日
まで

112-8731

東京都文京区音羽二丁目
十二番二十一号

講談社
第一事業局企画部
ノンフィクション
編集チーム 行

★この本についてお気づきの点、ご感想などをお教え下さい。
(このハガキに記述していただく内容には、住所、氏名、年齢などの個人情報が含まれています。個人情報保護の観点から、ハガキは通常当出版部内のみで読ませていただきますが、この本の著者に回送することを許諾される場合は下記「許諾する」の欄を丸で囲んで下さい。

このハガキを著者に回送することを 許諾する ・ 許諾しない)

TY 000077-2208

意志が強く、悪気はなくとも少々ありがた迷惑な面もあったが、とにかく家族を守ることに徹した家長だった。中国王朝時代の感覚そのままの人で、自分の体験談を語り出したら一晩中止まらない。「中国統一は全中国人の願い」と続け、台湾海峡で分断された両岸の人々の愛国的な思いを熱っぽく語る。

「でも、中国共産党の指揮による統一はダメだ。民主主義の中国が必要なんです」

そう言って、再び新聞に目を落とす。今も共産主義から中国を奪還する夢を捨ててはいない。

6ヵ国語を操る子供と孫たち

四女フェリーデ・ワン（王芙麗）のオフィスからは、この辺りに特徴的な赤い屋根の家並みの向こうに、ボスポラス海峡の雄大な景色を望む。私たちがいたのは、丘の斜面に建つビルの3階。ホテル・マルマラから目と鼻の先だ。このホテルは以前はシェラトンで、私が1976年にチャバノルと一杯やったのもここだった。

「自分がトルコ人だと思うときもあります。華人仲間と一緒にいるときは華人だと感じます」とフェリーデ。「いったい何者なのか、自分でもわかりません。ドイツ人学校に通っていたころは、ドイツ人の友達と遊んでいたので、私もみんなと同じだと思っていました」

フェリーデは、一家が中国を出てから最初に授かった子だ。育ったのはパキスタン北部の都市、ラホールだが、本人はあまり覚えていない。記憶にあるのは、中国語を覚える前にウルドゥー語を話していたことくらいだ。王が亡くなったときは8歳だった。

「いたずらっ子でしたが、父はいつもかばってくれました。父が亡くなって落ち込みました。いまだに心の傷が残っています」と言いながら涙を拭う。

一家で最初に結婚したのも、フェリーデだった。兄や姉はトルコ人との結婚に難色を示したが、彼女は聞く耳を持たなかった。

「実際、後悔はありません。何ごとも経験ですから。少なくとも2人の子供にも恵まれましたし」

そう言いながら顔を向けた先には、10代の息子、ドーアがオフィスのパソコンでコンピュータゲームに熱中している。

フェリーデはつい最近まで中国に行ったことがなかった。だが、実に流暢な中国語を話す。中国や台湾からの旅行客相手の通訳やツアーガイドをしていたからだ。現在は中国との貿易コンサルタントとして活躍する。

彼女の身の上話は、私のチームのクォイと相通じるところがある。クォイは、中国系ではないアイルランド系カナダ人との結婚歴があり、フェリーデのように、自分が移住した土地への帰属意識が希薄だ。また、家族の反対を押し切り、一家の中で初にして唯一、自分の文化圏外で結婚した点も共通する。

「はるか昔の話」とクォイ本人は受け流す。確かに私が彼と知り合ってからは、デート相手は決まって華人女性だ。

そろそろ帰ろうとしていたところ、フェリーデから、娘のチセが私に会いたがっていると聞かされた。「カナダへの移民のことで何か聞きたいようで」とフェリーデ。

そのチセとの待ち合わせは、イスティクラル通りにある大賑わいの騒々しいカフェだった。この通りは、イスタンブールのシャンゼリゼ通りの異名をとる歩行者専用道で、中央をトラム（路面電車）が行き交う。人々はショッピングに興じ、菓子店やカフェで購入したトルコの伝統的なおやつの食べ歩きを楽しんでいる。この辺りは、トラムが鳴らすカンカンという鐘の音、アイスクリーム売りの呼び込みの声、オスマン帝国時代の衣装をまとい、凝った装飾の壺を背負った水売りの鈴の音が絶えず響き渡る。

ちょうどトルコポップスの女王に君臨するセゼン・アクスが最新アルバムを発表したばかりだった。そのせいか、あちらこちらでアクスの音楽が流れている。照明がまばゆいミュージックショップの隣の暗い路地から老婦人が手招きしているのが見えた。アクスの最新アルバムの海賊版カセットテープを売っていたのだ。1本「4000」と言う（実はトルコでは下3桁の0を省くので、4000とは4000000、つまり400万リラだ。といっても、米ドル換算したら3ドルほどになる）。

「あれは、イスタンブールのリトルチャイナみたいな場でしたね」とチセが流暢な中国語を操る。チセは、両親がロンドンに留学中、ファティマおばあちゃんのところに預けられたそうだ。「新聞やビデオテープも中国語だらけ。おばあちゃんの家では、みんな中国語を話していて、ごはんも中華料理でした。だから私の母語は中国語になったんです。私のトルコ語は、友達と遊びながら覚えただけですから」

チセには、母親譲りの反骨精神が感じられる。ミュージシャンと付き合っていると知ったフェリーデが難色を示すと、チセは家を出てしまう。そしてある日、自宅に電話をかけてきて、もう結婚しちゃったと告げたこともあった。

フェリーデは、「後悔するわよ」と娘を諭した。もっとも、そのフェリーデ自身、若いころに、早すぎる結婚は後悔すると母のファティマから諭されたのだった。

チセは空港の免税店のクリスチャン・ディオール売り場で働いていて、カナダへの移民について情報を集めていた。トルコ人男性の保守的な姿勢をあげつらう彼女は、トルコ社会から飛び出す道を模索していたのだ。数ヵ国語を話せることもあり、海外でも夫を支えられると自信を持っている。最近もポーランド語の試験に合格したばかりだ。

なぜポーランド語なのか。

「もうラテン語系の言語はほとんどわかるし、それに中国語と、もちろんトルコ語もできます。ロシア語に近い言葉を覚えれば、空港でロシア人のお客さんと話すことができるので」

王一家の子供たちは、いくつもの言葉を話す。中国語、トルコ語、英語は序の口で、学校の授業や互いに宿題を手伝ううちに、フランス語やドイツ語、イタリア語など第4、第5の言語まで身につけてしまった。おまけに王は、アラビア語のコーランまで子供たちに学ばせようとしたほどだ。

私は「カナダに移住するなら、その堪能な語学力は役に立つよ」と励まし、支援を約束した。すると私に礼を言って、20代の若者らしく、次の約束があるからと慌てて出て行った。

店は故郷から遠く離れた故郷

「もういい歳だし、そう長くはできないね」

イスタンブール訪問の最終日、別れを告げる私にファティマがこう漏らした。

「店に来ても、昼にしばらくいるだけでね。夜はもう来ないしね」

長女のマクブレは、そろそろ店を畳むべきだと考えている。長男のイサは支店の経営で忙しいし、今の売り上げでは営業継続もままならない。

フェリーデは、店じまいには反対だ。

「母はいつも疲れたって言っていますが、家でじっとしていられない性分なんですよ。ああいう生活が体に染み付いているんです。店がなくなったら母に何が残るのか見当もつきません」

外は夕暮れだ。ラマルティン通りは静まり返っていた。2ブロック先のタクシム広場から車の行き交う音がかすかに聞こえてくる程度だ。料理人のヤカーは、いつもの椅子に腰掛け、近所の人たちと世間話に興じている。行き交う人々がヤカーに声をかける。

すると、現地駐在の米国人が来店した。常連客だ。いつもの生姜とネギを添えた魚姿蒸しを注文し、2階の窓際席で静かに味わっている。来店客はすっかり途切れたままだ。店の外は中国人、台湾人の団体観光客が行き来している。厨房には料理人の潘文輝《パンウェンフイ》と、若いトルコ人のウェイターだけ。

潘は4年前、35歳のときに「蛇頭（スネークヘッド）」（密航や人身売買を斡旋する中国人マフィア組織）に3万元を払ってトルコにやってきた。中国とトルコの労働力輸出協定に基づき、マルマリスにあるイサの店の厨房で当初3ヵ月間働くことを条件とするビザを取得している。イサの紹介でトルコ人女性との結婚も実現した。

「結婚式を挙げる時間もなかったんですよ」と笑う。「トルコは宗教的にずいぶん緩い国で、妻側の家族から改宗を迫られることもありません」

潘は中国新世代だ。学校では、国民党が台湾に撤退したことを教えられていないし、王一家が新疆から脱出したこともほとんど理解できていない。トルコ在住の中国系イスラム教徒のあらゆる世代にとって、チャイナ・レストランが駆け込み寺的な存在である事実も知らない。

王の孫たちも同じだ。この店は、故郷から遠く離れた故郷なのである。孫の多くは、両親が遠隔地にいるときや不在時に、おばあちゃんのところで面倒を見てもらった。その意味で孫たちの食堂でもある。

昨日は、長男イサと前妻との間に生まれた息子のタイスン（王台生）が夕食を食べに訪れた。今夜やってきたのはドーアだ。間近に迫った新学期の買い物に行くため、母親のフェリーデが迎えにくるのを待っているのだ。そんなドーアの前に、料理人の潘が牛肉五目あんかけご飯を差し出すと、箸を使ってもりもり食べ、最後にコーラで流し込む。

最後の客が帰ると、ヤカーは照明を消し、正面入り口の鍵をかけて、黄色い街灯に照らされたラマルティン通りを歩いて家路についた。その背後では、道の反対側をネコがのんびりと歩いていた。

グローバルであることが一番

2001年の9・11米国同時多発テロ事件の3日後、私は、クアラルンプールにいるロージー・マーに会うため、シンガポールからシャトル便に乗った。

ロージーは、民間航空会社のパイロットである中国系マレーシア人の夫、ナシル・マー（馬理）と2階建ての家に暮らしている。周囲は静かで緑豊かな環境だ。二人が結婚を決意した1973年、ナシルは、未来の義母に結婚の許しをもらうため、イスタンブールに飛んだ。ファティマは、挨拶に訪れたナシルがイスラム教徒と知って大いに喜んだ。

非常勤のフランス語教師、歴史家、人類学者といくつもの顔を持つロージーは、父親の生涯も克明に記録している。子供のころのほとんどの思い出は、パキスタンでの難民生活、後にトルコでの亡命生活を送っていた当時、王が詳しくつけていた日記から引用している。台湾からの訪問者や留学生に対して度が過ぎるほど寛大な人だったとロージーは説明する。

第4子であるロージーにとって、父の死は心に大きな傷を残した。

「どのように埋葬したのかも覚えていません」と王の資料が保管されている書斎でロージーは語る。

「何よりも印象的だったのは、母が『あなた、騙したのね！』と叫びながら墓に飛び込もうとしたことです」

ファティマは40歳にも満たない若さだったし、外国で女手一つで8人の子供を育てることになったのだから無理もない。王が亡くなるまでトルコ語さえ話せなかった。ロージーが振り返る。

「家には家具もありませんでした。どうせ数年で中国に戻るんだから『家具なんかあっても仕方ない』と口癖のように言っていました」

ずいぶん長い間、ロージーは父親の死を受け入れようとしなかった。台湾のどこかに身を潜め、政府の仕事を請け負っているはずと自分に言い聞かせていた。だが、台湾の大学で学んでいた当時、クラスでトップに近い成績を収めて、すべてが変わった。しかも、入学当初は読み書きもろくにできなかった中国語で、ここまでの成果を上げたのだ。

「まさかあんなにいい成績がとれるとは思ってもみませんでした。その晩、父を思い出して何時間も泣き続けました。父がいたら、きっと喜んでくれたはずと思って。そのとき初めて父の死を受け入れたんです。それ以来、幻想を抱くこともなくなりました」

華人の子供たちなら、誰でもわかる感情ではないか。親の期待以上の成果を出せることを証明してみせたいという抗しがたい衝動だ。私も、故郷を離れて別の大陸に10年以上暮らしていても、昇進したら真っ先に父親に電話で報告したことを覚えている。あのときは、単に昇進しただけでなく、大企業で比較的若くして昇進したのだった。

そんなふうに華人の子供は、親から期待以上の成果を絶えず期待されているのだ。

「父が与えてくれた人生最大の強みは、さまざまなインターナショナルスクールに入れてくれたことです」とロージー。本人はフランス人学校に通った。

「でも私たちの共通の言葉はトルコ語なんです。みんな学校で習う言葉よりもトルコ語のほうが上手に話せるんですよ。顔を見ずにしゃべりだけを聞いたら、トルコ人と間違うくらい上手ですよ」

そして最後に「私はトルコ人ですね」と付け加えた。

「うちの子供たちはマレーシア人と中国人。今の世界では、グローバルであることが一番です。仲間内の小さな世界に自分を閉じ込めていたら、何も始まらないですから」

ロージーの国際化志向やしなやかなアイデンティティ意識には、私も共感する。華人2世として彼女が語る人生。まさに私の人生と重なって見えた。

第9章　北極圏で見た呉宇森《ジョン・ウー》の世界
——トロムソ（ノルウェー）

「これがうまいんだ」

40代のマイケル・ウォン（王志福）がスペイン産ワインのリオハをちびりと飲む。「長い道のりで、ようやくここに届いたんだ。スペインからこの赤ワインをトラックにのせて、とんでもない距離を運ぶんだ」

「旺角《モンコック》とはまるで違うね」

旺角とは、香港にあるマイケルの生まれ故郷。いつも騒々しく、犯罪組織「三合会（トライアド）」が暗躍する地区でもある。

「天国と地獄だね。欧州に来たのは10代のとき。それから人生の大半をドイツ、スペイン、スウェーデンと渡り歩いて、今、ノルウェー。安らぎの場所だよ」

私たちが訪れた中華料理店は、北極圏に入って350キロの辺りにあるトロムソの町にある。もう真夜中過ぎだ。最後の客が帰り、賄い料理を食べ終わったウェイトレスも帰路についた。マイケルがさらにスペイン産とポルトガル産の赤ワインのボトルを持ってきた。

料理人の鍾《チョン》は、2階の自分の部屋に密かにしまい込んでいるもっと強い酒をとってきた。アルコール度数の高い高級蒸留酒「茅台酒」もある。中華人民共和国建国直後の1951年に「国酒」と称されるようになった酒だ。鍾に本名を尋ねても、「みんなに呼ばれているように、『おじさん』でいいよ」と煙に巻く。

マイケルの連れ合いの李宗婷《リーチュンティン》が厨房から出てきて私たちのテーブルに加わった。みんなからはティンと呼ばれている。撮影スタッフのクォイ、デイビッド・スーも席についた。料理人アシスタントの林斌《リンビン》と厨房補助・皿洗いの金泰《キムタイ》は、厨房清掃の合間にやってきてビールをぐいっと飲んでは、再び清掃に戻る。

どちらも広東語は話せないので、すぐに帰宅した。

何杯か飲んでいるうちに、みんな温まってきた。口語の広東語というのは、実にさまざまな俗語や裏社会の符丁やらが交じっていて、そんな言葉で軽口を叩いていると、ちょっと時代錯誤な感じがして滑稽に思えてくる。そもそも広東語は、ガラが悪いことで有名だ。

すっかり宴会のような雰囲気になってきた。やがて本格的に飲み始めた。

最初は、はにかんで言葉少なだったマイケルも打ち解けてきた。鍾おじさんと冗談混じりの罵り合いが始まった。それでも、目上の鍾を敬って「おじさん」の敬称を忘れない。鍾はマイケルより15歳年上で、ほかの厨房スタッフとは親子ほどの年齢差がある。

「ティンって、舒淇《スーチー》（訳注：香港では広東語読みのシュウケイ）に似てると思わない？」

突然、鍾おじさんがつぶやく。舒淇とは、モデル出身で数々の賞に輝いている台湾の人気女優だ。香港では何年か前に、映画レイティング「3級」（成人向け）の作品でデビューしている。確かに似ていると全員がうなずいた。どちらもぷっくりとした唇の持ち主だ。

「でも、あんなに巨乳じゃないわよ」とティンは言い返しながら、グラスのワインを飲み干した。

「スコール！（乾杯）」

ティンは、周りの男たちを相手に丁々発止と渡り合いながら、グラスを掲げる。

うちのチームのクォイも、マイケルと同じように少々荒れた地域で育ったせいか、そういう空気にはすっかり慣れっこだ。一方、香港では中産階級の上のほうの家庭で育った私にとって、映画でしか見たことのない世界である。

スコッチのロックも2杯目となったころ、目の前にあるコニャックに切り替えたくなってきた。真夏とはいえ、寒さを追っ払うものが欲しくなったのだ。私は酒飲みではなく、たまにワインかビールをたしなむ程度だが、必要とあらばたちまち飲む気になる。

冗談抜きに、この空間はジョン・ウー（呉宇森）監督が描く香港の裏社会さながらの世界だ。

1時間ほど飲んでいるうちに、この場にカメラを持ってこなかったことを深く後悔した。ここで香港マフィア映画が1本撮れたのに……。もっとも、マイケルとはこのときが初対面であり、カナダから撮影に来た私たちに、どういう反応を見せるのかもわからなかった。いきなり撮影に入らず、まず取材対象との信頼関係を築くのが私のやり方だ。

店を後にするころには、もう午前5時になっていた。

マイケルとティンも横になると言って出て行った。もっとも、数時間もすれば、また営業が始まる。鍾おじさんもすっかり酩酊状態で、レストラン裏手の階段をどうにか這い上がって屋根裏部屋にたどり着くのがやっとだった。

私たちロケ隊も、レストランから2ブロック先の内港に面したホテルに何とかたどり着いた。

街は人通りもない。王立ノルウェー海軍の非番の水兵数人が、閉店後のバーの前をふらふらと歩いている。エチオピア人の移民が新聞配達をしている。カモメが頭上をかすめるように飛び交い、ときおり地面目がけて急降下する。ヒッチコック映画のような不気味な雰囲気に包まれている。ノルウェー版の『鳥』でも撮ったほうが良かっただろうか。

空の端は白んでいるが、太陽は見えず、低く垂れ込めた雲に覆われている。今週は、白夜ならではの真夜中の太陽も見られそうにない。

その何年か前に香港映画のカメラマンから聞いたのだが、フィンランドとロシアの国境に近い場所でロケをした際、世界最北端の中華料理店で食事をしたそうだ。経営者は香港人だと言っていた。極寒の気候、ふさぎ込みたくなるほど日差しのない日々が続く地に、亜熱帯の中国南部出身者がわざわざ乗り込んでレストランを開くとはどういうことなのか、私は常々不思議に思っていた。

実は友人の雷穎端《レイインドゥアン》が2年間のトロムソ生活を終えてトロントに帰ってきたばかりだった。夫が現地の研究所で極域大気調査に携わっていたからだ。彼女によれば、香港出身の夫婦が営む中華料理店に頻繁に通ったそうで、その店の名刺を見せてくれた。名刺には「マイケル・ウォン　キュイジーヌ・オリエンタル」とある。東洋料理という意味だ。

それで私がカナダからマイケルに電話してみると、ぶっきらぼうな声が返ってきた。聞けば、繁忙期に向けたオープンに間に合わせるため、リニューアルに追われているそうだ。だが、いつでも歓迎するし、撮影も喜んで受けると言ってくれた。下見やオーナーへのインタビューなしに、いきなり撮影に入るのは初のケースだ。実際、下見旅行に出かけるには、北極圏はあまりに遠過ぎる。

ノルウェー産〝タイの姿蒸し〟、回鍋肉、海老の四川風炒め

夏至から1週間後、撮影スタッフを引き連れてトロムソに降り立った。ロンドンとオスロで乗り継いで丸一日かけてたどり着いた。１１００万人の人口を抱える気温30度のイスタンブールから、人口5万人の冷え冷えとした町への移動である。ノルウェー全体でも人口は４５０万人だ。

時刻は午後9時。空気は冷たく、空港には濃霧が立ち込めていた。運がいいことに、ほんの数日前にイスタンブールのグランドバザールで購入したレザーのジャケットを着ていた。クォイとデイビッドは、同じものを買っておけばよかったと後悔している。1時間後、私たちを乗せたタクシーは、マイケルが予約しておいてくれたホテルに到着した。

だが、ともかくレストランに出向いて挨拶しておきたくて、居ても立ってもいられない。

くだんのレストラン、「リーレ・ブッダ（福満樓）」（ノルウェー語で「小さな仏陀」）の店内に足を踏み入れると、笑みを浮かべる仏陀坐像に迎えられた。店は、ショガタにある2階建ての歴史的な建物にある。清朝の壺のレプリカや額装の書が飾られ、薄紫の壁面にかけられたガラスケースには中国王朝時代の衣装が収められている。どれもハロゲンライトで照らし出される演出で、シノワズリーで品よくまとめられた店内だ。ウェイトレスは、スリムのブラックパンツに、伝統的なサテンブラウス。ブラウスにはインディゴブルー地に金色の花か黒地に深紅の花の刺繍入りと、人目を引くスタイルに統一されている。

「雰囲気がとても大切なんでね」

マイケルの説明を聞きながら周囲を見回すと、アートギャラリーのような雰囲気が漂っている。

「こういうのがあると人を惹きつけるからね。装飾と立地も良くなければダメ。料理は最高級でないにせよ、みんなに納得してもらえる味でなきゃいけないし。こういう条件を全部満たせれば、レストランとしては十分成功できるよ」

話を聞いているのは、ダイニングルームの一角だ。まだ2つのテーブルには客が残っていて、食後のドリンクを楽しんでいる。厨房での仕事を終えたティンもテーブルにやってきた。

マイケルはワインを口にした後、「この町の華人は7世帯だけ」と付け加えた。

「だからお客さんはほとんどがノルウェー人。夏は中国からの団体客も来るね。夏が終わると、地元の人だけ」

「でも冬は日本人が来るよ。オーロラがあるから」とティンが話に加わった。

「この辺りの料理は香港ほど洗練されていないな」とマイケル。「食に関しては、ここの人たちはすごく田舎者なんだよ」

マイケルが5年前にここで店を始めたころ、あるお客さんがシュリンプカクテルを注文するときに「後で運転しても大丈夫か」と真顔で尋ねてきた。

「そりゃカクテルって名前だけど、シュリンプカクテルだから……。茹でた海老にサウザンアイランドドレッシングかけただけだからね。あの質問には、みんなクラクラしちゃって」とティンが多少オーバーにおもしろおかしく説明する。「でも最近はタイや中国を訪れる人も増えているでしょう。だからオーダーの仕方も、さまになってきたかな。北京ダックのオーダーも増えているね」

「以前、店に来た香港人ガイドが、うちの回鍋肉《ホイコーロー》は、ふだん香港で食べているものといい勝負と言っていたよ」とマイケル。

「回鍋」とは中国語で「再び調理する」という意味で、その名のとおり、まず豚バラ肉を生姜、丁子《ちょうじ》、八角などの香辛料と一緒に茹でた後、今度は肉を中華鍋に移し、キャベツやピーマン、ネギ、タマネギを加え、強火で炒め、紹興酒、醤油、豆板醬、甜麺醤《テンメンジャン》で味付けした料理だ。この料理の味を決めるポイントが、最後に挙げた調味料、甜麺醬だ。中国東北地方や中国の朝鮮風料理によく使われる中華甘味噌である。

「うちは本物の料理人がいるから」とマイケルは、オスロから招いた鍾おじさんを指差す。

「本気を出したら、すごい料理人なんだよ。でも、もう年だからな。60を過ぎているし」

これほど北の外れでレストランを営むのは並大抵のことではない。あらゆるものを1700キロも離れたオスロから海路か陸路で運ばなければならない。中華食材や調理器具は本当に入手に苦労する。新鮮な果物や野菜は、英国のマンチェスターやオランダのアムステルダムなど、もっと南の地域から航空便で輸送している。

おまけに、この地で中華厨房の料理人を確保するのは至難の業だ。北欧の華人で、こんな北極圏まで来て働きたい人はほとんどいないし、家族を南の地に残して単身赴任となれば、なおさらだ。中国から働きに来たいという人がいても、労働許可を取るのは7年がかりだ。

「それにプロの料理人だったら、自分で店を開こうと考えるだろうし。華人ってね、人に使われるより、人を使う側になりたいんです。頭の痛い問題ですよ」とティンがぼやく。

だが、私の目に奇妙に映ったことがある。漁業が生活の一部になっているような国にもかかわらず、私の好物である清蒸全魚《チュンジュンチュンユウ》（生姜とネギを添えた魚姿蒸し）がなかなか見当たらないのだ。この地域では、水揚げされた魚はほとんどが切り身か塩漬けになる。

そこで、ディナーに姿蒸しがあるかどうか尋ねてみた。

「運がいいね」と厨房から戻ってきたマイケルがうなずく。「今朝、大眼鶏《ダイガンガイ》を仕入れたんだよ。みんなが泊まっているホテルの前の波止場で。明日来る中国人団体用に取っておいたんだけど、鍾おじさんに料理してもらうように言っておくよ」

マイケルが言う「大眼鶏」とはキントキダイを意味する広東語の口語で姿蒸しでおなじみだが、この辺りでは取れない。そこでノルウェー産のハドック（訳注：タラの一種）を使って〝タイの姿蒸し〟として出そうというわけだ。

マイケルはノルウェー人に人気の料理を提供できるように、自らメニューを考える。広東料理と四川料理を柱に、上海料理を少し加えた構成だ（鍾とアシスタントの林は上海人である）。

閉店時間を待ってから、私たちの歓迎ディナーをスタッフと一緒に味わった。賄い料理は、中華料理店の厨房では昔からの伝統で、その日のハイライトでもある。みんなで食べられるように、残り物の食材はもちろんのこと、ときには客のために確保してある上等な食材も動員して手早く料理する。このときばかりは、客の好みに合わせることなど考えず、自分たちが食べるのだから、正真正銘、本場の味だ。

鍾は、例の姿蒸しに加え、先ほど話題に上った回鍋肉、取れたての海老を使った宮保蝦仁《クンパオハーヤン》（海老の四川風炒め）を用意してくれた。さらに、上湯菠菜《ショントンポーチョイ》も大盛りでやってきた。これは鶏上湯《ガイショントン》（チキンの極上スープ）で軽く味付けしたホウレンソウで、香港料理の腕前を見るときのバロメーターでもある。イスタンブールからの長旅の末に味わった懐かしの料理が、えもいわれぬおいしさなのだ。

ディナーが終わるころには、すっかり真夜中になっていた。だが、夜は始まったばかりだ。この後、私たちはしこたま酒を飲むことになるのだった。

従業員は白夜の国の大学生

シリー・シーメンスは小柄な18歳のブロンド女性。家族で経営する農場ではウマを飼育する一方、獣医をめざして勉強している。レストランで仕事をするのは初めての経験だ。だが、きびきびと仕事が早く、エネルギッシュだ。しかも、レストランの仕事に求められる判断力も天性のものがあり、店の大切な戦力だ。

確かに彼女の仕事ぶりは見ていてほれぼれする。

食べ終わった食器をいくつかまとめて下げるときも、スイングドアを足でひょいと開けて厨房に運び込む。同時に、はりのある声で新規のオーダーを読み上げ、食器の食べ残しを残飯入れにさっと落としてからシンクに放り込む。そして、できあがったばかりの料理を即座に取り上げ、客席に持って行く。厨房入り口のスイングドアを素早く蹴れば、勢いよく閉まる。その間に彼女はすっと出入りする（厨房のスイングドアの下のほうにスチール板が貼ってあるのは、もっともな理由があるのだ）。

香港式の効率的なレストラン経営を標榜し、気を抜くことなく、常に気持ちのいいサービスを追求するマイケルにとって、彼女はお気に入りのスタッフだ。シリーは、何ごとも飲み込みが早い。「要するに、ぼんやりしていないってことだよ」とマイケル。

それに出前の注文とあらば、シリーはマイケルのジープのキーをさっと手に取り、飛び出していく。そんなところも貴重な戦力となっている理由だ。彼女の勤務の日は、賄いとして、好物の牛肉とキノコ炒めを鍾が用意する。すると、シリーは、厨房の作業台の脇に立ったままライスとともに一気にたいらげる。

「中華料理はどう?」

シリーのシフトが終わるのを待ってから話を聞いた。夜の営業中、ずっとシリーの仕事ぶりを目で追っているだけでも疲れてしまった。

「最初は苦手でした。においがちょっとね」と笑いながら、背後で賄いを食べているマイケルとティンのほうにちらっと目をやる。「でも今は好きですよ。ここで毎日食べています。タダですからね。マイケルは、いいボスですよ。厨房のスタッフもみんな優しくしてくれます。毎日、『お腹すいてない?　大丈夫?』って気遣ってくれるんですよ」

もう一人の地元のウェイトレス、キーネ・ニールンは19歳。歴史を専攻する大学3年生だ。やはりレストランの仕事はこれが初体験だが、雑で手抜きが多いとマイケルは苦言を呈する。

キーネの言い分はこうだ。

「マイケルさんですか?　てきぱきと仕事をする人ですね。だから、一緒に仕事をしていると疲れちゃうんです。でも、いい人ですよ。親切だし。彼の指示を理解できるようになれば、私のこともわかってもらえると思います。でも、私にもっときびきび動いてほしいんですよ。たぶん中国の人はすごく動きが速いんですよ、とっても。ははは」

メニューをすべて食べたことはない。テーブルに置かれた姿蒸しにも、「大きく飛び出した目がこっちを見ているし、魚の上には大量の草がある」と言って、手をつけようとしない。「草」ではなくて、みじん切りのネギだと説明してあげた。すると、キーネは笑いながらも、ノルウェー人は骨がついたままの魚を食べる習慣がないと言い張る。

キーネの同僚のキム・ヒジンにこのことを話すと、笑い出した。30歳になる韓国人だ。

「ここでは私が一番大人ですね。結婚もしているし、自宅には2歳の子がいます」

ヒジンは、米国ミネソタ州に留学していた当時、同じ留学生仲間でトロムソ出身の男性と知り合った。それが今の夫だ。2年前に、夫の故郷にそろって帰ってきた。最初は、すましているようにも見えたが、それは単に見た目だけで、すぐに米国滞在経験で共通点のあるアジア人の仲間とのおしゃべりに盛り上がっていた。クォイとデイビッドは、彼女とバーやカフェで深夜までずいぶんゆっくりと遊び歩いていたようだ。いや白夜だから日中なのか。はっきりとわからない。

「マイケルは、きびきびしているし、仕事が速くて頭の切れる人ですよ。ここに来た当時はほとんど裸一貫だったそうで、その意味でも尊敬しています。ノルウェー語もスウェーデン語も勉強して、レストランを開いて大成功しています。でも、仕事の要求は厳しいですよ。それに、特に忙しいときは、怒鳴り散らすし」

マイケルに言わせれば、ヒジンは一生懸命がんばっているが、仕事が遅いという。「彼女はノルウェー語が話せないんだよね。だから、こっちが忙しくて手が離せないときでも、電話注文に出られないんだ。でも愛想がいいし、笑顔でお客さんと意思疎通できる点はいいところだね」

「白夜の国」に来たというのに、太陽がどこにも見えない。

先週の時点では、この辺りは1週間、晴天続きで暖かいと聞いていた。みんな深夜2時に外に出て海老をつまみに白ワインで浮かれ騒いでいたそうだ。ところが今週は、憂鬱になるほど、どんよりした天気で、北海からの雲が山を越えて低く垂れ込め、島々の合間や周囲の丘を覆い尽くしている。

例の研究者の夫に同行してこの地に暮らしていた友人の雷は、白夜にも極夜（訳注：太陽がほとんど出ずに夜が続く時期）にもなじめなかった。冬は極夜と言って、夜明けと夕暮れにほんの2、3時間の日照があるだけで、それ以外は真っ暗闇になる時期が2ヵ月続く。そういうときは憂鬱だったそうだ。逆に夏になると、寝室のカーテンの隙間から差し込む光で、なかなか寝付けなかったという。

確かに今回の取材旅行でも、24時間ずっとどんよりとした鉛色の空に覆われているから、感覚がおかしくなる。朝4時まで飲み明かしてしまうのも、午後の2時まで寝てしまうのも、仕方がないことなのだ。昼夜逆転だから、時間などあってないようなものである。そのうち時計を見ても何とも思わなくなった。午後1時に目を覚ますと、デイビッドはすでにリーレ・ブッダへ出かけてしまったようだ。店で台湾からの団体客を待つと言っていた。台湾出身の彼にとっては、楽しいひとときになるのだろう。

家族経営でも事実婚

今回、マイケルに3日間も密着取材をさせてもらったが、依然として謎に包まれている。細身で筋肉質。カンフーをやっていそうな強靭さを感じる。過去の苦労がうかがえる顔つき、冷徹な振る舞いを見ていると、以前はストリートギャングだったのではないかとの思いがよぎる。もっとも、ダンディーな雰囲気もある。パステルグリーンのウールのジャケットに、ゴールドのチェーンネックレス、ゴールドのロレックスといういでたちで出前に行くというので、助手席に同行させてもらった。

マイケルは1971年、17歳のときに香港を飛び出した。英国統治下にあった香港の人々が、社会的、政治的な混乱が絶えない共産中国にうんざりしていたころの話である。当時、麻薬の密輸や不法入国の緩い入り口になっていたオランダに入り、ドイツ国境（当時は非常に緩かった）を渡って小さな町にいる遠い親戚の世話になった。

自由を求めていたティーンエイジャーにとって、居候先の中華料理店での手伝いや家族そろっての外出は退屈だった。

「俺がつかまったら厄介なことになると心配していたね。だから丸1年、自宅軟禁みたいな状態だったよ」

しばらくしてマイケルは、闇市場の仕事を求めてドイツのバーデンやバイエルン州など別の地域に赴く。「ミュンヘンで仕事をしたかった」ため、ミュンヘンのドイツ人の名前を装ったが、「この辺りは法律が厳しいから『スペインに行ったらどうだ』と言われた」。

スペインの状況も変わらなかった。

「あそこは、稼ぐのに本当に苦労したよ。不法入国だからなおさらね」

たまたま、スウェーデンで学生ビザ取得を手伝ってくれるスウェーデン人と出会った。

「すごく親切な人でね。見ず知らずの人間をストックホルムの自宅に置いてくれたんだから」

だが、学生ビザではマイケルは働けない。そこで労働許可を申請しつつ、厨房での不法就労に頼るほかなかった。ようやく許可が下りたマイケルは、「北京」という人気レストランに雇ってもらえることになった。スウェーデンの滞在は7年に及んだ。

ストックホルムのイタリアンレストランで働いていたときに同僚のティンと初めて出会った。8歳年下のティンは、マイケルのことをマイケルおじさんと呼んでいた。ティンは11歳のときからスウェーデンに住んでいたが、行動も言葉も香港人そのものだった。香港に住んでいたころは、ティンの父親はスウェーデンの海運会社の貨物倉庫で働いていた（「船の煙突に3つの王冠がある会社だった」とのティンの記憶から、間違いない）。

だが、スウェーデンへの異動を命じられ、在留許可も出ることから、一家5人でのイェーテボリへの移住を決心した。

高校を出たティンは、レストラン業界で働きながら美容学校で学んでいた。80年代半ばにノルウェーの北海油田がにわかに景気づき、多くの中国系スウェーデン人の若者が有利な機会を求めて隣国ノルウェーに流入した。その中に、マイケルとティンもいたのだ。

「オスロに入ってから親密になったんだよ」と言いながら、マイケルはリオハをまた1杯。「華人はいつも同じディスコに行くんだよ。当時はどっちも付き合っている相手がいたんだ。彼女は恋人が米国に行くことになって、俺は離婚してオーストラリアに行ったんだよ。その後、戻ってきて一緒に暮らすようになったというわけ」

11年前に娘のジェニー（愛称はガガ）が生まれると、ベビーシッターが必要になった。ティンは母親に助けを求め、イェーテボリでもらっている給料と同じだけ払うから娘の面倒を見てほしいと泣きついた。

「自分の仕事がとても気に入ってたから辞めたくなかったのよ。でも、ガガ（嘉嘉）のためだから。仕方ないでしょ」

ティンの母親、梁慧清《リョンワイチン》が振り返る。

「それでオスロに引っ越して孫の世話をすることにしたの。朝、ガガを幼稚園に送っていったり、午後に迎えに行ったりするなんて、あの子たちには無理ですからね。交替で子供の面倒を見なきゃいけなくなるでしょ」

トロムソには、ほかにも3つの中華料理店がある。トロムソ大聖堂（世界最北端のルーテル派大聖堂）の向かいにある「タンズ（金爵楼）」、リーレ・ブッダと同じ通り沿いにある「ホンコン（香港）」、港の近くで中華料理とシーフード料理を提供するテイクアウト専門店「ミッドナイトサン」

だ。ミッドナイトサンはマイケルの親友一家が経営している。

「以前、タンズで働いていたんだけど、あの店は毎月100万クローネも売り上げがあってね。だからもう1店中華料理店があっても十分需要はあると踏んだんだ」とマイケル。

実は、マイケルはもう一人の同僚と一緒にタンズを辞めて新しい店を開くつもりだった。だが、その計画が頓挫したため、単独で「キュイジーヌ・オリエンタール」をオープンし、ティンと娘をオスロからトロムソに呼び寄せた。

この引っ越しが大変な作業だった。トラック2台に厨房用品を積み込み、前妻との間に生まれた19歳の息子と、スウェーデンに住むティンの弟にも応援を頼み、3人が交替で32時間の輸送作戦を敢行したのだった。義母の梁からは、陸路は「片側が雪深い山、反対側は深い崖が続くから」初心者向きじゃないと釘を刺されていた。残る4人は空路で現地に飛んだ。

典型的な家族経営の中華料理店だ。一家総出で手伝い、店を切り盛りする司令塔は決まって妻の役割である。

だがマイケルとティンは入籍していない。

「結婚したかったら、とっくにそうしていたよ」とマイケル。

それが北欧流かと尋ねると、マイケルは笑う。

「子供たちはちゃんと成長しているし。今さら結婚というのも何だか決まりが悪いし、ちょっと時代遅れだよね」

ティンもうなずく。

「うちの両親は気にしていないですね。こちらにはそんなに親戚がいなくて、うちの家族だけだし。親にしてみれば、結婚しているかどうかはあんまり重要じゃないんですよ」

朝鮮族の厨房アシスタントと〝顔出しNG〟の料理人

リーレ・ブッダの厨房は中華料理店らしい雰囲気だ。手狭なスペースで、一見、雑然としているが、どこに何があるか完全に把握されている。鍾おじさんは、シフトに入っている間は基本的に中華鍋の前に立ち、アシスタントの林斌が食材の準備に飛び回る。食材のカットと皿洗いは、金泰の担当だ。ティンは、手薄な持ち場を見つけては補助に入り、マイケルは、ライスをよそったり、料理を運んだりしてウェイトレスを補助している。

「ちょっと！　クリームとイチゴが崩れちゃってるじゃないの」

アイスクリームサンデーを用意していた林に、ティンが声を上げる。林は崩れたところを直そうとしている。

「もう1回クリームをのせてから、チョコレートソースをかけて。アイヤー（まったくもう）……やり直して。こんなんじゃ、お客さんに出せないでしょ。おいしそうに見えないわよ」

待ちきれずにマイケルが入ってきて、まだましなほうのサンデーを取り上げた。

「待ってるんだよ。先にこっちを持っていくよ」

その林は5年前、30歳のときに上海に妻子を残してノルウェーにやってきた。

「書類もなかったので、ヒヤヒヤしましたよ」と振り返る。

「どこで雇われてもボスは広東人で、僕は広東語が話せない。厨房の経験もないし。情けなくてホームシックになりました。唯一の楽しみは、仕事が終わって家族に電話することでした」

結局、林がたどり着いたのが、キュイジーヌ・オリエンタールの厨房だった。マイケルとはすぐに意気投合し、在留許可申請を支援してもらえることになった。

1年働いた後、林はいったん上海に戻り、許可が下りるのを待った。今、2回目の勤務だが、今回は在留許可もある。

「上海でもいい仕事はあったでしょう。なぜわざわざ不法滞在をしてまでこちらに?」

私は疑問をぶつけた。

「外国で働くのが大変なのはわかっています。でも、中国だって懸命に働かざるを得ないんだから、どこかほかの場所でもっと稼げないかチャレンジしない手はないでしょう?」

「中国から出るために、誰かに費用を払ったんですか」

「払わなければ、出られませんね。ノルウェーの生活はずいぶん単調で静かですが、この国はとても安定しています。ノルウェーの人たちは温かくて、親切で、何かあればすぐに助けてくれます」

「将来のことは?」

「自分の店を開くのが目標です。子供を呼び寄せてこっちの学校に入れたいんです。そうすればもっといい生活ができますから。僕の世代は、人並みで十分という感じでしたが。ここに来ていなかったら、どうなっていたか想像もつきませんね」

金は、中国東北地方の朝鮮族だ。ティンは、不法就労者を雇っている店だと当局に目をつけられることを恐れ、金の撮影に消極的だ。私はとりあえずカメラを回した。

「本当に国を出る必要があったんですかね」

金が自問自答するように切り出した。

「来た理由は、もっと儲けたいからです。ここの生活は楽じゃないですが、少なくとも稼ぎは良くなりました。弟や友人も中国を出たいそうですが、『やめとけ』と言ってやりました。稼ぎは良くなるけど、生活はそっちのほうが楽だってね。不法滞在だと、制約もあるし、不安ですよ」

「顔が出ると、まずいんだよ」

私が厨房に初めて入ったときに鍾おじさんから冗談まじりに言われた言葉だ。厨房で最年長。誰よりも波瀾万丈の人生を送ってきた。50年代に共産主義を逃れて、一家で上海から香港に移り住んだ。

鍾は、60年代後半から70年代前半にかけてノルウェーの海運会社ウィルヘルムセンの料理人として働いた。そのころ、香港の上海人らはノルウェー系の海運会社で、一方、広東人はスウェーデン系の海運会社で働くという色分けがあった。六七暴動（訳注：1967年の香港左派暴動）を受け、こうした海運会社は、香港脱出を求める従業員に本国での在留許可手続きを進めた。

それで、上海人グループはノルウェーに、広東人グループはスウェーデンに移り住んだのである。

オスロに住む家族のもとには、どのくらいの頻度で帰るのか。

「この年になると、そんなことはどうでもよくなるんだよ。その気になれば、1ヵ月でも2ヵ月でも行けるんだから。子供たちは、もう自立しているしね。好きなことするには一人のほうがいいし、妻もいちいちうるさいことは言わないよ」

独り暮らしなら、好きなだけ飲めるし、「女の尻を追いかける」余裕もある。そう話す鍾に、女友達から電話がかかってきたようで、仕事が終わるや、そっと出ていくのだった。話を聞いた後も、本名は教えてくれなかった。

いくら忙しくても子供の未来を優先

閉店時間だ。また今日もこの店での14時間が終わった。クォイとデイビッドは、飲み歩きを楽しみに夜の街に消えていった。私はヘトヘトだ。だが、マイケルとティンからは一緒に自宅で飲もうと誘われた。断れるわけがない。驚異のスタミナだ。

自宅はしゃれた丘の途中にある3階建ての家だ。家には誰もいない。夏休みなので梁おばあちゃんが子供たちをスウェーデン南西部のイェーテボリの自宅に連れていったのだ。子供たちからの可愛らしいメモが残してあった。ノルウェー語で、「おばあちゃんの家に行くのでペットのハムスターに餌をあげてください」と書かれている。

「週に1日くらい休んだら?」

尋ねる私にマイケルが酒を注ぐ。もう午前2時だ。

「そんな余裕はないのよ」

ティンが穏やかに割って入る。

「休みは年に2日だけ。クリスマスイブとクリスマスなの。どうしてか、わかる？　その2日間は地元の人は外食しないのよ」

「休んだところで、寝るくらいしかないから」とマイケル。

ティンによれば、レストランを子供たちに継がせるつもりはない。「レストランを開きたいなんて思ったことはないけど、私の世代は選択の余地なんてなかったから。でもあの子たちの世代はもっとチャンスがあるはずだし」

香港に帰って引退生活というのは考えたことがあるのだろうか。

マイケルは、香港が好きじゃないときっぱり。

「もうあのテンポにはついていけないよ。香港より欧州の生活のほうがはるかに長くなってるしね。フランスに家を買えたらいいなぁ。理想を言えばファッションブティックを開きたいな……。いや、いくらなんでも現実的じゃないか。もっと現実的なのは、小さなレストランか」

フランスで？

「要するにね、冬の間に過ごすのがフランスの家なんだよ」とマイケル。

「ノルウェーにも家とレストランがあって、こっちは年に9ヵ月だけ営業。週6日、ディナーのみでもどうにか暮らしていける。引退はまだ早いよ。せめて忙しくしていたいからね」

私が帰るころには、もう午前3時になっていた。まるで夜明けのように、太陽が雲間から顔を見せる。これを2ヵ月間の夏と呼ぶのは詐欺みたいなものだ。マイケルとティンがやむなく断念したものが、はっきりと見えてきた。多くの移民と同じように、たとえ永遠ではないにせよ家庭生活を犠牲にしてまで、子供たちに明るい未来を残す道を選んだのだ。

第10章　キューバが映す中国の幻影

――ハバナ（キューバ）

思ってもみなかったよ
キューバで夢がかなうなんて
これまでずっと上海で中国娘と付き合うことしか思いつかなかった
ソン*でダンスを始めたら相手は素敵なキューバ娘
気分は最高
キューバよ、キューバの女たちよ

＊「ソン」はキューバを代表する伝統的な音楽で、サルサなどの原型とされる。スペイン系・アフリカ系の音楽に起源を持ち、曲の前半がソロ歌手の歌唱、後半がソロ歌手とコーラスの掛け合いで構成される。

キューバの首都ハバナのバリオ・チーノ（「チャイナタウン」のスペイン語）。その老人ホームの一角で、体の弱そうな81歳になる華人男性がロッキングチェアに座っている。ホームを運営しているのは、龍崗総公所。世界中にある華人コミュニティで、劉《ラウ》、関《クワン》、張《チョン》、趙《チュウ》の4つの姓の宗族（氏姓）を対象とする血縁団体だ（訳注：カナはいずれも広東語読み）。この4姓は、3世紀の三国時代の4人の英雄（劉備、関羽、張飛、趙雲）にちなんだ姓である。三国時代の様子は、14世紀の歴史小説『三国志演義』に描かれている。なお、第3章のモーリス・ソンの父の出身地、「龍崗（現・深圳市龍岡区）」とは関係がない。鉄格子のはまった窓から日が差し込み、老人の顔を照らし出す。老人の名はフェルミン・フイリー（許悦仁）。キューバン・ギターのデュオ、ホルヘとフランクを従えて、キューバのバラード曲『イルシオン・チーナ（中国の幻想）』を歌い上げる。バックの2人は、ふだんは近所のバーで観光客向けに歌を披露している。

「これは30年代からあるキューバの民俗音楽の一つなんです」

歌い終わって、フェルミンは満足そうにうなずく。

「キューバ女性と恋に落ちた華人を描いたファンタシーア・チネスカ（中国のファンタジー）です」

フェルミンの声は、ビロードのように柔らかく純真さにあふれ、キューバ音楽バンド、ブエナ・ビスタ・ソシアル・クラブのボーカル、イブライム・フェレールを彷彿とさせる。ドイツの巨匠監督ヴィム・ヴェンダースがこのバンドの日常を描いた同名の音楽ドキュメンタリーがきっかけで、私はキューバ音楽に夢中になり、ついにハバナにまでやってくることになった。

「女性のような声色に変えることもできるんです」

そう言って、かすかな微笑みを浮かべる。

「英語でも歌えるし、いろいろなジャンルを歌えます。子供のころ、ラジオから流れる歌に合わせて歌っているうちに覚えたんですよ。1961年からはハバナのカーニバルでもずっと踊っています。キューバでも屈指の規模のショーで、出演者、観客を合わせて100万人以上が集まるんですよ」

「あなたは『エル・チーノ・デル・カルナバル』（カーニバルの中国人）と呼ばれているそうですね」

噂はかねがね聞いていた。

「生まれはこの国ですが、中国人と思われているほうが都合がいいんですよ」と笑う。「ルンバやダンソン、コンガを踊ったり、キューバの歌を歌ったりする中国人がいるなら見てみたいって気になるでしょう。だから、『カーニバルの中国人』で通してるんです。イヌでも知ってますよ」

両親は広東省からこの地に移り住んだという。父親がキューバに渡ったのは、1902年、14歳のときだった。フェルミンは、地方都市で生まれたが、10代のときにハバナの華人学校に入学する。

「次は英語の歌をお聞かせしましょう」

歌い始めたのは、ナット・キング・コールのカバーで有名になった『Fascination』（魅惑のワルツ）の一節だ。すかさずホルヘとフランクがボーカルのキーを探し当てる。わずか数小節で見事にボーカルに追いついた。室内に並べられたロッキングチェアに揺られながら、みんな熱心に耳を傾ける。フェルミンの隣の席に陣取るのは、高齢の華人男性とスペイン系キューバ人の妻だ。

歌っているときのフェルミンは生き生きとしている。手を振り、指先でリズムをとり、バイオリンを弾く振りをする。だが、声には明らかに悲哀があり、寂しげな目をしている。歌が終わると喉に手を当て、長いこと声帯を使っていなかったとみんなに説明している。

「それにもう踊れないし」と杖を指差した。

「いいんですよ」と私は気遣った。

「音楽を聞きに来たんですから。あなたの歌を聞きに来たんです」

ハバナは音楽にあふれている。人々の家、レストランやバー、街角、広場など至るところから聞こえてくる。

キューバのチャイナタウンはテーマパーク？

2002年の真夏の出来事だった。クォイを伴って私はハバナにいた。録音担当のマーク・バリノも一緒だ。マークは、クォイが講師をしている映画学校の学生だ。

ハバナに着いて最初の朝を迎えた。私たちがタクシーを降りたのは、クチージョ通りの入り口だった。チャイナタウンらしい木製の門があり、赤い中国提灯がぶら下がっている。通りの終わりには、朽ちかけた5階建てのビルがあり、そこにヘミングウェイにもカストロにも愛された「レストラン・パシフィコ」がある。通りの両側にレストランが軒を連ね、中国風の装飾品のレプリカで飾り付けられている。店の外には、メニューを持った呼び込みが立っている。チャイナドレスやらカンフージャケットやらをまとい、クーリーハットと呼ばれる円錐形の日除け笠を被った人もいる。

華人が最初に住み始めたのは、カピトリオ（旧国会議事堂）の裏手にあるサンハ通り沿いだ。ちなみにカピトリオは、ワシントンDCの連邦議会議事堂とよく似ている。サンハ通りには、商店や食料品店、レストランのほか、出身の一族や県、村を中心とした同郷会も生まれた。

1930年代には、中南米で最大級にして最も繁栄したチャイナタウンとなった。このコミュニティから、華字紙もいくつか発刊されるまでになった。1928年創刊の『光華報』は、今も何千もの活字を使った活版印刷で全4ページの週刊新聞を発行している。

現在のバリオ・チーノは、見る影もなく変わり果てている。ほんの200人ほどの高齢の華人、それもほとんどは男性が残っているだけだ。住んでいる地区は同じだが、今では観光客相手の街に変わっている。1993年にキューバ駐留の旧ソ連軍が撤退後、中国系キューバ人が帰還し、中華料理店を任されるようになった。というのも、一時はフィデル・カストロ政権下で国有化されたり、国外に逃げ出した人々によって放置されたりしていたのだ。

私は常々、中国系キューバ人の歴史に光を当てたいと考えていた。

その前年、私は、カフェテリア・フランボヤンの前で座っているオーナーのミゲル・チャンリー（陳紹新）と出会った。レストランの2階にある陳頴川総堂（陳一族の同郷組織）の会長でもあった。ミゲルは、惨めな人生を送ったそうで、カストロ政権下での生活について不満をぶちまける。その際、カストロ国家評議会議長のことを中国語で「髭男」と表現していた。

当初、私は、このミゲルをドキュメンタリーの主役に据えようと考えていた。ところが、私の次の訪問を控えた1週間前に妻のアイミから連絡があり、ミゲルが脳卒中で寝たきりになってしまったと聞いた。だが、すでにホテルもフライトも予約済みで、通訳のバレリア・モウチュウ（毛範麗）も手配し、ロサンゼルスから現地に向かうばかりになっていた。バレリアは、中国系ペルー人3世で、私の高校時代のクラスメートで在日中国人2世のトム・チュー（朱世東）の妻でもある。トムと私は、横浜のインターナショナルスクールに通っていて、クラスメートにはさまざまな人種や国籍の仲間がいた。その多くは、母親が日本人で国際結婚の両親だった。

ともかくせっかくの機会なので現地に向かい、バレリアを引き連れて、代わりの華人レストラン経営者を求め、この中華テーマパークのようなチャイナタウンをさまよっていた。

イリアナ・パチェコゲレーロというブロンドヘアの若い白人女性に呼び止められた。手にしたメニューには「東坡楼《トンポーラウ》」なるレストラン名が書かれている。東坡といえば、宋王朝時代の詩人で美食家としても知られる蘇東坡（蘇軾）にちなんだ店名である。イリアナは刺繡入りのチャイナドレスをまとっている。よく見ると、ドレスには、香港の恒生銀行のロゴマークがプリントされていた。イリアナと立ち話をしていると、隣のレストランからサミュエル・チャン（陳華友）が近づいてきた。

「私がまだ小さいころから知ってるの。うちの母がまだ若かったときも知ってるんですって」と紹介してくれた。「みんなに慕われているんですよ。華人は勤勉で行動力があるでしょ。だから成功するのよ」

「私がキューバに来たのは1949年、7歳のときでした。国共内戦を逃れてきたのですが、ここで再び共産主義革命ですよ」

サミュエルはそう自己紹介しながら、自身の経営するレストラン「ルナ・デ・オロ」（金月酒家）に招いてくれた。

まだ時間は早い。店内は暗くがらんとしているが、エアコンは効いている。白い壁には、「世界の華僑の皆様、いらっしゃいませ」とスペイン語、中国語、英語で書かれている。そして、私たちの訪問の3年前にハバナ大学で開催された世界華僑会議に出席した代表団のサインが壁に書き込まれている。奥の部屋では、老人4人が広東語で雑談しながら麻雀を楽しんでいる。私たちの存在には気づいていないようだ。

20代後半とおぼしき屈強そうな男性がしわがれた声で自己紹介する。

「ルイス・チョンと言います。ほぼ毎日、この店で働いています。生まれてからずっとバリオ（チャイナタウンを意味する「バリオ・チーノ」の略称）に住んでいます。ムラート（異人種間結婚で生まれた子）なんだけど、みんなからはチーノ（華人）って言われますね。だったら、中国から来た本物の中国人のほうが良かったですよ」

ルイスは、進んでガイド役を引き受けてくれた。

「中国からきた移民はここに定住しましたが、キューバ革命後にたくさんの移民がマイアミやニューヨークに逃げ込んだり、中国に帰ったりしました。残ったのはほんのわずかですよ」

外国からの撮影隊はどこに行っても目立ってしまう。ルイスと話をしていると、露出の多いホルタートップにホットパンツ、網タイツの若い女性が私たちの前に立ちはだかった。そこは私有地で、許可なしに地元住民とは話せないと主張する。

1995年に設立されたハバナのチャイナタウン振興会のメンバーで、町の活性化に向け開発・振興に取り組んでいるとのことだ。要はテーマパークのデベロッパーみたいなものである。

私たちは観光で入国しているから無許可撮影が問題なのか、それともルイスに話しかけていること自体、いかがわしい輩と映ったのか。どうもはっきりしない。バレリアが事情をきちんと説明したいので、団体の責任者に会わせてくれと要求したが、件の女性は、もうどうでも良くなったのか、立ち去ってしまった。

すると、ルイスが近くに「華人お年寄りの家」があるから、ぜひ寄ってほしいと言う。

先ほど会ったオーナーのサミュエルも会話に入ってきて、「今日は龍崗（総公所）で父の日の昼食会を開くんです。ぜひ見ていってください。あなたも関さんだから同族ですよ」と広東語で誘ってくれた。

赤い中国人が集うコミュニティセンター

ハバナの龍崗総公所は、ドラゴネス通りに3階建てのビルを所有している。1階でコミュニティセンターを運営し、高齢者向けに無料で食事を提供している。毎日、30人ほどが立ち寄っては食事や交流を楽しんでいる。総公所の2階にはレストラン、3階には集会場、図書室、関帝廟がある。関帝廟は、前出の小説に登場する関羽将軍が神格化された関帝を祀る祠だ。

その日は父の日とあって、コミュニティセンターには、いつもよりたくさんの人たちが集まっている。時代の流れに取り残された高齢の男女が仮設のテーブルを囲み、アルミの皿に盛られたご飯や豆を味わっている。

私の祖父から聞いた話だが、祖父の出身地である九江の村からは1900年代にキューバに渡った人が多かったそうだ。今、この中国の幻想を抱く地で、私の祖先とつながりのある人々と直接対面している。

「九江の関です」

大きな声で挨拶すると、出席者から歓迎の自己紹介が始まった。一人ひとりと握手を交わした。

誰かが私の肘を引っ張る。

「ここには九江から来た関さんがたくさんいるんだ。ほら、その人もそうだ。おたくの村から来た関さんだよ」

「こっちにいるのも関さんだよ」

別の人が手招きする。

「でも、あの人は隣村の出身だ」

私は香港生まれで、中国の原籍地（先祖が籍を置いていた場所）には行ったこともないのだが、次々に先祖と同郷の人々を紹介されているうちに、中国とのつながりを意識せずにはいられない。祖父も、今ここにいる私の姿を見たら、きっと誇らしく思ってくれるはずだ。

ふとクォイに目をやると、今日は妙におとなしい。この賑やかな様子に自分自身を見つめ直しているのだろう。同郷の長老たちに次々に挨拶している私をカメラでじっと追い続けている。

「今日は、父が亡くなってから最初の父の日なんだよ」

2人だけになったタイミングを見計らって、クォイがこう告げる。

トロントの中華料理店で働いていたクォイの父親は、数ヵ月前に亡くなったばかりだった。息子のクォイとはあまりいい関係ではなかった。温和な人ではなかったが、息子が近所の白人の子供たちにいじめられても、守ろうとすることはなかった。

そんな父親をクォイは決して許さなかった。父親が亡くなって初めてクォイは父親との関係に折り合いをつけることができた。父親宛の手紙を書き、墓前で燃やした。これは、あの世に行った死者に思いを伝えるための中国伝統の儀式である。

さて、私たちは、総公所2階のレストランの隣にある事務所に移動した。81歳だがはつらつとした責任者、アレハンドロ・チューワン（趙義）がテーブルにペソ札とドル札を広げて勘定をしている。隣に座る2人の男のうち、片方は、再婚してもうけた長男だ。アレハンドロは、大きく「I Survived Hong Kong」（「香港で生き抜いた」）とプリントされたTシャツに、グリーンのサンバイザーを被っている。頭上では、グリーンのシェードのランプがゆったりと揺れている。なんだか銀行強盗の映画のワンシーンのようだ。

「この総公所の最大の目標は、レストランをビジネスとして軌道に乗せることなんです」

まるでテーブルの上の札束について釈明するかのように説明する。

「社会から利益を上げたら、人々の利益になるよう還元するんです」

何やら真の共産主義者といった口ぶりだ。

1949年の毛沢東による中国革命以降、香港は左派対右派、共産党対国民党というイデオロギー対立の戦場となり、ある意味でこの領土の将来を予見していた。「赤い中国」は静かに英国直轄植民地に浸透していった。スパイを送り込み、祖国に仕えることに共鳴する若き「熱血漢」を次々に誘い入れたのである。

私のおじ2人も、その説得工作に負けてしまった。2人は香港から中国に戻り、二度と外に出られなくなった。

中国系、アフリカ系、スペイン系の3人の妻

アレハンドロは1953年、香港の米国系映画撮影スタジオの職を失う。共産党シンパを理由にブラックリストに載せられたからだ。時代はまさにマッカーシー旋風が吹き荒れていた。

「共産党員だったんですか」

聞かないわけにはいかない。

「若いころ、進歩的な理想を抱いていて、中国共産党に共鳴していたんです。でも共産党員ではありません」

アレハンドロは、米国の父親やおじに会うことが許されなかったため、賄賂を払ってキューバに渡った。スペイン語は話せず（本人の言葉を借りれば「目も見えなきゃ耳も聞こえないも同然だった」）、半端仕事しかなかった。最終的には、革命前のバティスタ政権下で、賭博場相手の徴税請負いの仕事に就く。

「それはカジノですか」

実に興味深い話だ。

「いや、単なるチャイナタウンの賭博場ですよ。『番攤《ファンタン》』みたいな中国のゲームです」

ボタンなどを使う中国で人気のゲームのことだ。

「華人は賭博が好きだからね」

1950年代のバリオ・チーノは犯罪の温床みたいなところだった。アヘンや賭博場、売春宿はもちろん、「シャンハイ・シアター」では実演のセックスショーまであったという。だが、アレハンドロは徴税の仕事を辞めて、自分で商売を始めた。

「その国の言葉ができれば、自分で商売できますからね。半分くらいの人は、そうしていましたよ」

宗族や村などの地縁による親睦組織からの支援もあった。所属会員が資金を出し合ってプールしておき、必要に応じて無利子で融資するのだ。その便宜と引き換えに、事業主には資金の〝前払い〟を求めたのである。アレハンドロが頼ったのは、自分と同じハバナの趙姓の人々の集まりだった。

「あなたと同じ九江の人たちも、お互いに助け合っていましたよ」と当時を振り返る。「九江人は教育のある人が多かったから、キューバ全土で高級客向けの商売をしていたね。貿易とか、宝飾品みたいな高級品だね。診療所を開く人もいたな」

アレハンドロが香港を出る時点で、すでに結婚していて、広東省の故郷の村に妻と4人の子供がいた。当人同士の気持ちなど関係のない、親同士が決めた結婚だった。後年、妻と子供たちはサンフランシスコに渡った。アレハンドロは、すでに成人した子供たちに、〝厄介な過去〟があることを告げる。彼に限らず、多くの中国人移民にありがちな話なのだが、故郷に妻を残したままで、子供たちの顔もわからない。そして本人は遠く離れた地で再婚というパターンだ。

アレハンドロの場合、香港の映画撮影スタジオで働いていたころ、売り出し中の若手女優と恋に落ちる。キューバに渡るとき、落ち着いたら彼女を呼び寄せると約束して出発した。1年後、その女優から手紙が届く。これ以上待てないので、ニューヨーク出身の男と結婚することにした、という内容だった。

「どうしようもないよね。結婚していたわけだし、4人の子供もいる。おまけに、彼女を呼び寄せる金もなかった」とぼやく。「そりゃあ当然、愛する人には、幸せになってほしいですよ。それを邪魔しちゃいけない。いや応なしに、それが現実なんです」

「その後、彼女を探し出そうとしたことは？」

私は心の隅でロマンチックな展開を期待していた。

「こんなに何年も経ってから、連絡してもしかたないでしょう？」と彼は後悔のため息を漏らした。

だが、恨みつらみはない。「彼女には彼女の家庭があって、僕には僕の家庭がある。過去は過去で水に流すっていうけど、少なくとも彼女との恋愛は味わえたのでね」

そう言って、デスクの引き出しから彼女の写真を取り出した。時代を感じさせるブロマイド風の1枚だ。おしゃれで美人。映画スターのようなポーズで写っている。

結局、アレハンドロはアフリカ系キューバ人の女性と結婚した。3人の子供ができたが、すぐに離婚してしまった。文化的な違いが大きな壁だったとアレハンドロ。コミュニケーションにも問題があった。

「当時、十分にスペイン語が話せなかったんです」

政治的な立場も違っていた。妻は共産党員で、アンゴラ内戦へのキューバの関与という不運な出来事があったが、妻はそれも支持していた。キューバ版のベトナム戦争のようなものだった。また、キューバと中国の関係も当時は緊張していた。

「私は華人ですよ。板挟み状態で、いつもこの問題で言い争っていましたよ」

今は、スペイン系キューバ人のナイアという女性と3度目の結婚をしていて、ときどき総公所に手伝いに来る。献身的な妻で、箸の使い方や中華料理の作り方も身につけたそうだ。

アレハンドロは、結婚に完璧なしという事実をおとなしく受け入れている。

「時間は止められないから、よそ見している暇はないよ。かつて好きだった人は結婚して米国に行っちゃった。やるせなかったね。悲しんでいても仕方ない。それで別の人と結婚したんです。間違いの連続でした」

　1959年1月1日にフィデル・カストロが政権を握った時点では、アレハンドロはすでに落ち着いた生活を送っていて、華人コミュニティの多くがキューバ脱出を図る中、脱出する意味がわからなかった。

「政府はありとあらゆる企業を接収したけど、僕の事業には手をつけなかったんです。自発的に差し出して、定年まで政府の仕事をしました」

　1995年に例のチャイナタウン開発団体から連絡があり、復職して龍崗総公所を引き継いでもらえないかと依頼があった。そこで融資を求め、それを元手に総公所の建物を買い戻した。

「劉、関、張、趙の各宗族に属する人々を探し出して、支援をお願いしたんです。ほとんどがこの土地で生まれた人たちで、中国出身者は8人ほどでした。でも、どこかで始めなければならなかったですから。華人の2世の中には、かなりいい教育を受けた人もいます。医師や軍人ですね。こういう人たちは、コミュニティへの貢献意識も高いんですよ」

蝶の名をもつ揚げワンタン

　私たちは「バー・ペキン（北京）酒吧《ジョウバー》」にやってきた。入り口が観音開きになっていて、左の扉に「酒吧」（訳注：中国語の「バー」）、右の扉に「北京」と大きな金文字で書かれている。扉を開けると、大きな軋《きし》む音。と同時に、ギラギラとした太陽の光が涼しく暗い店内の空間を切り裂いた。照明は赤い中国提灯だけで、けたたましい音をあげる空調はいつ過労死してもおかしくない。

オープン以来、一度も交換したことがないようだ。

まだ昼間だ。バーは今日の営業を始めたばかりだった。すでに常連客2人がカウンターに陣取り、「クリスタル」というビールを飲んでいる。テーブル席の欧州からの観光客は、オーダーしたモヒートを待っている。カウンターで作っているのは、マリッツァ・コク・カルバジョだ。

「砂糖、ミント、ライムジュースを入れて、そこにソーダでシュワッとさせて、氷と一緒に混ぜるの。どうぞ。サルード（乾杯）！」

ちなみにサルードは、スペイン語で「健康を祝して」という意味である。

「60年前は、バリオの華人が一杯飲みに立ち寄る人気のバーだったのよ」とマリッツァ。

「私の父もそうだったけど、みんな中国から来た人たちでね。でもほとんどいなくなっちゃった」

彼女の父親は1959年に移住し、白人のキューバ人と結婚した。だが、マリッツァは中国の血が強いように見える。達筆な漢字で「郭韻文《コクウォンマン》」と中国名を書いてくれた。私は、彼女の名前には「音楽」と「文学」のイメージがあり、優雅さがあると説明した。しかも、中国で女の子の名前といえば、派手に飾り立てた「美蓮」のような名前がありがちだが、それとは違う。

アベル・ラムは、惚れ惚れするほどハンサムな黒人だが、どこか華人的な顔立ちを感じなくもない。厨房から出てきたアベルは、白いコックコート姿で「マリポシータス」（揚げワンタン）を持っている。マリポシータスは小さな蝶を意味するスペイン語だが、揚げワンタンの形が蝶に似ていることから、料理名になっている。

「中国絡みのことは、すべて母とおじから教わりました。キューバ人の祖母に言わせれば、僕らの中国的な部分は、祖父の血を引いているんだそうです。料理だとか、食べ方とか、何を食べるべきかといったことは、祖父の影響が特に大きいですね」

中国系キューバ人の間では、キューバに見られる中国的な伝統の再発見が広がっている。ただ、やりすぎではないかと思えるほど、中国的なものを何から何まで絶賛し過ぎるきらいもある。カンフー、獅子舞、ジャッキー・チェン、書道、コミーダ・チーナ（中華料理）など、何でもそうだ。中国系キューバ人は、熱烈に、ときに恥ずかしげもなく、中国的な伝統へ逆戻りしようとしている。

アベルは、母方の中国姓のラム（林）だけを受け継いでいる。

「以前、バーを再オープンするときに、全従業員に中国系であることを条件として求めました」と大まじめに語る。「電話がかかってきて華人はいるかと言われるたびに、どの華人でしょうかと聞き返すんですよ。だって全員が華人ですから」


うなるほどうまい！「キューバの本格上海焼きそば」

バリオの人たちから聞いたのだが、毎日昼から午後4時までマーシャルアーツスクエアという広場に行けば、ロベルト・バルガス・リー（李栄福）という人物に会えるという。ロベルトは、中国武術の師傅（師匠）である。彼が指導する若い生徒たちは、中国で開催される国際武術選手権大会で数々の金メダルを獲得している。

私たちが訪れた日は、こうした成績優秀者の一部が太極拳を指導していた。ロベルトについていくと、近くにある林会館（訳注：林姓の華人が集う会館）の2階に上がった。ここも中国武術の練習の場になっている。

「ここのほうが静かです」

母方の祖父のリーは中国出身。このため、ロベルトはバリオ・チーノに出入りしているうちに「中国に関するあれこれ」を身につけて大きくなった。12歳で空手を習い始めた。母親も子供のころに粵劇《ユッケック》（広東オペラ）の勉強を始めたという。やはり12歳のときだった。そして、粵劇の女声歌手として現役で活躍するのは「3人の歌姫」と称される3人だけとなった。中国語は読めないが、3人とも音訳した歌詞を使って広東語で歌う訓練を積んだ。

粵劇は、19世紀中ごろにキューバで人気を集め、4つの粵劇劇団がキューバの各州を訪れ、それぞれの華人コミュニティで劇を披露している。アフリカ系キューバ音楽の世界では、「梆子《バンズ》」という拍子木に似た打楽器や、「嗩吶《サナイ》（チャルメラ）」、ライオンダンス（中国獅子舞）でおなじみの太鼓などの中国楽器が利用されるようになっている。太鼓は、中国語で「鼓《グー》」と呼ぶが、そのまま現地でも「タンボレス・グー（タンボレスはスペイン語で太鼓）」と呼ばれているほどだ。

ロベルトはかつてレストラン・パシフィコでバーテンダーとして働いていた。1994年に中国政府の奨学金で中国に渡って武術を学び、2年間で本物の武術家となり、また中国語の会話能力も身につけた。取材はスペイン語と中国語を織り交ぜて行われた。

2年間の中国留学後、ロベルトは上海出身の陶琦《タオチー》と結婚し、キューバに連れ帰った。1997年、町で唯一、華人料理人のいるレストラン「テンプロ・デル・シエロ（天壇飯店）」をオープンする（その料理人の姓は陶《タオ》だから、ロベルトの義弟ではないだろうか）。前回、キューバに来たときにその店で食事をしたが、上海粗炒《ツーチャオ》（上海焼きそば）は、思わずうなるほどの本場の味だった。

「本物の中華料理はキューバではまだ知られていないので、料理を創作しようと考えました。そもそもキューバには中国の香辛料も調味料もほとんどないのが大きな壁になります。私はキューバ人ですが、トレーニングやまじめさ、忍耐力の面で華人気質を感じることもあります」

ロベルトは、キューバ政府から選ばれたこともあり、いわば文化大使として振る舞う。キューバでの中国文化の保全・振興に触れ、中国哲学のプラスの影響を語る。中国の伝統的な衣装もすっかり板につき、今では「このほうが快適で中国的な感覚になる」と言う。

中国人墓地で先祖の霊と対面

「すみません、開けてくださーい。エス・エル・チーノ・デル・バリオ（チャイナタウンからいらっしゃった方です）」

ガイド役を買って出てくれたルイスが、鉄の門を叩きながら大声を出している。一緒に訪ねたのは、国立墓地から道を挟んで向かいにある中国人墓地。「チャイナタウンの中国人です。米国から来た家族も一緒なんです」

呼びかけに気づいた管理人が門を開けてくれた。あらかじめルイスからドル札を用意しておくように言われていたが、管理人から要求されることもなかった。

「カメラのことも、何も言われなかったね」とルイス。

「もうちょっと面倒なことになるかと思ったんだけど」

私は、世界のどこに行っても華人墓地を訪れるようにしている。墓地を見れば、そのコミュニティのことがいろいろとわかるからだ。それに、中国人移民の古い世代にとって、異国の地での最期については、常に頭の片隅にある。死んだら故郷に帰りたいと思う人が多数派だ。

管理人は、マチェーテ（訳注：長刃のナタ）片手に、墓地を案内する。早口のキューバ訛りで話す我らがドン・キホーテの後をついていく。通訳のバレリアにも、このドン・キホーテのスペイン語は聞き取りにくいらしい。聞けば、中南米ではペルー人が最も標準的なスペイン語だという。

「昔は華人は、すごい金持ちでね。埋葬の儀式があるんだよ。7年後にお骨を墓から掘り出してきれいに洗って、ブリキの箱に収めてから、地下にある家族の納骨室で保管するんだ」

そう言いながら、ブリキの箱を1つ取り上げ、何食わぬ顔で持っていたナタを使ってこじ開け、中身を私たちに見せる。そこには人骨一式が納められている。いや、もうそのくらいにしていただこう。まるで考古学者の一団が発掘調査でもしているかのようだが、そこにある〝遺跡〟はさほど古いものではない。管理人がブリキの箱をこじ開けてどうするつもりだったのか謎だ。

墓地は静まり返り、木々の葉がかさかさと音を立てる。野良イヌがうろついている。

「以前は職員が9人いたんだ。革命後はみんないなくなっちゃってね」

私たちは例の劉・関・張・趙の4姓が共同利用する龍崗納骨室にたどり着いた。地上には凝った造りの祠堂があり、地下が納骨室になっている。管理人は、地下へ通じる蓋を持ち上げ、中へ入れと手招きする。そもそも墓地というだけで不気味なのだが、地下の納骨室への階段を下りるなんて、なおさらだ。

「後からついていくから」とクォイが私の背中を押す。どうせ怖くて最初に行きたくないのだ。

ひとたび内部に足を踏み入れると、名前や誕生日、原籍の村などが記されたブリキの箱が8段ほどの高さまで積まれている。私と同じ原籍地のたくさんの関さんたちが、ここに眠っている。人生とは奇妙なものだ。祖父の出身地の村には行ったこともないのに、今、地球の裏側で、先祖代々の霊と対面しているのである。

地上に出て、広々とした園内の墓や祠堂の間を歩く。多くの墓標には、一族の姓が漢字で彫られている。それぞれの区画も墓石も大きくて凝ったデザインだ。祠堂はちょっとした家ほどの大きさのものもある。その様子は、パリのペール・ラシェーズ墓地を思い起こさせる。管理人の言ったとおり、かつて華人はずいぶん裕福だったのだ。

ルイスは、大きな鐘《チュン》家の祠堂の横に、祖父エンリケ鐘の墓標を見つけ、感極まった様子だ。彼の目に涙があふれる。何か言おうとしているが言葉にならない。祖父の墓を初めて見つけたのか、それとも人前だからそういうふりをしているのか定かではない。そもそも、墓標の名前は本当に彼の祖父なのかどうかもわからない。

「祖父は1928年に中国からカリフォルニアにやってきて、その後、キューバに移動したんです。1942年には息子を連れて、キューバで新生活を始めたそうです。息子というのは私の父ですね。父は『ルナ・デ・オロ(金月酒家)』の料理人でした。今、僕が働いている店です。皆さんとここに来ることができて、本当に光栄です。それに祖父の墓まで一緒に探してくれて。信じられません」

出口に向かう私たちに、ルイスが続ける。

「人生で最大の夢は、中国に行くことですね。中国には、いとこやおじさんとか、家族が何人かいるはずです。長らく連絡を取ってないから、わからないな。すごく遠いし、ずいぶん時間が流れてしまったけど」

墓地の門を閉めながら、「もし中国人がキューバに来なかったら、中華料理も伝わっていなかったことになりますよね。そうしたら、生涯、クレオール料理だけってことか」。

そう言ってウィンクしてみせると、一同が吹き出した。

華人コミュニティの互助組織

「カシーノ・チョン・ワー(中華総会館)」を見つけ出すには、ちょっとした調査が必要だった。アミスタード通りの4階建てのビルには、スペイン語で「Edificio 'China'」と小さく銘が刻まれている。「中国ビル」という意味だが、なぜか「中国」が引用符で囲まれていた。そして、その下にやはり控えめに「中華総会」と漢字4文字が掲げられている。

地域の自警団とおぼしき中年女性が、エレベーターで4階に行けと手振りで合図する。3階以下は革命後にアパートに改修されたのだ。アパートの部屋からも、4階の総会の部屋からも、天窓付きの中庭が見える。

エレベーターの扉が開くと、集会場につながっている。ステージにはキューバ国旗と中華人民共和国国旗が仰々しく掲げられている。かつては、中華民国（台湾）の国旗と、1911年に満州族（清朝）を倒した近代中国の父、孫文の肖像画が掲げられていたと思われる。中国は、世界各地の華人・華僑に忠誠を誓わせるために「統一戦線」戦略を打ち出したわけだが、ここにもその効果が及んだしるしである。

どこの華人コミュニティでも、宗族、家族、村を同じくする互助組織が後援役や家長役として機能している。メンバーが起業する際には資金を貸し付け、生活苦に陥った人には食事や仮住まいを提供するといった具合だ。中華総会は、こうした組織を総括する上部団体だ。

迎えてくれたのは、若々しく見える事務局長のホルヘ・チョウチュウ（周卓明）だ。ビル内で唯一エアコンのある会長執務室と会議室を案内してくれた。どちらの部屋も、清朝の家具や骨董品、1993年に中華総会100周年を記念して中国大使から贈られた品々がところ狭しと並ぶ。中国系キューバ人現代画家のフローラ・フォン（鄺秋雲）の絵画が壁面を飾る。ちなみにキューバは、ピカソやマティスなどの影響を受け、交流もあった画家のビフレド・ラム（林飛龍）も輩出している。

ホルヘは図書室、太極拳教室や中国語教室に使用する活動室、鍼や漢方薬治療の診療所、そしておなじみの関帝廟を駆け足で案内する。関帝廟では、私と同姓の縁もあるので、クリスマスのイルミネーションのような明かりに包まれた関帝像に線香を供えた。

続いてホルヘに連れて行かれた部屋には、索引カードを収めた箱が大量にあった。最近まで中華会館は、華人と異人種の結婚で生まれた子も含めたすべての華人を対象に、事実上の大使館や戸籍登録、登記所として機能していた。膨大な索引カードの一枚一枚に、顔写真、中国語・スペイン語の氏名、自宅住所、誕生地、中国の原籍地が記載されている。たとえ何代も時代が下り、地球の裏側で生まれたとしても、先祖の起源をたどるのは中国の伝統である。

「ほとんどが中国系キューバ人です。今、キューバ全体でも純粋な中国人は300人程度、いや、300いかないかもしれませんね」と言いながら手に取ったカードには、南東部の都市サンティアーゴ・デ・クーバのカルロス・チャンとある。「この方もそうですが、純粋な華人ではないんです。中国の血が流れているけれど、中国出身ではありません」

1857年6月3日、年季契約の中国人労働者（「華工」）第1陣を大量に乗せた船が到着する。そのほとんどは、アフリカからの奴隷を補完するために8年契約でやってきた人々だった。待遇もアフリカ人奴隷とは違っていた。乗り換えのマニラ港からの航海中に命を落とした人も少なくなかった。

それでも14万人の中国人が上陸し、キューバのメスティソ（異人種間結婚による子）人口を増やす一因となった。一説には、現在のキューバはスペイン系、アフリカ系、中国系が3分の1ずつと言われる。

初期の中国人移民は、スペインからの独立をめざした第一次キューバ独立戦争（１８７８年終結）で兵士として戦うなど忠誠心を示した。キューバの国民的英雄であるホセ・マルティは、２０００人の志願兵が命を落としたことに触れ、「キューバ系中国人は、脱走兵も裏切り者も一人としていなかった」と宣言した。

ホルヘは、「これは、華人の高潔な人格を物語っている」と説明する。

１９００年代に入って最初の30年間に、自国での貧困から脱出するため、広東省からの移民第2陣が上陸した。米国での耐え難いほどの偏見や人種差別から逃れようと、カリフォルニア州からも５０００人以上がやってきた。１９５０年代には、バーのマリッツァの父やアレハンドロのように、最後の一団が上陸する。こちらは、共産主義化した中国や、植民地である香港・マカオの不透明な将来から逃げてきた人々だ。

昔のチャイナタウンの写真があるのだろうか。ホルヘによれば、過去の写真は、革命後、保管のために1枚残らず政府の公文書館に移されたという。民族性を出すことが社会的タブーとされたことから、中華会館は過去の写真を政府に差し出さざるを得なかったのだろうか。それとも、カストロが葬り去りたかった革命前のキューバの醜い面だったというのか。私は後に、先ごろキューバから亡命したある人物から、今挙げた両方の説が間違いではなかったと聞くことになる。

ホルヘは資料室を施錠してから、私を外まで見送ってくれた。別れ際、ハバナ中華会館のこれまでの尽力について、本当に頭の下がる思いだと伝えた。かつては拡大を続けていたコミュニティの保護・支援活動、そして現在は消えゆくコミュニティの軌跡を骨身を惜しまず記録することに取り組んでいるからだ。

ホルヘが改めて言う。

「みんな自分たちのルーツからは遠く離れた場所にいますからね。異国の地では、互いに助け合うことが必要なんです」

時間旅行の最後の夜

龍崗レストランは、1950年代の香港のダンスホールがそのまま抜け出てきたような装飾だ。ダイニングテーブルにはずいぶん年季の入ったテーブルクロス、バーカウンターの隣にはペプシのロゴ入り冷蔵庫。シーリングファンは力なく回り、店の奥では2人のウェイトレスがテーブルに座り、くすくすと笑いながらピザボックスを組み立てている。どの中華料理店でも一番人気のメニューは、テイクアウトのピザだ。客が行列を作り、オーブンで焼き上がるそばから飛ぶように売れていく。ピザに限らず、キューバではオーブン料理は人気がある。

午後3時ごろとあって、店内はがらんとしている。例の甘い歌声のフェルミンが窓際で待っていてくれた。誰かが彼にコーラを手渡す。ポケットから色褪せた新聞の切り抜きを取り出し、そっと広げて見せてくれた。写真は白いタキシードで踊るフェルミンだ。写真の下には「エル・チーノ・デル・カルナバル（カーニバルの中国人）」と説明がある。

「キューバの楽曲集」とラベルに書かれた自作編集のカセットテープをポータブルプレイヤーにセットした。そして、流れてくる『中国の幻想』に合わせて口ずさむ。

その日は、私のハバナ滞在の最終日。〝時間旅行〟を終えて現代に戻るときがきた。店内は悲哀に満ちている。歌も最後の一節に差しかかり、フェルミンの侘しさがますます際立つ。

僕が夢見るキューバの女よ
一緒に広東に行かないか
かの地であなたと愛を育みたい
もっと愛しておくれ
あなたに愛を捧げよう
広東で愛の女王になってほしい

私が別れを告げたとき、目の前にいるこの人が、かつてコンガダンサーとして名を馳せたと思うと、心が揺さぶられた。その時代も過去の話だ。今、フェルミンは、時が止まったかのような雰囲気の中で、人生の晩年を生き抜こうとしている。別の時代を生きた男が。だが、マレコン通り（訳注：植民地時代の建物が並ぶ通り）の建物のように、そこには荒廃の美がある。

第11章　大脱走

——サンパウロ（ブラジル）

１９６７年10月の月のない夜。まもなく真夜中というころ、19歳の李可紹《リーホーシャウ》は友達と海に飛び込み、自由を求めて４時間泳ぎ続けた。故郷の村を出て、海辺まで４日かけてやってきた。もはや戻る道はない。

李は、12歳のときから人民公社で働いていた。人民公社とは、１９５８年に始まった中国の大躍進運動の一環で設立された農業共同体の一つで、この大躍進運動を通じて国を共産主義社会に変え、西側社会を追い落とすと宣言していた。だが、いわゆる中華人民共和国大飢饉を招き、何千万もの人々が命を落とした。

それから８年後、文化大革命が始まり、中国は10年に及ぶ政治的、社会的混乱状態に陥ることになる。広東省南東部に住んでいた何百万もの人々がみなそうだったように、李もまた、この地から逃げ出す機会をうかがっていた。逃げ場として考えていたのは、英国統治下の香港か、その隣のポルトガル統治下のマカオだ。

香港のほうが経済的にチャンスは大きいが、李から見ると香港は、珠江の河口に広がる入江の向こう側になる。一方、マカオは、李の故郷である広東省中山の村と地続きで距離的には近い。だが、陸路でマカオに逃げ込むのは、難易度が高く危険も伴う。国境警備隊が絶えずパトロールしていて、何かあれば見境なく発砲しかねなかった。

多くの人々は「自由への遠泳」をめざした。

海に入ったら引き返すなんてあり得ない

ゴムチューブやサッカーボールのチューブなど間に合わせの救命具にしがみつき、冷たい水温、潮の満ち引き、突然の嵐と戦いながら4～6時間ほど泳ぎ続けた。パトロール中の中国の小型砲艦に捕らえられる者もいた。サメに襲われたり、こむら返りや疲労で動けなくなったりして溺れてしまった不運な人々もいた。

李と友人は、1年がかりでマカオへの脱出計画を立てた。海に入り込めそうな場所の下見を重ね、暦でこの海域の潮の流れや満ち引きを調べた。泳ぎに自信はあったが、それでもトレーニングで体を鍛えた。

サンパウロの静かな一角にあるレストランのテーブルで李が若き日の記憶をたどる。「チャンスが来たら、急いで出発する」と考えていた。現在50代半ばだが、日焼けした引き締まった体格はまだ水泳をやっていそうな雰囲気を保っている。

大陸からマカオに入る通行許可証はない。見慣れぬ顔が付近の村を歩いていれば怪しまれる。だから行動は自ずと夜になった。マカオに近い海沿いにたどり着き、きれいな服一式をビニール袋に入れて縛った。

「海岸前の道路は、警察犬を連れた警備隊が20分おきに通過するんですよ。だから通過したら10分待って道を渡って『撲通《ポトン》！』ってね」

「ザブン」を意味する中国語の擬音語を交え、水に飛び込む様子を手で示す。

泳ぎ始めて30分ほどして、友人はこむら返りになり、脱走を断念してしまった。それでも李は独り泳ぎ続けた。もう海に入ってしまった以上、引き返すなんてあり得ないと考えたからだ。だが、すぐに考えを改め、友人を探しに岸に戻った。

「見つけるまでに30分くらいかかったな。友達は『何で俺を置いて行かなかったんだ』って言うんですよ。『捕まるときも一緒。ゴールするのも一緒だ。それが友達ってもんだろう』と声をかけました」

それから4時間後、澳門電力（マカオ電力）発電所近くの岸に2人そろってたどり着いた。その年だけでも何千人もの同胞が同じ難関を突破していた。バスに乗ることは避け、事情をわかってくれそうな人力三輪車のおじさんを見つけて、安全な李のおばの家まで送り届けてもらった。

「その晩は眠れなかったですね。われながらよくやったなって、感慨に浸っていました」と30年以上前の喜びを振り返る。

「これだけで映画1本撮れますよ」と李に声をかけた。似たような話は過去に何度も聞いたことがあるが、それでも李の成し遂げたことに畏敬の念を覚える。
「いやいや、そんな特別なことじゃないよ」と李。「自由が欲しけりゃ、選択の余地はないからね」

鴨のローストのレタス巻き、ナマコと椎茸の煮込み

今晩は、ブラジル全体がピリピリしている。ロナウドは絶好調なのか。ドイツを破ってワールドカップ5度目の優勝を飾ることができるのか。熱のこもった、流れるようなプレイスタイルのブラジルサッカーが、機械のように正確なドイツチームの前に敗北を喫するようなことがあれば大きな痛手だ。

クォイ、録音担当のマーク・バリノを伴ってサンパウロ入りしたのは、2002年ワールドカップ決勝の2日前だった。サンパウロ全体が緊張感に包まれ、日曜に控えた世紀の対戦を心待ちにしている。オペラ『トゥーランドット』ではないが、まさに『誰も寝てはならぬ』といった雰囲気だった（そういえば、『誰も寝てはならぬ』は、1990年ワールドカップイタリア大会の非公式テーマソングでもあった）。

サンパウロは、都心部に人口1200万人を擁し、南米随一の規模を誇り、ポルトガル語圏で最多人口の都市でもある。また、レバノン人、イタリア人、日本人、ポルトガル人の移民数も世界最大だ。伝説的な大通りや高級な地区の散策もいい。都心部にあるサンパウロ植物園を見学し、サンパウロ美術館のモダニズム建築に息をのみ、旧市街中心部サンベントをぶらつくのも楽しい。

たいていは、イライラするような交通渋滞につかまり、人口過密のひどいスラム街や貧民街に出くわす。高速道路高架下のむき出しの土の上や荒れ果てた工業地帯では、少年たちが裸足のままでサッカーボールを追いかけている。ずいぶん前に廃墟と化した工場はすっかり錆で覆われている。

だが、今日の町は、熱狂のパーティー会場だ。ふだんは買い物客で賑わうビンチ・シンコ・デ・マルソ（「3月25日通り」）には、多くの人が集まり、祖国の応援で熱気に包まれている。ブラジルチームのテーマカラーであるカナリアイエローとグリーンに染められた紙吹雪や飾りリボンがあちらこちらに舞う。爆竹が頭上で鳴り響く。バーから常連客が次々に通りに飛び出し、車が立ち往生している。

大通りでは、車がひっきりなしにクラクションを鳴らし、さしたる理由もなく車を停める。ただただ、ブラジルチームの応援のためなのだ。横浜でのキックオフは、まだ36時間先にもかかわらず、だ。（訳注：２００２年W杯は日韓開催）

清蒸石斑《チンジンセッパーン》（ハタの姿蒸し）がテーブルに運ばれてきた。醤油の照りが美しく、生姜、ネギが彩りを添える。このハタは、今朝、世界第3位の規模を誇るサンパウロ中央卸売市場（ＣＥＡＧＥＳＰ）に行く李に私もお供して、仕入れてきたものだ。目の前にある姿蒸しの繊細さや火の通り具合は、香港最高峰の海鮮料理店にも引けを取らない。

李の店、「ヘスタウランチ・フアン（香満楼）」で最初のディナーを堪能した。並木道のある高級なビラ・マリアナ地区に、しゃれた雰囲気でありながら、学生でも気軽に利用できるレストランを開きたいとの李の思いが詰まった店だ。正面の看板には、「上質な中華料理」とポルトガル語で書かれている。

渡辺潤が私たちに合流した。日本人にしては背が高く体格もいい。たまたま3ヵ月前にアマゾン旅行で知り合った。ブラジル北部のマナウスにある日系企業に勤めていて、ポルトガル語が堪能だ。大学でスペイン語のクラスを取っていたため、彼にとっては「セン・プロブレーマス」（問題なし）なのだという。

彼の身の上話を聞くと、鏡に映った自分を見ているような気分になる。彼はマレーシアとシンガポールで育った日本人で、私は思春期を日本で過ごしたシンガポール系中国人だ。どちらも米国で工学を学び、最終的に別の国で働いている。完璧とは言えないが、互いに相手の母語を話すことができる。彼の中国語は立派なもので、片言ながら広東語もいける。私は日本語の会話なら難なくこなせる。

渡辺は、私たちが取材に訪れる1ヵ月前にサンパウロに赴任してきたばかりだが、ロケ後の娯楽まで手配してくれた。ここに書くのは憚られるものもあるので、このくらいにしておこう。私は、こうした〝夜の遠足〟の半分は失礼させてもらった。何しろ丸1日の長いロケの後だ。クォイとマークは、体力もアルコールの入るスペースもまだ残っているので、私の分まで楽しんでもらった。だが、基本的に渡辺との食事は楽しい。東南アジアで育った彼は、自分で注文した中華料理にも詳しい。

　2階では、台湾系ブラジル人グループがテーブルを囲んでいた。2階に料理が運ばれると、階下の私たちのテーブルにも同じ料理が来た。素朴な西洋菜猪骨湯《サイユンチョイジュガットン》（クレソンと豚骨のスープ）、広式焼味《シウメイ》拼盤《ピンプン》（広東風焼き物盛り合わせ）、生菜葉包片皮鴨《サンチョイイップペンベイガップ》（鴨のローストのレタス巻き、いわば北京ダックのヘルシー版で、味付けはネギと海鮮醤）、そして本日のメインディッシュである香菇燴海参《ホングーウイホイサン》（ナマコと椎茸の煮込み）だ。

　メインは食感と味わいの絶妙な組み合わせが楽しめる。中国人は食べ物に多種多様な食感を取り入れている。四川高等料理学院で料理を学んだ最初の西洋人であるフーシア・ダンロップの言葉を借りれば「マウスフィール」（中国語で食感を意味する「口感」の直訳）だ。例えば、クラゲ、鴨の舌、鶏の足などが代表例である。

　風味がないが高タンパクで大きなナメクジのような姿のナマコは、海底に生息している。コリコリとした食感に加え、薬用の効果にも定評がある。一説によれば、関節炎、頻尿、さらには勃起不全にまで効くそうだ。椎茸には、うまみがある。

　これはすごい。感動のごちそうである。李が建築家だったら、折衷主義の名建築になったのではないか。

「本場の味になってますか」

　食事も終わろうというころ、李が厨房から出てきた。

「もうイチコロ、昇天ですよ」

絶賛せずにはいられない。

「今日のディナーは2階のゲストに提供したものなんです」と李。

「ほかのメニューは、本場の味ではなくて、ブラジル人相手の〝なんちゃって中華〟です」

そう言ってブラジルで特に人気の中華料理として、腰果鶏丁《イウグォガイデン》（鶏肉とカシューナッツの炒め）、芥《ガーイ》蘭牛肉《ラーンガウヨッ》（カイランと牛肉の炒め）、酢豚、洋葱牛肉絲《ヨンチョンガウヨッシ》（細切り牛肉と玉ねぎの炒め）の4つを挙げた。

「仕方ないですよ。現地の人たちが食べたいって言うんだから」

私は李の気持ちを思いやった。

「ブラジル人は、塩を使わず、化学調味料と醤油だけで料理すると教わったみたいでね。こちらの中華料理店はどこもそんな料理ばかりですよ」と愚痴をこぼす。

世界中の中華料理店を食べ歩いてきた身だからよくわかるが、本場の中国の味が客の好みに合わない場合、本物の味を維持することがいかに難しいか。

どんな料理も外国の影響があるし、新たな食材も入ってくる。カシューナッツは中国原産ではない。ブラジルを植民地にしていたポルトガル人が1550年代からカシューナッツの輸入を始めていた。だからといって、腰果鶏丁が本場の中華より劣るわけではない。

「じゃあ、腰果鶏丁は本物の中華風ブラジル料理ってことですね」と笑った。

私の場合、子供のころに食べた記憶を呼び覚ます味なら、「本物」と判断している。

焼きたて熱々！「自家製エッグタルト」

そんな話をしているうちに、李の妻、黄艶湘《ウォンインション》が私の思い出に残る大好物を持ってきた。トレイに並んでいたのは、焼きたての熱々の蛋撻《ダーンタッ》（エッグタルト）である。

「わー、自家製ですか！」

クォイが興奮して身を乗り出した。トロントでランチに飲茶を楽しんでいたとき、クォイが夢中になってエッグタルトを平らげていたのを覚えている。

「ええ、そうですよ。まだ練習中だけどね。うちは小さな店なので何でも自分たちでやらないとね」と黄。それが少々謙遜し過ぎであろうことは、にっこり微笑む表情を見れば察しがつく。

渡辺がまず一口食べるや、「甘過ぎず、しょっぱ過ぎず、ちょうどいい」と童話『3びきのくま』の主人公ゴルディロックスみたいなセリフでほめた。

「サンパウロでこの味を出せるのは、うちだけですよ。よそのは、こんなになめらかにならないですね」と李が顔をほころばせる。

エッグタルトは、香港の菓子・ケーキ店や、茶餐庁《チャーチャンテン》と呼ばれる喫茶を兼ねた香港式軽食堂で人気の一品だ。広東式エッグタルトは、きつね色のサクサクとしたパイ生地に繊細でなめらかなカスタードクリームがたっぷり詰まったもので、ブラジルの街中で見かけるポルトガル式のエッグタルト「パステル・デ・ナタ」よりもずっと軽い。

エッグタルトは、英国のカスタードタルトにヒントを得たと言われている。パステル・デ・ナタ(香港では「葡撻《ポータッ》」と呼ばれる)は、ポルトガル統治下のマカオに持ち込まれたもので、私としては、これが広東式エッグタルトに多大な影響を与えたと考えている。

「師傅《シーフー》、次の世代に技を伝授しようと思ったことはありますか」

渡辺が武術の達人を指す中国語で呼びかける。

「華人にもブラジル人にも教えようとしたことがあるけどね」とため息をつく。「でも、さっぱり身につかないんですよ。こればかりは、どうしようもない」

「身につけるのは、そんなに難しいんですか」

「どうでしょうね。私も師傅(師匠)の背中を見て覚えました。でも、若い人たちはそれじゃ無理みたいでね。毎日、料理の味が変わっちゃうんですよ。何度教えても、身につかないんです。正しいローストの仕方を教えようとするんですが、(肉を)うまく回すこともできないんですから」

翌日の午後、李が厨房の奥の磁器タイルで自作した炭火の窯で、広東式の焼乳猪《シウユージュ》(子豚ロースト)を4時間かけて焼き上げるところを見せてもらった。手で串をゆっくりと慎重に、一定のペースで回し続ける。焼き上がったところに、台湾人の客がBMWで乗りつけ、トランクを開けて、こんがり黄金色のパリパリの皮の子豚の丸焼きを収め、満足そうに帰っていった。

山を越え海を泳ぎ18歳で中国脱出

妻の黄艶湘は50歳。「ふだんは、全体の抜かりがないように整えるまとめ役です」と控えめに、しかしきっぱりと語る。「元々、ずいぶんのんきな性格でした。農場で働く必要はなかったので、自由の身になる方法を探し回っていました」

ヘスタウランチ・フアンで過ごす暑く気だるい午後だった。黄が夫の李とともに厨房から出てきた。休憩時間だ。大脱走の物語の続きを聞かせてもらう。

文化大革命のころ、黄と李は10代。毛沢東の「革命続行」の呼びかけに紅衛兵が応じ、「走資派」(資本主義擁護者)や「反革命勢力」とみなされた人々を誰彼かまわず迫害した。李の祖父は地主、黄の父は広く尊敬されていた医師という生い立ちから、どちらも反革命の「黒分子」とみなされていた。つまりは労働者階級の敵とされたのである。

黄は15歳のときから中国脱出を計画していた。「脱出したいという欲望が燃えたぎっていました」と黄。

脱出計画を練っているころ、李の村で2人は出会う。「恋人探しで行ったわけじゃないんです」と、笑いながら夫のほうを見る。「彼は人民公社の農場で働いていたから、仲間を集めて準備するような時間がなかったんです。それで私が仲間を集めて、彼にも一緒に来てほしいと誘ったんです」

「政治活動への参加は一切認められていなかったんですよ」と李。

「そのころですね、私も中国脱出を考え始めたのは」

そこで一緒に脱出することを決めた。だが一つ問題があった。最初に脱出を考えていた黄は泳げなかったのだ。1967年、まず李にチャンスが訪れたが、黄は同行できなかった。

「翌年、泳ぎを習い始めたんですよ」と黄。「誰かに見られたらどうしようと不安で。それで小さな川で練習を始めました」

黄が最初に脱出を試みたのは1968年。3人の仲間と一緒だったが、失敗に終わる。村から出て数時間後に山の中で捕まってしまったのだ。彼女が責任を一身に負い、計画全体の首謀者は自分だと当局に話した。90日間、拘束されたが、拘置所でも脱走の計画を練り続けていた。

「みんな、私のことを勇敢だと言うんですよ。たぶん家族が一晩ですべてを失うのを目の当たりにしたからでしょうね。中国に対する信頼は完全になくなっていました」

4ヵ月後、やはり10代の別の仲間3人とともに、再び脱出に挑んだ。当時、非常に寒かったが、翌年まで待てなかった。

前年に李らが挑んだように、黄ら4人も村から60キロ歩き、マカオ対岸の湾をめざした。着替えは持たず、食料はごくわずかしかない。道中の村に差しかかると、「イヌが吠え出して、村人が追いかけてきた」。必死で走り続け、足からは出血するほどだった。

山の中で4夜を過ごし、何度か迷いながらも、最終的に海岸にたどり着く。ここまで来ても、警備犬から逃れ、照明弾が打ち上げられれば岩陰に身を隠していた。真夜中になるころに、少年2人、少女2人が互いにロープで体をつなぎ合い、そっと海に入った。

突然、少年1人がこむら返りになる。相棒の少年が薬用油を塗ってやる間、少女2人で少年たちを引っ張る連係プレーだった。2時間が経過し、黄に不安と疲労が襲いかかる。本当に陸にたどり着くのか。

4人は対岸の光を頼りに泳ぎ続けた。最終目標の光はマカオ電力の煙突の光だ。力を振り絞って海から上がった場所は、まさしく李らが前年に上陸した地点だった。周囲の安全を確認後、早速、香港のいとこに連絡を取ると、すぐにフェリーに飛び乗り、マカオまで迎えに来てくれた。フランス産シャンパンを開けて脱出成功を祝った。

「どれほどうれしかったか、言葉では説明できませんよ。うれし過ぎて、空腹のこともすっかり忘れていました。何日も食べてなかったんですけどね」と振り返る。「ただ、〝偷渡《タウド》〟を成功させるって自信はいつも持ってました」

「偷渡」とは「密航」とか「不法越境」という意味で、60年代から70年代にかけて中国国境を越えて脱出した行為を指す香港の言葉だ。そのとき黄はまだ18歳にも満たなかった。

そのころ、李は有名広東料理店で修業の日々だった。

「マカオの生活は悪くなかったですね。学校をきちんと出ていないので、料理に必要なことは何でも吸収してやろうと決心しました」

さて、黄は、李との3日間の逢瀬を楽しんだのもそこそこに、いとこらの協力で香港に潜り込み、工場での職にありついた。賃金は「どうにか生きていける」程度の額だったが、何よりも大切だったのは、雇い主の支援で在住許可を取得できたことだった。私が話を聞いているうちに、あんな危険な行為に挑もうとする娘を許してくれた母親の気持ちに思いを馳せたと見えて、李の表情にどこか寂しさが漂う。実は母親は最近、この世を去ったばかりだ。

「母が、これはあなたの運命だからと言っていましたね。父も、私の好きなようにさせてくれて。両親は私が香港への脱出を計画していると知っていました」と黄。

「あれから、もう30年も経つんですか。昨日のことのようですけどね」

そう漏らす李の声には、郷愁の思いが滲む。

「この人は、私ほど無鉄砲じゃなかったから」と黄が夫に目をやり、雰囲気を明るく変えた。「私は、怖いもの知らずだったんですよ。本当に山を越えて、海を泳いで渡るなんて、みんな信じてくれなかったですね」

「そりゃあ、生まれてから一日だって働いたことがなかった人だから。5キロのかばんも持ち上げられなかったんですよ」と夫がたしなめる。

「私、医者の娘だったでしょ。農作業なんて一日たりともやったことがなかったんですよ。裸足で歩くなんて、めっそうもない。靴がなきゃ！」と黄が笑う。

2年半後、李もマカオから香港に潜り込み、親戚を通じて配達の職にありつき、在住許可を取得した。だが、60年代後半になると、中国の文化大革命が香港にも波及してきた。香港でも毛沢東信奉者らがデモを展開し、ついには暴動に発展した。

李と黄は、気が抜けなかった。2人にとって香港はとても小さく見えた。そこで、2人で話し合い、再び人生の転機となる決断を下す。最初の挑戦に比べればリスクは少なかった。婚約中であることを理由に、黄のおじが暮らすブラジルへの観光ビザを取得した。

「ほお、2人ともプロ級の不法移民じゃないですか」

私は思わず声を上げると、一同が吹き出した。私は、60年代中ごろに香港で育ったから、自由を求めて海を渡った人たちの話はよく知っている。その当事者が今、目の前にいる。

不法移民の屋台からレストラン6店舗の経営者に

李と黄は1972年リオデジャネイロに上陸する。現地で結婚し、親戚の協力もあってパステラリアをオープンした。パステラリアというのは、小麦粉の生地にひき肉やチーズの具材を包んで揚げたパステウ（訳注：ポルトガル語では「パステル」だが、ブラジルでは語尾のL音が「ウ」に近い音になる）と呼ばれるブラジル伝統のファストフードを売る軽食堂だ。半円形や長方形の片手で持てるサイズの具入りパイである。ブラジルに移住する中国人が最初に手がける商売が、このパステラリアだ。当地の広東人は、小さな揚げ菓子を意味する「角仔《ゴッジャイ》」と呼ぶ。一説によれば、このパステウは、日本人移民が中国の揚げ餃子を軽食として露店で売ったのが始まりと言われている。この食べ物も、一周して振り出しに戻ったのである。

私は、この小さな揚げパイの大ファンになってしまい、街のパステラリアに一日に2度、3度と立ち寄っている。何しろ、街角に必ず1つはあるのだ。いろいろな具材を試し、カウド・デ・カンナという搾りたてのサトウキビジュースで流し込むのだ。かつてはイタリア人移民がこの商売をしていたが、ここ数十年、中国人移民が取って代わった。

「中国人のほうがおいしいパステウを作るんですよ。化学調味料を入れるから」と李がチクリ。中華料理に対する世のイメージを単に茶化しているだけなのか、真意はわからない。

夫妻は、息子のルイスが生まれたのを機にサンパウロに移り、パステウ販売の商売を続けていた。

「当初は本当に生活が苦しかったですよ」と黄。

「子供たちはまだ幼いし、商売はなかなか軌道に乗らないし。潤沢な資金があったわけじゃないので、とにかく生き抜くことで精一杯でした」

10年後、李の焼味（ロースト料理）の腕前を聞きつけた台湾人の友人から、自分で店を開くよう勧められた。それが、リベルダージ地区の「ルーア・ドオウロ（金月酒家）」だ。それから20年の間に、夫妻は勤勉さと起業家精神を発揮し、さらに5店舗を開くまでになった。1996年に、「ヘスタウランチ・ポルト・ベルメーリョ（赤い港）」をオープン。今も夫妻は家族でこの店の上階に暮らしている。続いて3年後には、私たちがディナーをいただいたヘスタウランチ・フアンを開店する。

私たちが訪ねた前年には、サンベントに「ヘスタウランチ・フアン・ヘイ」をオープンした。この店は、コミダ・ポル・キロと呼ばれる方式のレストランで、「コミダ」はポルトガル語で食事、「ポル・キロ」は「キログラム当たり」の意で、転じて、量り売り式ビュッフェのレストランである。中南米では人気のスタイルだ。ランチタイムになると、会社から昼食クーポンを支給されているオフィスワーカーで混み合う。

サンベントから丘を下ってくると、ビンチ・シンコ・デ・マルソ（「3月25日通り」）というショッピング街が広がる。この地区は、露天商がずらりと並び、ハンドバッグにランニングシューズ、家電、玩具、宝飾品から、果ては偽グッチや偽ロレックスまで、買えないものはない。大量販売が多く、価格も安い。19世紀にレバノン人移民の波が何度も到来し、定住が始まった。１９８０年代になると、今度は中国、韓国、ギリシャ、ポルトガルからの移民が増えていく。5階建ての「ショッピングオリエンタル」というショッピングモールには、３００店以上が出店しているが、経営者のほとんどは、最近、中国本土から渡ってきた人々だ。

中国が80年代に国境を開放すると、多くがブラジルへの移住に乗り出した。李夫妻も、30組以上の親族がブラジルに定住するのを手伝ってきた。黄が言う。

「これまで親族が5、6人来て、うちの店で慣れてもらいましたね。こうやってすべてが始まるんですよ。今でも、うちで働きたいという人がいれば、どの店舗でも受け入れます。仕事がなければ、うちが用意します」と李（リベルダージにある店舗は現在、いとこが切り盛りしている）。

私が取材してきた多くの人々が異口同音に語っているように、見ず知らずの異国で足がかりを見つけ、後から来る人々に手を貸す手段が、中華料理店の経営なのだ。

70年代に李と黄がブラジルに渡った当時、現地の華人は3万人ほどだった。その多くは、中国の同郷の村出身の先輩移民を頼る、「ペーパー・サン（書類上の息子）」だった。また、同じ時期に台湾からも大量の移民があった。

ブラジルは、必ずしも中国人移民にとって最初に名前の挙がる移住先ではない。エルサルバドルやコスタリカといった中米諸国のほうが入国しやすいこともあって、人気を集めている。中には、パラグアイに入国後、密入国の形でブラジルに入った人々もいた。現在、ブラジルには50万人以上の華人がいて、サンパウロだけで20万人近い。80年代には多くが不法に入国したが、数度の恩赦を通じて市民権を得ている。

サンパウロの日本人街で「中国式ソーセージ」を売る理由

私が訪れた多くの都市とは違い、サンパウロには伝統的なチャイナタウンはないが、一部の中国人移民がリベルダージの「日本人街」にレストランや商店を開き始めた。

日本人がブラジルに大挙して移住を開始した１９００年代は、日本の封建制度が終焉を迎え、農村部に貧困が拡大していた時期に重なる。移民の大部分は、仕事を求めて新天地をめざした人々で、特に人気だったのがコーヒー農園だった。現在、ブラジルは、世界各地にある日本人街の中でも最大規模を誇り、１００万人以上の日本人を擁する。異人種との結婚による子孫も含めれば日系人口は２００万人近くに達する。

ある日の午後、李と一緒にリベルダージ地区の散策に出かけた。入り口では鳥居が迎えてくれた。日本料理店や日本食品店、土産物屋、仏教寺院、アートギャラリーなどが軒を連ねる。旅行代理店では、大阪行きの格安航空券を宣伝していた。

中国人や韓国人が流入してきたのは、この20年のことだ。プラッサ・ダ・リベルダージで開かれる「フェイラ・デ・ドミンゴ（日曜市）」は、アジア系ストリートフードのパラダイスだ。巻き寿司、焼き鳥、お好み焼き、焼きそば、餃子などが並ぶ。韓国の餅や中国の春巻きも負けてはいない。

華人経営の食料品店の店頭には、中国式ソーセージの「臘腸《ラプチョン》」、鴨のレバーソーセージの「膶《ユン》腸《チョン》」、中国式ベーコンの「臘肉《ラップユック》」など、黄が〝赤い港〟の小さな厨房で自ら腕を振るった自家製の加工肉が並んでいた。

後で黄に聞くと「あれは夫の趣味なのよ。友人から頼まれて、ああいう干し肉を作ったの。それがきっかけで商品化したんです」。

私はこの夫婦の料理の腕にすっかり心をわしづかみにされていた。実力を証明するのに、これ以上何か必要だろうか。大手メーカーの向こうを張って、自家製干し肉を売ったところで合わない仕事だ。また、ごくわずかな客しかオーダーしない子豚のローストをメニューに載せなくても十分やっていけるはずだ。

だが、李夫妻にとって、それは食べていくためというよりは情熱に突き動かされているのだ。料理術を極める情熱である。

「いろんな理由があって帰ってきたんです。ブラジルも家族も友達も全部懐かしくなっちゃって」

そう話すのは、夫妻の息子、ルイス・リー（李忠涵）だ。私たちは、翌日にワールドカップ決勝戦のパブリックビューイングを控えたパウリスタ通りを歩いていた。

「いい仕事につきたいですね。そうすれば妻も呼べるので。最近はブラジルで暮らすとメリットも多いんです。いろいろな意味で生活の質を上げられると思います」

ワールドカップの熱狂のせいかもしれないし、ブラジル人としての血は隠せないということなのかもしれない。カナダから数週間前に戻ったばかりのルイスは、27歳。クルーカットがよく似合う。10年前にカナダの学校に入り、卒業後はそのまま就職し、本人の希望で今年帰国した。だが、決断までには紆余曲折があった。まず、トロントで出会って結婚したベネズエラ人の妻カーリーを説得する必要があった。

「華人以外との結婚に両親は何も言わなかったですか」

これを聞かないわけにはいかない。

「両親からは、華人との結婚を勧められていました。いつもそんなことを言われていましたね」とうなずく。「でも僕はブラジル人女性のほうが好みです。カーリーと付き合うようになって、僕が人生の伴侶にしたい相手なんだと両親も理解してくれました。彼女を受け入れてくれたんです。今はすべて順調です」

人種差別についてはどうか。

ルイスによると、ブラジルはカナダ以上に多文化国家だという。例えば、ブラジルに暮らすレバノン系住民は、レバノンの総人口を上回るほどだ。それに各民族集団が独自の文化を守ろうとする一方で、ブラジル人ならではの共通のアイデンティティもある。ルイスが説明する。

「ほら、国が一つになって、同じサッカーチームをみんなで応援しているでしょ？　単なるスポーツではなく、ここでは宗教みたいなもの。それぞれお気に入りのチームがありますが、ワールドカップ中はブラジル代表チームのために一致団結するんです」（ふだんルイスが応援しているのは、かつてペレが在籍したサントスFCだ）

パウリスタ通りには、ペトロブラス、ブラジル銀行、テレフォニカブラジルなど、ブラジルを代表する企業が軒を連ねる。明日朝には、この中南米で最も有名な通りに何万人ものファンが試合を見守ろうと続々と押し寄せてくる。

だが、今晩は気味が悪いほど静まり返っている。

「試合の予想は？」

「2対1。ブラジルがドイツを下しますよ」と答える。

近所の新聞売り場には、タブロイド版のスポーツ新聞が何十紙も並び、そのほとんどが1面に、この試合に合わせたという奇抜なヘアスタイルのロナウドの写真を載せている。額の上に半円形に前髪を残し、その他の部分は剃り上げている。1紙を取り上げ、ルイスに見出しを翻訳してもらった。

「ブラジルが最後に笑うことを願う」

ブラジルは故郷みたいなもの

明け方。地下鉄は、イエローとグリーンに顔をペイントしたファンですし詰め状態だ。ゆうべからずっと営業していたバーからは、常連客がどっと通りにあふれ出す。渡辺潤は、身長180センチほどの大柄な体にアロハシャツ、グリーンとイエローの道化師風のジェスターハットといういでたちだ。一方、セレソン（ポルトガル語で「選抜」を意味し、転じて代表チームを指す）ブルーのユニフォームを着たルイスは、若干控えめとはいえ、みんなの応援に声を合わせている。

8車線の大通りに設置された巨大スクリーンの下には、ファンが密集している。ブラジルが攻撃を仕掛けるたびに熱狂し、シュートを外すたびに嘆くといった具合に大騒ぎだ。

ロナウドが1点目を決めると、群衆は喜びを爆発させた。

背後では、バンドが延々と演奏を続けている。どこもかしこも狂喜乱舞である。ロナウドが再びゴールネットを揺らす。バンドの演奏がますます熱を帯びる。渡辺とルイスがハグをし、歓喜のダンスを始めた。

やがて試合終了のホイッスルが響く。ブラジル、優勝。

ペンタ・カンピオインス！　5度目の優勝だ。

ペンタ！　ペンタ！

感極まった群衆が「5度目！　5度目！」と声を合わせる。町全体がお祝いムードに包まれる。パステラリアも食料品店もカフェも人があふれ、お祭り状態である。人々の表情は喜びにあふれている。車のサンルーフから突き出したブラジル国旗がはためく。爆竹が次々に炸裂する。まだランチタイムにもなっていない時間だ。

ここ数週間、ブラジルの通貨、レアルが売られ続け、金融市場は急落していた。だが、今となっては些細なことだ。再びすべてが上向く。この国は安心して眠りにつくことができる。翌日の月曜日は、急遽、国民の休日になった。サンパウロはもちろん、多民族で衝突の多い国全体が一つになって夜通し快挙を祝うのだ。いや、1週間続くのだろう。

ルイスと一緒に、お祝いのランチを食べに、両親が営む店に向かった。道すがらルイスが「僕は中国系ブラジル人ですが、いろんな意味で華人よりもブラジル人寄りだと感じています」と打ち明ける。両親の過去の経験について感想を尋ねると、「中国を脱出してブラジルに渡って新しい人生を始めるなんて、ものすごい勇気ですよね。この地域でもみんなから好かれているし。夢を実現しようと努力したことは本当に素晴らしいですね。母は物静かな女性に見えますが、実は我が家の決定権を握っているんです。こんなに意志の強い人に会ったことがないって、みんな言っています」。

「ここは私たちの故郷ですよ」

そう言いながら李がテーブルに加わった。

「10代で中国を飛び出して、香港とマカオで5、6年過ごしました。でも、人生の半分以上は、ブラジルですからね」

「ここの暮らしにも慣れたし。ブラジルは故郷みたいなものですね」と黄が応じる。「ブラジル人は人生を楽しむことに情熱を燃やしているんです」

第12章　アマゾンの麻婆豆腐

――マナウス（ブラジル）

ブラジルがワールドカップ5度目の優勝を手にした朝、私はスタッフのクォイとマーク・バリノを伴い、アマゾンの中心地に向かった。

最初に立ち寄ったのは、リオデジャネイロだ。ボサノバの大ファンである私は、何としても「ガロタ・ジ・イパネマ」というバーを表敬訪問せねばならない。かのアントニオ・カルロス・ジョビンが1962年に放ったヒット曲『イパネマの娘』にちなんで命名された店だ。ジョビンは、そのカフェバーのテーブルで、17歳の少女がビーチに向かって颯爽と歩く姿を眺めながら、この名曲を生み出したという。

観光名所の奇岩、ポン・ジ・アスーカル（別名シュガーローフ・マウンテン）に登るには、ロープウェーが必須だ。頂上に立てば、コルコバードのキリスト像に後光が差すように美しく輝く夕日を眺めることができる。なだらかな起伏の丘陵、きらめく青い海、どこまでも続く砂浜が広がる。世界のさまざまな街の景観の中でも、私のお気に入りの眺めである。次の立ち寄り先は、バイーア州の州都であり、アフリカ系ブラジル人文化の中心地、サルバドールだ。

夕暮れになると、サンパウロ大聖堂前の広場プラーサ・ダ・セーにカポエイラが現れる。カポエイラとは、古代アフリカに起源を持つ武術で、奴隷によってブラジルに持ち込まれ、そこにブラジルらしいリズムが融合した結果、舞踊のようにも見える。演奏者が輪を作り、その中で2人1組が対決する。脳裏から離れないリズミカルな言葉の繰り返し、思わず見とれてしまうパーカッション、ビリンバウ（アフリカ起源の竹竿に1本の弦を張った民族楽器）のビョンビョンという響きが特徴的だ。

結局、ベッドにたどり着いたのは午前2時を回っていた。そして首都ブラジリアへの早朝フライトが控えているのだった。首都では、24時間の休息を予定している。この国の首都は、おもしろみのない都市計画の典型だ。1950年代半ばに白紙状態から創り上げた都市で、魂が抜け、生彩を欠く。

飛行機移動を繰り返した5日間を終え、ようやく到着したのは、エンコントロ・ダス・アグアス（二河川合流点）である（訳注：国内移動だが、サンパウロから寄り道しながら、ざっと6000キロ以上の旅となる）。ここでは、ペルーとコロンビアからの支流がマナウスでアマゾン川に合流する様子が見られる。黒っぽい水をたたえた「黒い川」のネグロ川と、明るい砂色のいわゆる「白い川」のソリモンエス川の合流で、この辺りがアマゾン川上流と呼ばれる。2つの巨大な支流は、水温、流速、水の粘度が違うため、合流後もそれぞれの色が混ざり合うことなく、6キロもツートンカラーで流れる。まるで半分がブラックコーヒー、半分はカフェラテといった見た目で、その様子は宇宙からも観察できる。そして、ここからアマゾン川下流とされ、さらに1700キロを流れて大西洋に注ぐ。

口全体が痺れて燃えるブラジル唐辛子

サンパウロの台湾人コミュニティに住む私の知り合いから聞いたところ、アマゾンで唯一の本物の中華料理店は、孫華傑（ジャック孫《スン》）が営む「ヘスタウランチ・マンダリム（真善美餐廳）」だ。なぜ唯一かといえば、そんなエリアに行く経営者がほかにいないからだ。聞けば、度を超えた高温多湿の地域だという。だが、孫はあえてこの地に乗り込み、30年になる。

マナウス中心の閑静なジョアキンサルメント通りに、ポルトガル統治下時代の3階建てのやや薄紅がかった黄土色の建物がある。マンダリムはここにある。店は60席。団体客にも対応した大きな丸テーブルもある。2階にもダイニングルームがあり、こちらは宴会用だが、1階の客があふれたときも使用する。厨房は3階にある。

店に入って最初に目を引くのが、入り口近くから続く2段のステンレス製ビュッフェカウンターだ。ダイニングルームの中国風の装飾は少なめだ。奥の壁に掲げられた額入りの書には、「食而康 食乃健」（食は健康なり）とある。

孫は、まもなく60歳を迎える。白髪が混じり、生え際も少し後退し、わずかに前かがみだが、それ以外は年相応だ。レストランの運営はスタッフに任せ、本人はビュッフェカウンターを清潔に保ち、蒸し器の温度をチェックし、スープや煮込み料理が焦げ付かないようにかき混ぜるなど、店内を歩き回りながら細かい部分に目を配る。

ここのビュッフェは、コミダ・ポル・キロ方式、つまり量り売り方式である。客は好きな料理を取ってから最後に会計をする。そこに立つのが、妻のリナ・ウー（呉南麗）である。料理の重さを量り、持ち前の度胸と愛想の良さで客の流れをてきぱきとさばく。

「景気は悪いね。みんな食事にいくらまで出せるか気にしているし」と、孫はビュッフェ形式にした理由を説明する。「これなら料金計算はとても公平ですよ」

一般的な焼き餃子、炒飯、炒麺（焼きそば）以外にも、燉牛尾《ドゥンニウウェイ》（牛テール肉の煮込み）、乾焼伊《ガンシャオイー》麺《ミエン》（訳注：卵だけで生地を練って油で揚げた艶やかな麺「伊府麺《イーフーミエン》」を使った焼きそば）、魚香茄子《ユイシャンチエズ》（訳注：「魚香」とは豆板醬、ニンニク、葱、生姜、酢などを合わせた四川風ソースで、魚とは無関係。これで茄子や挽肉を炒める）など、本格的な中華料理もある。

だが、孫の店の看板メニューは、麻婆豆腐だ。代表的な四川料理であり、直訳すれば、「あばたのあるおばあちゃんの豆腐」だ。おいしく作るのは難しく、四川紅辣椒《スーチュワンホンラージャオ》（唐辛子）、花椒《ホアジャオ》（訳注：カホクザンショウの実）、豆板醬など入手しにくい材料が必要になる。

おいしさの秘密は、花椒である。花椒は、中国語で痺れるような辛さを意味する「麻《マー》」味を生み出す。一方、ピリッとした唐辛子の辛さは「辣《ラー》」味だ。英語なら前者はスパイシー、後者はヒートと表現される。

「新鮮な花椒が欲しければ、たいていは航空便で中国から取り寄せる必要があります。こちらでは入手できないので、代わりにマラゲータという唐辛子を使っています」

マラゲータペッパーは、バイーア州を中心に、広くブラジルで使用されている。唐辛子の辛さは、スコビル値（ＳＨＵ）という単位で測られるが、マラゲータは6万〜10万ＳＨＵ。これに対して花椒は5万〜7万５０００ＳＨＵだ。

当然、合う、合わないの問題はある。

「うちのお客さんの98％はブラジル人ですから、その好みに合ったレシピに調整する必要があるんです」と孫は説明する。「ブラジル料理を提供しているのは、単にお客さんのつなぎ留めが目的です。料理がどこまで本場の味かなんて、お客さんは気にしていませんから」

ビュッフェに並んでいるブラジル料理には、フェイジョアーダ（黒インゲン豆と豚肉の煮込み）、ファロファ（キャッサバ粉を煎った付け合わせ）、ムケッカ（タマネギ、ニンニク、トマト、コリアンダー、ココナッツミルクで作るクリーム系の海鮮シチュー）などがある。

また、巻き寿司も、健康的な料理ということで出している。

「中華は脂っこいですが、たっぷり油を使って料理しないとおいしくないんですよね。最近は日本食のほうが人気があります。さっぱりしてますからね。商売としてはいいですよ」

中国人が海外に移住する場合、レストラン経営は仕事としてリスクが小さい。中華料理は世界的に普及しているので、需要は確実にある。だが、人気のレストランともなれば、仕事はきついし、長時間労働だ。孫の顔にわずかに見えるしわと疲れの色が何よりの証拠だ。以前は中国から料理人を招いていたが、気候が暑過ぎるために長く居着いたためしがない。

「それに、みんな自分が一国一城の主になりたいからね」と孫。

「地元の人じゃダメですか」

ふと思ってたずねた。

「町で唯一の家族経営の中華料理店で、ここで働きたそうな人もいますよ。スタッフとしてはいいんだけど、ダラダラしていて責任感のない人もいるんですよ。研修やしつけを相当やらないと」

こういうやる気のなさは、裕福過ぎて平和ボケしている国に暮らしているからだというのが、孫の見立てだ。確かにここでは何百年もの間、戦争はない。

「いい生活ができればそれでいいと思ってるんです。それで十分ということなんでしょう。華人とはずいぶん違います。前進したいし、勝負に勝ちたいし、ライバルを打ち負かしたいと常に考えていますから」

私はビュッフェカウンターで麻婆豆腐をたっぷり皿に取った。アレンジしているとは言うが、味は何も失われていない。豚ひき肉と硬めの豆腐に豆板醤ベースのチリソースが見事に絡み合い、そこに刻みネギをまぶし、辣椒油（唐辛子油）が垂らされている。口全体が痺れ、燃えるようだ。ああ、まさにこの感覚だ。

食事の締めは、ブラジル式のコーヒーだ。魔法瓶に作ってある砂糖たっぷりの冷たいエスプレッソを小さな紙コップに注ぐ。通常、どのレストランでも無料で飲める。ブラジルコーヒーはおいしいのだが、できれば「セン・アスーカル（無糖）」も用意してくれるとありがたい。

アマゾン地域初の中華料理店

マナウスは、アマゾン川沿いに無秩序に広がった大規模な都市で、ペルーアンデス山脈からも大西洋からも等距離の熱帯雨林の中央部に位置する。

マナウスの顔と言えるのが、浮き桟橋である。アマゾン川は時期によって水位変化が激しく、高低差が14メートルにも達するため、この高低差に合わせて上下するようになっているのだ。そのドックを一目見ようと世界中から観光客が集まってくる。この大河をフェリーが行き交い、乗客の乗り降りや貨物の積み降ろしに寄港する。マナウスから上流のコロンビアやペルーへは、1週間の船旅だ。乗客はハンモックを持ち込み、上甲板に吊って過ごす。いわばアマゾン版の寝台列車である（ブラジル南部からの陸路はない。何ごとも水路か空路を使うしかない）。

1967年、マナウスはゾーナフランカ（自由貿易地区）に定められた。ブラジル各地はもちろん、遠くはチリなどの周辺諸国からも移住者が新たなエルドラド（黄金郷）をめざして集まってきた。40万人だった人口は、150万人に膨れ上がった。

マナウスに工場を置いた場合、ブラジル北部のベレンまで5日かけて平底船で製品を運び、続いて陸路で物流拠点となるサンパウロまで2日かけて輸送しなければならない。それでも、税制面の大きな優遇措置を講じた結果、サムスンやパナソニック、ハーレーダビッドソンなどの多国籍企業の誘致に成功した。例えば、ホンダはマナウスで年間100万台のオートバイを生産している。とはいえ、マナウスには、今も辺境の町の雰囲気が残っている。どこか無法地帯の空気が感じられるのだ。密造酒が横行している。必要とあらば、合法だろうが違法だろうが手段を選ばず、荒稼ぎしているように見える。通り沿いのプールバーで「スコール」というビールのボトルを手にくつろいでいると、周囲にいる人たちがギャングや殺し屋に見えてくる。誰を見ても怪しそうに見える。隣のテーブルでは、上半身裸の男2人が囁き合っている。ビールを飲んでいる迷彩服姿の男は、威嚇するようにこちらを睨みつけている。

スピーカーからは、アン・マレーの曲のポルトガル語バージョンが流れている。

私を信じてくれたのね
私を信じてくれたのね

通りを歩いていくと、賑やかなショッピング街に出た。マイアミや中国から仕入れた安物の家電や玩具が並んでいる。みんな急いでいるように見える。角を曲がるや、驚いたのなんの。美しき優雅な時代の記念碑的な建築物である豪華絢爛なアマゾナス劇場が、目の前に現れたのである。

世界屈指の美しさを誇るオペラハウスと言われ、ゴムの生産ブームに沸いた19世紀末、イタリアから大理石を運んで建てられたものだ。金箔張りのホワイエは不気味なほどの静寂に包まれ、外の騒々しさとは別世界だ。過ぎ去りし時代が偲ばれる建物で、欧州の豊かな芸術・文化を熱帯雨林に再現することを目的に、あらん限りの贅を尽くした最高峰のオペラハウスである。

同時に、ここが辺境の地であることもわかる。19世紀にやってきた欧州の人々を含め、ひと山当てようと世界中から集まった移民たちは、母国を彷彿とさせる「何か」を持ち込もうとしたのだ。

地元市場での買い出しは、中華料理店オーナー共通の習慣である。ある日の早朝、私は、桟橋近くのメルカード・ムニシパル（市営市場）に向かう孫に同行した。市場が入る鋳鉄製の建物が建てられたのは1880年代。同じころにパリに建設された鉄とガラスの大型施設、レ・アル中央市場を模したものだ。

買い出しを始めて30年になる孫は、ここに出店する商店主の名前をすべて把握している。地元産の魚や肉、農産物の豊富な品ぞろえには驚くばかり。聞いたこともないトロピカルフルーツから、〝殺人魚〟のピラニアなど地元原産の多種多様な淡水魚まで何でもある。

「ピラニアの身はとても甘味があるんだけど、骨が多くてね。食用には向いてない。ブラジル人はスープにしているよ」

帰りの道すがら、買い出しは週2回に分けていると聞かされた。

「一度に買い過ぎると、冷蔵庫がパンパンになって食材が傷んじゃうんです。うちの妻なんて、1ヵ月分も買い込んでくるからね。スタッフだってお構いなしだ。経営するほうは楽じゃない。本当にくたくたになるよ。店の経営はもう疲れちゃったけど、息子たちには譲れないね」

アマゾンの中心でレストランを守り続けるには、どれほどの苦労と自己犠牲の精神が必要か。それは孫自身が一番よくわかっている。30年以上前に自ら選んだ道である。

孫が初めてブラジルについて知ったのは、『リーダーズダイジェスト』の記事だった。広大な国土だが、人口密度が低く、アジアからの移民、特に農業労働者を歓迎しているとあった。米国と異なり、比較的入国しやすいことも目を引いた。

冷戦時代、国民党は、台湾を権威主義的な統治下に置き、戒厳令を敷いていた。台湾海峡を挟んで「自由中国」と「赤い中国」が対峙する構図に、国民は心配や不安を募らせるばかりだった。多くが移住を決意した。

孫は台湾での仕事が好きになれず、世界を見たいと思っていた。農場での労働経験があったことが幸いして、移民ビザ取得に成功し、1967年に貨物船で南米へと旅立った。

2ヵ月間の航海で東南アジア、インド洋、アフリカ南部を回った。元々、冒険心にあふれていたが、寄港地の香港、シンガポール、モルディブ、モーリシャス、ダーバン、ケープタウンで華人・華僑の存在を目の当たりにする。マレーシアのペナン島では、初めて広東料理を口にした。そのときは友人に連れられて、子豚のローストを食べに出かけたという。

最終的に、サンパウロのサントス港で下船し、たちまちブラジルの虜になった。孫の目には、この国が新しい発想やチャンスにあふれる青年のように映った。未発展だったかもしれないが、自分の出身地よりは発展のペースが速かった。台湾人と違って、ブラジル人は情熱的で前向き、そして何よりも礼儀正しいと感じた。

「バスの中でも『おはようございます』と挨拶を交わすんです」

当初、孫は、サンパウロのいとこの家に滞在しながらこの町に慣れ、ポルトガル語も覚えるようになった。1年もしないうちに、ガソリンスタンド店員、パラグアイとの間で闇市場商品を輸送する長距離トラック運転手、企業のお抱え運転手など、さまざまな職に手を出し始めた。

だが、2年後、根無草のような生活にうんざりする（本人は「いつもひもじくて、かろうじて生きながらえている状態でした」と回顧する）。そんなとき、中華料理が作れるならどこでも通用すると友人からアドバイスされる。そこで有名中華料理店の運転手を振り出しに、その後、料理人見習いとなった。ブラジル上陸から6年後、その店の料理長から、一緒にマナウスで店を開かないかと誘われた。ほかの華人の料理人は誰一人として北部には行きたがらなかったが、孫は独身の気楽な生活で、失うものもなかった。渡りに船と飛びついた。

そしてアマゾン地域初の中華料理店、ヘスタウランチ・マンダリムが誕生したのだった。

1年後、孫の生活は一変する。1ヵ月の休暇を取って、父親の70歳の誕生日を祝うため、台湾に一時帰国したときのことだ。宴会の場で呉南麗という女性を紹介される。将来の妻、リナだ。

「背の高い美人で、すっかり気に入ったんですよ」と、一瞬、したり顔で笑顔を見せた。

「最初は冗談のつもりだったんです。いきなりその場で、海外に行ってみたいかと尋ねたんですよ。そうしたら、行きたいけど、どうやったらいいかわからないと。それで僕が手伝うよって」

それからわずか3日後に結婚と急展開だった。もしうまくいかなかったらどうするのかとリナに問われた孫は、「そうなったら離婚で、君は処女のままだし、僕はブラジルに戻る」と答えた。台湾での1ヵ月間は、それぞれの自宅で暮らした。

「よく一緒に来てくれたと思いますよ。度胸がありますよね」と孫は改めて感心している。「彼女はまだ若かったし、僕も仕事は駆け出しでしたから」

新妻はサンパウロに移住したいと言うが、孫はあまりに危険な街だと感じていた。誘拐や強盗が多過ぎることを気にしていたのだ。その点、マナウスは静かで面倒がない。華人も少なかった。

孫が台湾からリナを伴ってマナウスに戻って1年後、一緒にマンダリムを切り盛りしてきた相棒が店を去る(「彼にはアマゾンの暑さが耐えられなかったんですよ」と孫)。それから30年。3人の息子にも恵まれ、孫一家はアマゾンで自力で生活を築いてきた。

息子は台湾系半導体メーカー工場長

「ここのペイシャリーアは懐かしいですね」

魚の身を骨から外しながら、エディー孫(孫成寧)がつぶやく。ペイシャリーアとは、ポルトガル語で「魚市場」を意味するが、マナウスでは、カジュアルな海鮮レストランも意味する。

エディーは次男で、20代。話を聞いている場所は、近所のカブラルズという店だ。オーナーのカブラルは、数年前にモトホンダ・ダ・アマゾニア(訳注:ホンダの二輪車事業現地法人)を退職し、今は精力的に漁師の仕事に打ち込む。彼が営むペイシャリーアは、サッカー場の隣に広がる住宅地の一角の空き地に出した大きめの屋台だ。間に合わせのテントの下にテーブルが3つ。天井からは裸電球がぶら下がっている。町を通りかかった客が立ち寄り、青空の下で味わっている。

カブラルズの看板メニューは魚だ。それも2種類だけ。どちらもアマゾン川流域でとれたばかりの脂の乗った甘味のある淡水魚を使う。このうち、大きいほうのマトリンシャという魚は、バナナの葉で包んで炭火焼きにする。もう一方のパクーは、雑食性で知られるピラニアの遠い親戚で、揚げ物にして食す。まずは無数の包丁を入れて〝メッタ刺し〟にすると火が通りやすくなる。大量の小骨も揚げれば脆くなり、食べられるようになる。これにつけるのは、激辛の自家製ペッパーソース。合わせるのは、白米、ニンニク、タマネギを炒めてから炊き上げるブラジル式ライスだ。

「米国ではこんなおいしい魚は食べられませんね。あっちは、何を食べても単調で味気ないんです」

エディーがぼやきながら、ライスを口に放り込む。

「マナウスは魚の町です。友達とみんなで食べにいくときは、シュラスカリア（シュラスコレストラン）ではなくて、ペイシャリーアですね」

シアトルの大学で4年間を過ごしたこともあり、米国人気質になっている。だが、海外での大学生活を終えて、ひとたび国に戻れば、典型的な華人の息子である。現在は、マナウス自由貿易地区に進出している台湾系の半導体メーカーの工場長だ。

西海岸風の英語を話す点を指摘すると、「シアトルにいたころは、米国人らしい性格になっていました」と説明する。

「友達がみんな米国人で、遊びにいくのも一緒、行動も一緒、話し方も一緒になっちゃったんです」

そして、食べ方も箸ではなくフォークを使うようになったと笑う。就職の面接で台湾を訪れたついでに、祖母にも会いに行った。その際、華人に変身した。

「華人としてのルーツに回帰するのはとても楽しかったです。気分も良かったですね。心の奥底では自分が華人だと考えているけど、精神的にはブラジル人ですね」

この揺れ動くアイデンティティは、海外に暮らす華人・華僑ならピンと来るはずだ。自分自身の部分ごとにアイデンティティが異なるのだ。それは、時期も場所も違う経験が背景にあるからだ。まるでカメレオンのように見える。もちろん、人によって程度の差はある。

私の場合、話ぶりや癖は、環境で変化する。シンガポール訛りの英語、香港広東人の声の大きさ、日本人らしく物静かに他者を敬う姿勢、米国人ならではの本音トークが出たり入ったりするのだ。

エディーにブラジル人のガールフレンドのことを聞いてみた。

「そうですね、国が違えばガールフレンドも違ってきますよ」と屈託がない。

「気づいたんですが、米国では複数と付き合うのはダメですね。そんなことしたら、みんなから大顰蹙を買います。ブラジルでは、逆なんです。例えば女性が男性と付き合う場合、自分以外にもガールフレンドはいるだろうなと考えるんです。もちろん、何でもありというわけじゃないんですが」

さまざまな人種が暮らすブラジル南部とは違い、マナウスにはアジア人がほとんどいない。ここには人種差別や偏見はあるのだろうか。

しばらく考え、ビールを一口飲むと、「そうですね、特に集団の中で唯一のアジア人だったりするときですね。緊張感を覚えますよ。『おい、東洋人がいるぞ』なんて声を上げるんですよ」と答える。

そういう挑発には、どう反応するのか。

「大してできることもないので、そういうもんだと割り切っています。我慢してやり過ごすというか。ここで生まれ育った中国系ブラジル人の友達はほとんどいません。でも心の底では、みんなブラジル人なんですよ」

子供には店を継がずに生きてほしい

今回の主役である孫は、物腰がやわらかく、ストイックな男である。ところが、かつての孫は違ったようだ。実は、最初にアマゾン行きを誘った女性はリナではなかったという。孫は、サンパウロ時代にアリスという若いポーランド人女性と恋に落ちた。マナウスで働き始めた最初の年に、2回も現地を訪れたアリスから、結婚を迫られたことがあるというのだ。

「でも彼女の家族は結婚に反対でした。私がクリスチャンではなかったからです。彼女は敬虔なクリスチャンで、週に2回は教会に足を運んでいました」

当時の孫には信仰という発想がなく、ブラジルでの暮らしに重要とは思えなかった。相思相愛でありながら、なぜ結婚しなかったのか。

「私の改宗が先だと言うんですよ。『そうではなくて、先に結婚して、僕がその気になったら改宗すればいいじゃないか』と言ったんです。まじめな話、僕とイエスと、どちらと結婚したいの？』って問い返したんです」

2度目にマナウスを訪れたアリスに、台湾に連れて行ってほしいと迫られたが、孫は拒んだ。台湾は保守的な社会で、国際結婚はまれだった。ブロンド女性を連れ帰ったら周囲から何を言われるかわからない。それが孫の不安だった。

「もうすぐ台湾に帰ると伝えました。でも彼女は、最終的に私が故郷の女性と結婚して、自分のことなど忘れてしまうのだろうと心の底で思っていたんです」

アリスの写真を見せてほしいとせがんだが、全部燃やしてしまったという。

後悔はないのか。

「ないですよ。まさかマナウスにこんなに長期にわたって住むことになるとは思っていなかったでしょうね。私だって、出会って3日で結婚するなんて思っていなかったですが」

私が水を向けたわけではなく、孫から台湾基督長老教会（訳注：台湾で最大のプロテスタント教派）への訪問を誘われた。7年前にキリスト教に改宗したのだという。これは驚きだった。それまで信仰のことは一切口にしなかったからだ。おそらく内心はいまだに一匹狼でよそ者の意識があり、人生への答えを探し求めているのだろう。当地の長老教会は10年前に設立された。最初の関わりは、単に交友関係の延長だったそうだ。マナウスの華人コミュニティは小さい。

「ほかの華人と交流したければ、教会に顔を出すことになるんです」

マンダリムは日曜も営業しているので、孫一家が教会に出席できるとすれば、夜、営業が終了してからになる。あとはクリスマスや大晦日など特別な日だ。結局、日曜は休業に変更した結果、礼拝に参加できるようになった。その3年後には洗礼も受けた。

「キリスト教を信仰するようになって、心の平穏が生まれましたよ。それ以降、我が家は教会には顔を出していません。単に行く行かないではなく、心の中できちんと信仰しているので」

マナウス取材の最終日、私はランチを食べにマンダリムを訪れた。お目当てはあの麻婆豆腐だ。孫をつかまえて、引退後にブラジル南部に戻ろうと考えたことがあるか尋ねた。

「ここの暮らしにすっかり慣れちゃったのでね。気候も悪くないし、冬なんてありませんよ。年を取ると、冬が苦手になるんですよ」

町には、ほかに中華料理店が2、3軒あったが、今も営業を続けているのはこの店だけだ。ほかの店は、高齢化で体力がもたなくなって「みんな店を畳んでいなくなっちゃった。後継ぎもいなかったんだ」と嘆く。「自分も年を取ってきて、店を切り盛りするほどのエネルギーもそれほどない。数年後には店を畳むか、誰かに譲ると思いますよ。私はどんなに苦労しても、子育てや教育にはできる限りのことをしてきました。子供たちには普通の暮らしでいいから、何かほかのことをやってほしいですね」

作家のタヒル・シャーは、著書『House of the Tiger King: The Quest for a Lost Inca City』の中で「森

は体の弱さにも心の弱さにも耐えられなかった。弱みを見せれば、躊躇なくそこから蝕まれていく」と書いている。

孫は意欲を失っているようだ。ほぼ燃え尽きたのか。かつては開拓者魂をめらめらと燃やし、生活と仕事のために熱帯雨林のど真ん中に乗り込んだことだろう。だが、アマゾン川流域で、信仰と平穏と同志に巡り合い、この地が故郷になったのである。

第13章　インドへの道

――ムンバイ、デリー（インド）

アムステルダムのスキポール空港近くのホテルで眠っている間に、あろうことかイラク戦争が勃発していた。前日にトロントからアムステルダムに到着し、パリへの日帰り旅行を楽しんでからアムステルダムに戻った。一泊して、翌朝の便でインドのムンバイに向かい、現地でクォイと合流する予定だった。ところが予約していたノースウエスト航空便は欠航だ。

ムンバイ路線を持つ航空会社は、交戦地帯付近の迂回飛行を余儀なくされていた。良かろう。対空ミサイルで撃墜でもされたら、たまったものではない。ただでさえ長時間のフライトだが、今回は3時間の延長もやむなしだ。当然、乗員のシフトも追加になるが、ノースウエストにはその穴を埋められなかったのだ。

ＫＬＭも毎日デリー行きの便を飛ばしているが、もっと北寄りのロシア上空を通るルートのため、そのような問題はなかった。あと数分というギリギリで、どうにかその便を確保した。

午前2時、デリー。インディラ・ガンディー国際空港に降り立つ。

空港は地獄のような状況だ。標識や指示は不明瞭。ポーターは勝手に私の荷物をつかんで、どこへともなく運ぼうとする。来る気配がさっぱり感じられない空港間移動バスを待っている間も、オートリクシャー（三輪タクシー）やタクシー、自家用車、ミニバスの運転手が次々に寄ってくる。結局、タクシーをつかまえた。

本来なら、1時間ほど離れたところにある国内線の空港で夜を明かす予定だった。朝一の便を利用するためだ。運転手は、安ホテルで寝たほうがいいと説き伏せようとする。

「ババ（訳注：ヒンディー語で目上の人への呼びかけの言葉。なお、本章にババ・リンという人物が登場するが、そちらは名前のババ）、ほんのわずかな額で2、3時間眠れるんですよ」

たぶん運転手に紹介料が入るんだろう。

「ずいぶん遅かったですねぇ」

翌日、ようやくホリデイイン・ジュフビーチのカフェに入ると、私を見つけたインド人スタッフのアジャイ・ノローニャが冗談混じりに声をかけてきた。クォイと朝食中だった。

「ああ、War（戦争）だよ」

冷やかしへのお返しとばかりに、私は語尾のRをこれでもかと強調して最高のインド訛りで返し、首を傾げてみせた。

「戦争、ぞっとするよ」

その様子をクォイはニヤニヤして見ている。実は彼もトロントから24時間かけてここに来ていたのだ。ＳＡＲＳ（重症急性呼吸器症候群）騒動のせいで香港での乗り継ぎはずっとマスク装着だったそうだ。

アジャイは、インド西海岸のゴア州出身。私のトロントの友人、クリスティーン・ピントのいとこに当たる。テレビスタジオ勤務で、副業でドキュメンタリー作品を制作している。今回の撮影では、彼に第2カメラとサウンドマンをお願いしたのだ。制作モードに完全に入っているので、ホテルの客室はカメラやら録音機材でいっぱいだ。外に出ると、アラビア海が広がり、風光明媚な砂浜に波が打ち寄せる（クォイは到着するなり、すでにビーチの夕日のシーンを撮影済みだった）。

こんな長旅の直後は、のんびりする時間があってよさそうなものだ。だが現実はといえば、エアコンもない黄色と黒のタクシーにぎゅうぎゅう詰めになり、騒音と無秩序と公害でおなじみのムンバイの道路に飛び込んだ。

モンスーンの季節まではまだ2ヵ月あるが、空気はすでにじっとりと湿気を感じ、どんよりしている。このムンバイには１５００万人が暮らし、働いている。ニューヨークに引けを取らないビジネスの街として急成長を遂げ、ハリウッドを凌ぐほどの映画が制作されている。

タクシーは渋滞を回避しながらくねくねと進み、回り道や脇道を疾走する。渋滞を臨機応変に縫うように走るのであれば、オートリクシャーのほうが向いている。サウナとしか言いようのない車内に詰め込まれたまま、アジャイが話し出す。以前、あるカナダ人カメラマンがムンバイの交通事情に恐れをなして引き返し、次の便でさっさと帰ってしまったという。それで後釜に呼ばれたのがアジャイだったそうだ。

蟹の豆豉醤炒め、大型ロブスターの葱生姜ソース

ラッシュアワーの慢性的な渋滞を抜けて「リンズ・パビリオン（林閣酒家）」にたどり着くのに1時間半。ムンバイからは2つの半島が突き出ているが、その一つ、コラバ地区に入ると、喧騒とは無縁の世界になった。ムンバイは、かつて英国統治下でボンベイと呼ばれていた。その中心がコラバだ。海に面した遊歩道の起点にあるインド門は、1911年の英国王ジョージ5世の訪問を記念して、インド版の凱旋門として建設された。

コラバは、高級ブティックや何十年もの歴史あるカフェ、時代の最先端をいく流行のレストラン、観光客相手に手作りのおみやげを売る露店などが点在する。

私たちがめざすレストランは、リーガルシネマ裏手のランズダウンロードにある。歴史あるタージマハルホテルの先の角を曲がったところにある。ランズダウンロードは、地域政党シブセーナーが1995年に政権を握った際にボンベイをムンバイに改称したのを機に、マハカビブーシャン通りに変わった。為政者らは、この町に受け継がれるマラーター王国の伝統を前面に押し出し、英国統治時代の遺産を消し去ろうと決意したからだ。

前年に現地を訪れた際、英国系インド人のフードライター、アントワーヌ・ルイスに紹介してもら

ったのが、今回向かっているリンズ・パビリオンである。「市内には中華料理を出す店は500以上ある」という。「その中でも最高峰にして本物中の本物がここ」と太鼓判を押してくれた。

あのときはルイスと一緒にいろいろオーダーしたが、その中に椒塩大蝦《ジウイムダーイハー》（海老の花椒揚げ）と梅菜扣肉（客家式豚バラの梅菜蒸し）があった。素晴らしい味わいのひとことだった。

店に入ると、明朝の酒場を思わせる内装がいやが応でも目に飛び込んできた。武俠《ウーシャー》（中国武術を駆使する英雄物語）映画のセットからそのまま飛び出してきたような空間だ。『キル・ビル Vol.1』に登場する東京のナイトクラブのシーンと言ったらわかるだろうか。いつ何時、剣闘が始まってもおかしくない。

店内の中庭には、小石を敷き詰めた池があり、小さな滝まである。池に架けられた太鼓橋を渡り、石を模した階段を上ると、中2階に出る。ダイニングルームには、中国風の装飾品や清代の背もたれの高い椅子のレプリカが置かれている。

「町で最高の中華料理が味わえると評判で、みなさんが来店されるんですよ」

出迎えてくれたニニ林（林森懋）が店内を案内する。50代後半のニニは、すらりと背の高い華人で、浅黒い肌に短めの髭を生やしている。細いメタルフレームの眼鏡がまじめそうで威厳のある雰囲気を醸し出している。弟のババ林（林森典）との共同経営だが、ババはほとんどの時間をデリーで過ごし、別のレストラン「インペリアルガーデン」を経営している。また、新たに「ナンキン（南京）」というレストランの開店準備も進めている。

厨房は明るく広々として清潔だ。中央には作業台があり、各料理用の食材が並べてある。この食材を使って、華人の料理人がそれぞれの持ち場で、強火で中華鍋を振るのだ。広東料理ならではのスピード感でてきぱきと料理ができあがる。今は朝の下準備の時間だ。5人の料理人が分厚い中華まな板の上で、中華包丁を猛烈な勢いで動かし、惚れ惚れするようなスピードでぶつ切り、薄切り、さいの目切り、みじん切りをこなしていく。まるで映画を早送りで見ているかのようだ。

包丁さばきは中華の基本。この中華包丁は中華の厨房に不可欠な万能包丁である。料理人も中華包丁に絶大な信頼を寄せている。素早く切るときにちょうどよい重さがあって、とにかく使いやすいだけでなく、切った食材を広い側面ですくうのにも都合がいい。

料理人で、料理番組『Yan Can Cook』(邦題『ヤンさんの自慢料理』)の司会を務めるマーティン・ヤンは、中華以外の料理さえも中華包丁だけで作ってしまう。かつて私の目の前で、中華包丁ひと振りで生姜1個をみじん切りにしてみせたことがある。マジックさながらの技だった。

この店のカリスマ給仕長を務めるジョニー・チーは、12年前のリンズ開店時から働いている。道を隔てて向かいにあるマンダリンレストランで18年勤めた末に、ババ直々に口説かれてこちらに移籍した。ジョニーの甘く流れるようなインド訛りの英語は、レストランの顔役として申し分ない。

「香港からたくさんのダイヤモンド商が当店にいらっしゃいますが、ほかの店には行きません」とジョニーは胸を張る。「試しに他店に行かれる方もいますが、『あの店はダメだ。本物の中華はここだけだよ』と必ず戻ってきてくれます」

ボリウッドのスターやモデルも訪れる。

「もうすごいんですよ。女性は信じられないほど素敵だし、男性は、うわーって感じですよ」とウインクしてみせる。

ずらりとそろったメニューを前に、目移りばかりで何を注文するか悩みに悩む。だが、一番興味をそそられたのは、とびきり新鮮なシーフードのメニューだ。ロブスター、蟹、海老、牡蠣《かき》、ムール貝、イカなどの食材を「お好みのスタイルで調理」とある。「唐辛子風味・ニンニク風味（グレイビーソースなし・あり［訳注：「グレイビーソース」は本来肉汁で作るソースを指すが、インドでは野菜や香辛料などを褐色に煮詰めて作る独自のグレイビーソースがあり、インド中華を始めさまざまな料理に使われる］）」から「広東式姿蒸し、ひき肉、椎茸、ピータン、生姜のあんかけ」まで調理法は何十種類もある。

すると、厨房から出てきたジョニーが、一方の手に蟹、もう一方にロブスターを持って鳴り物入りで現れた。香港のちょっといいレストランで目にする光景である。「生猛海鮮《サンマンホイシン》」（訳注：広東語で「生きのいい魚介」の意）を水槽から取り出し、客に見せてから、調理に入るのだ。

「当店がお出しするのは、生きた海の幸だけです。見てください、この生きの良さを」と言いながら、持っているロブスターを動かして見せる。確かにハサミも脚も動いている。

リンズは、活蟹で有名だ。ジョニーによれば、現地在住の韓国人や日本人も「大きな蟹目当てで」週に何度か訪れるという。以前、ロンドンから電話をかけてきて蟹を予約する客がいた。しかも来店予約は何週間も先のことだ。ジョニーはあまり当てにしていなかったが、本当に予約どおりの時間にその客が現れたそうだ。

私は、豉椒炒蟹《シージウチャウハーイ》（蟹の豆豉醬炒め）、姜葱龍蝦《ガンチョンロンハー》（大型ロブスターの葱生姜ソース）、椒塩鮮魷《ジウイムシンユウ》（イカフライのチリソース）をオーダーした。「プネーにある当店直営農園直送」の中国野菜、花茹《ファーグ》と新鮮な蟹肉入りの伊府麺《イーフーミエン》も添えてもらう。

もう一品くらいと思っていたところにジョニーが現れ、「もう十分に注文なさってます」と穏やかに諭すような表情で言う。確かに十分な分量だった。どうしても目が食べたくなってしまうのである。これは教訓だ。多いところから始めたら減らしようがないが、少なめから始めれば、いつでも足していける。

もっとも、様子を見に来た経営者のニニには、そんな教訓は通用しない。それどころか、「川椒鶏をぜひ。父が潮州人なんです」とニニ。

広東省北東岸に位置する潮州は、何世紀にもわたって中国沿岸部から台湾や東南アジアへ移住する人々の主要出発点だった。香港には潮州に起源を持つ人々が１００万人以上暮らしていて、人口の６分の１ほどを占めている。潮州人は、独自色の強い料理を持ち、同じ広東語圏でも独自の方言を話すため、他の広東語圏の人々や北隣の福建省の人々にも理解できない。

ニニが薦める伝統料理は、角切りにした鶏肉を川椒（訳注：四川産花椒の一種）で軽く炒めることからその名がついた。川椒鶏に添えるのは、揚げた珍珠菜《ジャンジュチョイ》だ。濃緑色で紙のように薄く、パリッとした食感が楽しめる。珍珠菜が手に入らない場合、リンズでは、バジルで代用している。テーブルに運ばれた川椒鶏は、まさしく本物の潮州料理だ。

海外に渡った中国人は、自分の生まれ育った土地の味も一緒に持ち込む。これも自分のルーツとのつながりを維持する行動であり、遠く離れた異国の地で、ほっとできる味なのだ。

ポーランド人の母を持つ美貌の支配人

終始上機嫌で話し好きなジョニーは、とても50代とは思えない。肌の色つやも良く、美男子の風貌からは実年齢に見えないし、藤紫色の美しい刺繍が入った伝統的なシルクの唐装(訳注：いわゆるチャイナ服)を着ているから、余計に若々しく感じる。思うに、優雅な日々を送るプレイボーイと言われてもおかしくない。客からの人気も高く、海外から高価な贈り物が続々と届く。自宅に招いて食事を振る舞うファンもいるほどだ。家族のように歓迎してくれるのだという。

だが、ジョニーにとっての〝家族〟はまさにリンズそのものだ。

「ここにいられて幸せですね。ここでは誰もが家族の一員として同じように扱われます。経営者のニニもババもそれぞれにいい人たちで、どちらの奥さんもとても優しいんです。ほかの店はヒトラーみたいに厳しいですから」

だが、ニニについて、優し過ぎる面もあると言う。

「怒ったところを見たことがありません。誰かが間違いを犯しても怒りません。ときどき業を煮やして私が『甘過ぎです。もうちょっと厳しくやってもいいのでは』と進言したこともあります」

ジョニーに言わせると、ババは正反対のタイプで、社交的でやり手の経営者だ。

「でもババも、心根は優しくて親切です。私の母が亡くなったときに、ババから『ジョニー、何の心配もいらないよ。私のために働いてくれているんだから、私が君の面倒を見る』って声をかけてくれました。優しい心遣いに胸を打たれましたね。一生忘れません」

後になってジョニーが自分から言い出したのだが、彼にはポーランド系の血が半分入っている。母親は10代のときにワルシャワから逃げてきた難民だという。第二次世界大戦開戦時に、ソビエト連邦がポーランドに侵攻し、最大100万人のポーランド人がシベリアなどソ連各地の強制労働収容所に送り込まれた。1942年、1万人以上のポーランド難民がソ連の収容所から中東の迂回路を経由してインドに移された（その際、英国植民地のインドで一定の自治権を持っていたナワナガル藩王国のマハーラージャが500人の孤児を引き取っている）。

ナチスドイツから逃れて上海の保護区にたどり着いたユダヤ人のことを思い出す。彼らは、英国統治下のインドなら保護してくれるとの思いから、フランス南部で乗船し、スエズ運河を経てムンバイに向かった。ところが上陸を拒否され、船は漂流を続ける。最終的に船上のユダヤ人たちは、日本占領下の上海に活路を見出す。ここに設置された無国籍難民限定地区に移り住んだのである。「上海ゲットー」という名で知られた地区だ。

ジョニーの父は、1947年に香港を出てムンバイに向かった。インド独立の直前である。マハーラーシュトラ州にあった難民キャンプで将来の妻と出会い、彼女を連れ出した。

「一目惚れだったそうです。母はとても美人で信心深い人でした。ローマカトリック教徒で、一日中祈りを捧げていました。母を亡くしたときは、世界が丸ごとなくなってしまったかのような気持ちでした。でも人生を止めるわけにはいきません」

両親のどちらかがインド人でないというだけで、インドで生きることは大変だが、両親そろってインド人ではない場合、本当に苦労が絶えなかったに違いない。ジョニーは、自分のアイデンティティについて、どっちつかずの状態なのだろうか。

「そんなことはありません」と迷うことなく否定する。「自分が生まれたところが自分の国であり、自分の故郷であり、祖国なんです」

だからジョニーは常に自分がインド人という意識だという。

「ただし、鏡の中の自分を見るときだけ別ですね。いやいや、こんなインド人はいないぞと思いますから」

翌日、ジョニーがほぼ毎日ランチにバターチキンカレー目当てで通っているレストランに連れて行ってくれた。よく見ると、中華の炒飯と炒麺がメニューの半分を占めているではないか。

ジョニーの友人でもあるオーナーのラファエルが説明する。

「このトレンドは中華人気が高まった80年代後半から続いています。以前、華人料理人にこういう料理の作り方を教えてもらったのがきっかけです。中華料理はコレステロールも油も唐辛子も少ないですから」

店への帰り道、ジョニーが露天商にちょっかいを出す。顔見知り同士のふざけ合いと言うので聞いてみた。

「トラブルになったことは？」

「トラブルにならないわけでもないですが」とはぐらかす。「誰だってトラブルに巻き込まれるけど、私は深入りする前にトラブルから抜け出すんですよ」

トラブルといえば、その日の朝、チャーチゲート駅でクォイと一緒にトラブルに巻き込まれたのだった。そのことをジョニーに話した。ホームで撮影していたら、集札係に咎められて、駅長室に連行されたのだ。問題がある映像があれば消去すると申し出て、とっさにインドルピー札を何枚かまとめて差し出した。領収証を期待したわけではないが、当然、何も出ない。

「えっ、トラブルに巻き込まれたんですか」

私の話に、ジョニーは「よくある話」とでも言いたげな表情を浮かべ、諭すように言う。

「ここでは、政府関連の建物や施設は撮影しちゃダメなんですよ」

なるほど、1年前にコルカタでも似たような揉めごとがあった。ライターズビルディングという建物の写真を撮っていたときのことだ。確かに、西ベンガル州の州事務局が入居する建物だった。警備員がカメラに入っているフィルムを出せと言うので、こっそりすり替えた未露光のフィルムを差し出した。

だが、トラブルなら、80年代半ばのチベット旅行は最悪だった。ラサでチベット支持派の抗議デモをビデオ撮影していたときのことだ。徒歩でネパールに入国しようとしたところ、中国の国境警備隊に証拠映像を発見され、3日間拘束された。最終的には問題の映像を消去することで放免となった。

アジャイがチャーチゲート駅撮影に同行せず、後から通りの向かいにあるクリケット場近くのカフェで合流すると言っていた理由がわかった気がする。アジャイの場合、インド国民だから、もっと面倒なことになっていただろう。私たちは、自分で否定でもしない限り、ただの旅行客だ。

中印国境紛争で〝兄弟〟が敵に

ニニ林の父である林宣生《リンイックセン》が香港からやって来たのは1937年のこと。おじの家具・骨董品店「チャイナミュージアム」の経営を手伝うためだった。だが、本人は料理に熱中していた。第二次世界大戦後、おじの店と通りを隔てて向かいにあったレストラン「ナンキン(南京)」が売りに出されたのを購入した。同年、リンは、インド南部のマンガルール出身のローマカトリック教徒、メアリー・コレアと結婚する。

1934年に開店したナンキンは、市内最古にして、一時は唯一でもあった中華料理店で、ネルー元首相を始め、外交官や名士のお気に入りのレストランだった。

「飾り気もない安食堂で、ささやかな始まりでした」と、1階の中庭が見える小さな事務所で、長男のニニが回想する。「今だったら、そんな店では誰も来てくれないでしょうね。今どきのレストランはきらびやかで豪華そうに見えないと商売になりません」

父親は気前の良さと人情味で定評があった。それは息子たちにも引き継がれている。

「私たちは、肩書や身分で人を区別しません。人を人として受け入れます」とニニ。「スタッフとは、持ちつ持たれつの関係であるべきです。職場では快適に楽しく働いてもらいたいんです」

1962年、インドと中国の間でヒマラヤ地方の国境を巡る軍事衝突が勃発し、インドの華人コミュニティの忠誠心が問われることとなった。中印国境紛争（中印戦争）は1ヵ月で収まったが、インドの華人コミュニティに対して、ぬぐうことのできない多大な影響をもたらすことになった。

「両国が兄弟から一夜にして敵同士に変わったんです」とニニはため息をつく。

華人姓を持つ者、中国系先祖を持つ者、さらには華人配偶者を持つ者までがターゲットになった。地元の警察署に登録が必要になり、移動が制限された。インド企業が華人従業員を雇うことは禁止され、インド人が中華料理店をひいきにすることも控えるよう圧力がかかった。

その影響はナンキンの経営にも影を落とし、一家は敵国人収容所送りになるのではと怯えた。

「ラジャスタンはとにかく寒いので、厚手のセーターなどを詰め込んだスーツケースをいつでも持ち出せるように準備していました。自分たちはインド人だと思っていても、必ず『チーナ』（中国人）って言われる。私の父なんて、インドが独立する前からここにいるんですけどね。東洋人の風貌だからでしょうね。政府に言わせれば、私の母は華人と結婚したから〝チーナ〟なんですよ」

緊張が緩和されてからも、汚名や疑念は消えなかった。元々、インドの華人人口は少なかったが、多くの人々が中国への帰国や海外移住を選んだことから激減に向かう。戦前、海軍工廠に雇われていた造船技能のある華人はムンバイの華人居住区に暮らしていたが、それも数世帯に減少し、中国寺院もたった1つになっていた。

ニニは1969年、カリフォルニアに留学し、そこでベトナム人移民のナンシー・グエンと結婚する。当時はベトナム戦争の真っ只中で、2人とも米国で徴兵される可能性を考えれば、米国移民になるのには適切なタイミングではなかった。そこで卒業を待ってカナダに移住することを決断する。カナダに移ったニニはコンピュータエンジニアリング分野で順調にキャリアを積んでいった。

18年後、父親からインドに戻ってナンキンを継ぐように命じられる。

ニニが説明する。

「思うに、華人は家族が一緒にいることをよしとするんですね。私は長男ですから、家業を継ぐのは私の務めだったんです。両親に従うべきか、自分のやりたいことをやるかでジレンマに陥っていました。何度も自己分析をしましたよ。でも妻が同意してくれたので、やってみようと決断したんです」

ちょうどテーブルに加わった妻のナンシーがニニについて、「当初、華人とはまったく気づきませんでした」と言う。温かく人なつこい性格とあって、客との付き合いもうまいから、レストラン経営も順調にいく。「ずっとインド人だと思ってたんです。結果的にお互いにとって、とてもいい人生でした。結婚生活も幸せです。インドで暮らすことになるとは思いもしませんでしたが、もう16年になります」

弟のババの妻、マンディー・シーも店の経営を手伝っていて、焼きあがったばかりの自慢のチョコレートレイヤーケーキを持ってきてくれた。マンディーは、ブータンと国境を接するインド北東部アッサム州で華人の両親のもとに生まれた。父親がコルカタでレストランを開くため、一家で現地に引っ越したという。

人生の伴侶に華人を探していたのだろうか。

「いいえ、全然。でも華人だったらいいなとはいつも思っていました。相性もいいでしょうし、付き合いやすいですから」

中国とインドの紛争でどのような影響を受けたのか。

「びくびくしていました。当時、たくさんの華人が連行されていたので。華人学校は全部閉鎖されて、先生も連行されました」

それに、市民権に選択の余地はなかった。

「父親が華人なら、中国のパスポートを取るしかなかったですから。ババと結婚した1975年になって、ようやくインドのパスポートに切り替えられるようになったんです」

1990年、ナンキンが入居するビルの改修工事が始まり、一時休業せざるを得なくなった。そのころ、ニニとババは、近所にリンズ・パビリオンをオープンし、ナンキンの完全閉業を決断した。

ムンバイ最大のサスーンドック魚介市場

午前6時30分。サスーンドックは静まり返っている。漁船は魚を陸揚げするため、すでに夜のうちに港に戻っている。上空を数羽のハトが舞う。1875年に完成した同ドックは、商業都市としてのムンバイの歴史と、発展する漁業経済を記念するシンボルでもある。

ドックを造ったサスーン家は、セファルディと呼ばれるバグダッド出身のスペイン・ポルトガル系ユダヤ人（いわば「東洋のロスチャイルド家」だ）の家系で、18世紀にボンベイ（現・ムンバイ）に定住した。そこを拠点にアジア、アフリカ、ロンドンへと勢力を広げ、金融や貿易、とりわけアヘン取引を通じて、巨万の富を築き上げた。香港では、主にサスーン家、カドーリー家、ベリリオス家を中心としたインドのバグダッド系ユダヤ人が、大英帝国と手を組み、植民地である香港の産業界や政界を牛耳っていた。

ニニとは、ムンバイ最大のサスーンドック魚介市場で待ち合わせていた。

「魚は毎日仕入れる必要があります。特に中華料理の場合はそうですね。本当に足の早い生鮮品ですから」

市場内部の騒々しさはかなりのもので、我慢できないほどだ。朝の空気に魚の生臭さが立ち込める。そこらじゅうに内臓や血の滴りがある。野良ネコは好き勝手に歩き回り、朝食を探し回る。売り手も買い手も、少しでも有利な取引にしようと価格交渉に熱が入り、大声が飛び交う混沌とした状況だ。背丈ほどもある大きな魚を手にした売り手が自慢げに客を呼ぶ。

クォイにとっては自分の庭みたいなものだろう。何しろ香港の生鮮市場の近所で育っただけあって、北米の清潔なスーパーで売っている「パックの死んだ魚」よりも、生きのいい海鮮を取る男である（「動かない魚は食べない」というほど魚にうるさい）。ゴムサンダルに短パンのクォイが汚れた水たまりも気にせずばしゃばしゃ歩きながら、カメラで店員の姿を追う様子には、さすがにたじろいでしまう。ほかのカメラマンが敬遠する場でも、ものともせずに突き進むのが、クォイの真骨頂だ。

ニニは、デリーで弟が経営している店の分も含めて海鮮食材を調達する。買い付けた食材は、梱包して午後2時の航空便で発送する（ロブスターは、アラビア海から前の晩に入ってくるので、朝7時の便で発送済みだ）。

ニニとババの間には、次男のディディがいて、パンジャブ州出身の妻がいる。この3兄弟の家族が、店から1ブロックのところにある天井の高い3階建ての家にそろって住んでいる。1942年に父親が一家で移り住んだ家を引き継いだもので、実に素晴らしい物件である。

ニニが3階の自宅で窓の外を眺めながら説明する。

「昔はここからインド門が見えたんですよ。今はタージマハルの拡張工事で隠れちゃったけど。今日は、残念ながら、この家には数人しかいないんです。部屋はいっぱいあるけど、誰もいないんです」

家の中は、父親が経営していた骨董店チャイナミュージアムから受け継いだと思われる品々が趣味よく飾られている。リビングには、繊細な彫刻が美しい清朝の家具がある。背の高い飾り棚には、優美な磁器や漆器、壁には水墨画や書の掛け軸が掛かっている。

「いつ引退するつもりですか」

いつもの質問を切り出した。

「昨日ですよ」と笑う。「現時点でやりたいことはいっぱいあるんです。できるときにやったほうがいいですから」

ニニは何年か前から南西岸のゴアがすっかりお気に入りで、引退したらB&B（朝食付きの民宿）を開くのが夢だ。

「弟さんのババはどんな人ですか」

「ことごとく違うタイプですね。とにかく社交的で、私は見てのとおり内向的です。注目を浴びるのが苦手でね」

「ババは、デリーで成功すると思いますか」

「ええ、彼なら間違いない。私たちは父の時代にとても大きな信用を築くことができたおかげで、今、それを大事に生かしてもっと大きくしているんです」

「あなたもババも引退した後のレストランはどうなるんでしょうか」

「こればかりは、誰にもわからないですね。そのときはそのときじゃないですか。難しい決断ですね。一度商売を始めたら、やめるのは容易なことじゃないですよ」

巨大チリクラブに漂う中華鍋の熱気

林家の3兄弟の末っ子のババは、ずんぐりとした体型で、トレードマークのサファリスーツに身を包んでいた。3兄弟の中では最も大胆な性格らしく、デリーに暮らす上流中産階級のインド人をターゲットに、本場の中華料理を提供するという未知の領域に挑む一か八かの勝負に打って出た。

そんなコンセプトで開店したインペリアルガーデンは、新鮮な生の葉物野菜（「インド料理の野菜は全部火を通し過ぎ」）、新鮮なシーフード（「ムンバイから1日2回航空便で入荷」）、自家製の調味料（「醬油もチリソースも自家製」）にこだわり、熱狂的なファン層を確立している。

ババは、典型的な食通だ。食べることが好きで、おいしいものに目がない。幼いころ、市場に買い出しに行く父についていき、食材の新鮮さを見る目を養った。買い出しを終えて厨房に戻るたびに父から手ほどきを受けた。

「インド風中華料理は、基本的に真っ赤になるか、真っ黒になるかのどちらかなんです。うちの料理は、真っ赤でも真っ黒でもなくて、もっと本場の味にこだわっています」

店の地下にある大きな丸テーブルを挟み、ババが向こう側、私がこちら側に座り、話を続ける。ここは貸し切りの宴会や、客が入りきらないときに開放するスペースだ。

「うちにたくさんの蒸し料理があるのは、素材の味を保てるからです。そういう風味を引き出すためには、とことん新鮮な食材を仕入れる必要があります。デリーに来てみて、シーフードはうちの店の根幹になると思いました。でも当時はここでそんなに売れるとは思わなかったですね。うちのチリクラブ（シンガポールの名物料理）は、本場よりうまいとシンガポール人のお客さんが口をそろえて言いますよ」

シンガポール流のチリクラブは、ケチャップと醬油のソースにニンニク、エシャロット、唐辛子を加えて蟹を炒めてから、高温で蒸し上げ、仕上げにネギとライムを添える。簡単そうに聞こえるが、うまく仕上げるのは難しい。

秘訣は十分な火力と使い込んだ中華鍋だ。この2つがあって初めて広東語で言う「鑊気《ウォクヘイ》」が生まれる。「鑊《ウォク》」（中華鍋）が生み出す熱気を意味する言葉だ。作家のグレース・ヤンは、この鑊気を著書のタイトルにあるように『The Breath of a Wok』（中華鍋の息吹）と絶妙な英訳を与え、「簡単には得られない、とっておきの香ばしい味わいで、中華鍋で炒めなければ生まれない」と記している。

ババは、信用と業《ごう》を大切にしている。ずいぶん仏教的だと指摘すると、本人は宗教とは無関係だと言う。単なる常識というわけだ。

「私は労働者を労働者とは見ていません。一緒に食べ、一緒に冗談を言い合う仲間です。だからこそ、こんなに長い期間、働いてもらっているわけです。何をするにせよ、心を込めてやりますよ」

このレストランの成功だけでは飽き足らないババは、一度幕を下ろした「ナンキン」ブランドの再興に乗り出した。進出予定地は、バサントクンジ（通称ＶＫ）という高級ショッピング街である。ババの店の3倍の広さで、友人であるマレーシア出身の建築家を起用し、伝統的な中国の装飾品や照明を取り入れるという。

誰に聞いてもニニは父親にそっくりだが、ババは顔立ちも性格も母親似だ。

「母は我が家の大黒柱ですよ」とババ。

「父は気が弱い人で、すぐいじめられるタイプでした。でも母は違います。私は両方のいいところを受け継いだと思います。ここで私が目立っているのは、華人としての側面だと思います。今の私たちがあるのは、インドのおかげです。でも私たちのルーツは中国人で、いまだに食生活は中国式です」

彼は接客係に合図する。

「じゃあ、食べましょうか」

かけ声とともに、噂のチリクラブがテーブルに運ばれてきた。巨大なキングクラブが10片ほどにカットされ、すでに甲羅や足には切れ目が入っている。そこに甘味、塩味、辛味が絶妙に混じり合ったトマトチリソースに卵を加えた濃厚なソースが絡んでいる。殻についたソースをしゃぶり、オレンジの卵をすくって口に放り込む。続いて蟹足を吸うように味わい、蟹爪からジューシーな甘味のある肉を指で引っ張り出す。

抜群の食感、とびきり上等な味わいだ。これぞ蟹を味わう醍醐味だ。

第14章　ヒマラヤでアフタヌーンティーを
――コルカタ、ダージリン（インド）

インド北東部のダージリンで、世界第3位の高峰、カンチェンジュンガの勇姿を眺めながら特産のお茶を味わうのが夢だった。

ホテルバレンティィノ（國園旅館）の屋上のテーブルでアフタヌーンティーを楽しむ。眼下には渓谷の絶景が広がる。英国植民地で育った私は、アフタヌーンティーを楽しむ習慣がある。紅茶に合わせるなら、バターを塗ったトーストに手ほぐしの鶏もも肉をのせたチキンサンドイッチが一番だ。英国流の作り方である（理由はわからないが、チキンは手ほぐしに限る。どの地方の中華料理にも、必ず手ほぐしチキンの料理がある）。

それはそうと、肝心のカンチェンジュンガの姿が見えない。それもそのはずで、ヒマラヤ山脈は濃い霧に包まれている。

「天気がころころ変わるんですよ」

そう説明するのは、ホテルオーナーのサミュエル葉《イエ》（葉添盛）だ。グレーのフランネルジャケットを羽織るがっしりした体型の60歳。

「日が出たかと思ったら、急に霧が出てきたり。でも、それもダージリンの魅力なんです」

サミュエルは、25年前に初めて訪れたダージリンに惚れ込み、家族を説得して、この地にホテルを建てた。私は、クォイ、アジャイ・ノローニャを引き連れ、コルカタからバグドグラの小さな空港に飛び、タクシーで3時間山道を走って、ここダージリンにたどり着いたところだ。

インド風中華料理のこだわりはグレイビーソース

涼しくなったところで、私たちは4WDで渓谷を横切り、激流を渡り、細い道をくねくねと進んだ。茶畑や僧院が点在する風景には、もやがかかり、神秘的と言ってもいい雰囲気に包まれている。私たちは、そこを走り抜けていく。

町が近づいてくると、ユネスコ世界遺産でもあるダージリン・ヒマラヤ鉄道が道路と並行して走る。ニュージャルパーイーグリーからダージリンまでの88キロの区間に、ナローゲージと言われる狭めのレール幅の線路が敷設された鉄道である。市内中心部を走る路面電車のように、車両の乗車口から乗客がぶら下がっているところは同じだ。

建物の密集度が上がってきた。狭い道の両側に商店や低層の住宅が軒を連ね、やがて道は町の中心にたどり着く手前でUターンする。トラックやミニバス、タクシーが道の真ん中をわがもの顔で走り、クラクションを鳴らしながら坂道を上り下りしている。歩道はもっと狭く、歩行者が押し合いへし合いして歩いている。かつては雄大な山々に囲まれた静かな避暑地だったが、都市化が過度に進み、混雑と公害が絶えない。

私の避暑地での夢は、無惨にも打ち砕かれた。いったい私の理想郷はどこにあるのか。

「英国統治時代は、ここにコテージしか建てられなかったんです」とサミュエルは当時を懐かしむ。

「大型トラックの走行は禁止されていましたし。でも今はすっかり変わってしまって。何もかもね」

4階建てのバレンティノは、タクシーを降りた場所から急坂を登った細い道沿いにあった。私たちの重い荷物は、3人のネパール人女性が額に紐をかけて背負いながら坂を登る。

閑散期とあって、宿泊客は私たちだけのようだが、ホテル内のレストランでは若いインド人グループがテーブルを囲んでいた。グループは賑やかな雰囲気で、食事というよりも酒を飲みにきているようだ。ダイニングルームを照らす蛍光灯は、何やら怪しげな青緑の光を放っている。私たちは、薄暗い中で食事をする幽霊のようだ。

メニューは典型的なインド風中華である。前菜には野菜パコラ（天ぷらに似た揚げ物）やモモ（チベットの蒸し餃子風料理）が出てきた。客家炒麺は、キャベツ、モヤシ、麺をカレー粉で炒めた黄色の料理だ。肉料理は各種あり、濃厚な茶色のソースがかかっている。だが、シーフードはない。

「ええー、肉も謎だけど、そこに謎のソースまでかかってるね」とクォイが不安そうな声を上げ、ほかのテーブルが何を注文したのか覗き込む。インド風中華料理は、やはりとろみのあるインド式「グレイビーソース」に強いこだわりがあるようだ。そもそも中華料理に「グレイビーソースあり・なし」を選択させるのは、世界でもインドだけではないか。

「おいおい、食通ぶるなよ」とアジャイがたしなめる。「これこそ、インド人が食べたい中華なんだから」

厨房を見せてもらった。7人のインド人、さらに少年2人が動き回っているが、華人の姿はない。実際に料理をしているのは2人だ。クォイが料理人の1人に、中華鍋で炎を上げてみせてほしいと注文する。要はフレンチで言うフランベを激しくしたものだが、「中華鍋を振る料理人」のドラマチックな場面を撮ろうというわけだ。

グレイビーソースとやらを少なめでオーダーした料理を食べ、「キングフィッシャー」ビールをごくごく飲んで流し込み、その夜はお開きとなった。

ダージリンは、全長3000キロに及ぶインド・中国国境線にほど近い。1962年10月、中国がインドとの国境紛争地帯を侵略したことで戦争に発展する。紛争自体はわずか1ヵ月しか続かなかったが、これを境に、2世紀以上にわたってこの国に暮らしてきた中国系インド人の忠誠心に疑念の目が向けられることになった。その扱いも敵性外国人そのものだった。

紛争が終結してすぐにインド政府は、「敵性の身元が疑われる人物を管理するための逮捕・勾留」を許可する法律を可決する。これは、華人姓の者、さらには華人配偶者を持つ者にまで適用された。およそ1万人の中国系インド人がコルカタから幌もない貨物列車に詰め込まれ、7日間かけてラジャスタン州の砂漠に設置された敵国人収容所に送られた。前章で紹介した林一家同様に、サミュエルも、いつドアをノックされる日が来るのかと怯えながら、常に荷物をまとめていたことを覚えている。「何の前触れもなく夜にやってきて、トラックに乗せられました。戦争の捕虜同様の扱いでした」と語るサミュエルに、恨みの表情は見られない。

抑留者らは、スパイ容疑で起訴されたが、罪が成立したことは1件たりともなかった。1964年、多くが強制的に、しかも恣意的に強制送還となり、家族が引き裂かれることになった。こうした捕虜の最後の一人が解放されたのは、4年後のことだった。

中印国境紛争を境に、中国系インド人は、レストラン、皮なめし、靴作りの業界以外の職に就くことが禁じられた。行動も制限された。月に1回、所定の警察署に報告書の提出が義務付けられ、1990年代半ばまで、自宅から数キロ以上移動する場合には、特別な許可を申請する必要があった。「コルカタで生まれ育ったら、ずっとコルカタにいなきゃならなかったんです」とサミュエル。「市外に出ることが許されなかったんですから。本当に大変な時代でした」

多くの人々がこの国を去り、インド全体で3万人はいた人口が約3000人にまで激減した。残った人々も、大変な苦難の中で必死に生き抜いてきた。だが、懸命に生き抜きながら、自分たちの新たな人生を切り開いてきたのだ。

日系カナダ人や日系米国人も、真珠湾攻撃を境に敵性外国人とみなされて、内陸部の収容所に送り込まれ、公民権を剝奪された。私はサミュエルにそう説明した。

トロントの「チリチキン」の起源はインドにあり

サミュエルの兄弟であるサムソン（葉森盛）、スティーブン（葉廣盛）、ヘンリー（葉福盛）の3人がコルカタの「ニューエンバシーレストラン（國賓餐廳）」で働いていると聞き、訪ねることにした。この店は、マイダン公園の東側を走るチョーリンギー通り沿いにある。

「コルカタの憩いの場」と言われることも多いマイダン公園は、ともすれば空気の悪い都会の真ん中に、広大な緑があふれるオアシスとして親しまれている。公園内には、コルカタを代表するランドマークとして人気を集める白い大理石造りのビクトリア記念堂がある。この丸天井のある建物は、ビクトリア女王の治世を記念して建設されたもので、英国のインド統治時代のなごりを何よりもはっきりととどめているのではないか。現在、建物は、美術館として使われている。

コルカタ市民は、政治意識に波のあることで知られ、左派の市政を選ぶことが頻繁にある。3兄弟のレストランに向かう途中、米国領事館前で、共産党の呼びかけによるイラク戦争（第2次湾岸戦争）反対デモに出くわした。その通りが、ホーチミン通りだったのは、皮肉も皮肉だ。あちこちではためく赤い旗が、午後の日差しを浴びてきらきらと黄金に輝く。トラックにのせたスピーカーから鳴り響く抗議の声が、行き交う車の騒音までかき消す勢いだ。

ニューエンバシーレストランは1階建てで、隣近所は背の高いビルが並ぶが、仏塔を思わせる張り出しと、赤い中国風の装飾が目立つ明るい水色のアーチ型の扉のせいか、存在感がある。窓のない白いタイル張りのダイニングルームはこぢんまりとしていて、席数は30にも満たない。蛍光灯の照明は薄暗く、2台のエアコンで冷房している。客が正面の観音開きの扉を開けて来店すると、自然光が店内に差し込む。オフィスワーカーと見られる客がいくつかのテーブルで静かにランチを食べている。

埃と暑さと騒音にさらされた後だから、店内はオアシスのようだ。

「うちのメニューは、ダージリンにある店とはちょっと違うんです」

出迎えてくれたサムソン葉が言う。

屈強そうな体格に禿げ上がった頭、白い口髭。どことなく威厳が漂う。一家の長として、兄弟7人、姉妹4人を束ねる64歳だ。この兄弟のうちの4人が、ニューエンバシーと、ダージリンにある姉妹店バレンティノの経営に関わっている。

メニューはかなりがんばっていて、100種類以上の料理が並ぶ。スープ、飯、麺、海老、魚、鶏、蟹などのカテゴリーごとに10種類前後の料理があり、さらにインドならではのチリパニール(カッテージチーズと野菜の炒め物)を含め、野菜料理も20種類以上ある。一方、豚肉料理は3種類しかない。ヒンズー教徒が大半を占める国とあって、メニューに牛肉料理は見当たらない。

インド中華料理は、新しい環境や新しい食材を前にした中国人移民たちが、知恵を絞って料理をアレンジした結果、誕生したものである。広東料理や客家料理はカレー風味に変わり、唐辛子、コリアンダー、クミンも調味料として中華鍋に投入されることになった。揚げ物も一般的になった。

試しにメニューから、辣椒鶏《ラージャオジー》(チリチキン)、パニール(インドのカッテージチーズ)のガーリックソース、満州魚《マンチユウユウ》（マンチュリアンフィッシュ）をオーダーしてみた。ダージリンで食べた料理と同じように、どれも濃厚なブラウンに煮詰めた例の〝グレイビーソース〟に絡めてある。

「ええ、客家料理をインド人のお客さんの好みに合わせたものです」と、食事の終わりにサムソンが説明する。「うちの店は、華人客相手では商売にならないんです。それに、来店する華人はまずいませんね。うちの客は、２００％インド人です」

そして「中華料理は人気がありますが、一番人気は辣椒鶏ですね」と付け加えた。

よくぞ辣椒鶏を挙げてくれた。実はトロントでよく食べていたこともあり、今回の取材旅行でその起源をたどろうと決めていたのだ。

サムソンによれば、「この料理は、私たちの親の世代の客家人が創作した」そうだ。

「ここの人たちの口に合うんじゃないかということでね。唐辛子の辛味が少しあったほうがインド人には人気がありますから。チキンは揚げたほうが受けがいい。仕上げに豆板醤をちょっとのせると、とてもおいしいんです」

辣椒鶏のレシピは作り手の数だけある。ニューエンバシー流はこうだ。ひと口大に切った鶏肉に軽く小麦粉をまぶし、きつね色になるまでカリッと揚げる。これをタマネギ、生姜、ニンニク、赤唐辛子、青唐辛子、クミン、コリアンダーパウダーで炒める。最後に濃口醬油、米酢、蜂蜜、適量の豆板醬で和え、仕上げに刻みコリアンダーの葉を散らせば、できあがりだ。

中国で作られていない料理を、本場中国の味と言っていいのか。辣椒鶏と同様に、左宗棠鶏《ツオツォンタンジー》（フライドチキンのスイートソース和え）も中国にはない。湖南省出身の清朝の政治家・武将である左宗《さそう》棠《とう》（北京語の発音はツゥオツォンタン）にちなんだ料理だが、当の湖南省の人々は誰も知らないという。ジェニファー8・リーは著書『The Fortune Cookie Chronicles』で、この料理の起源に関して2つの矛盾を突いている。リーによれば、どちらの料理も1970年代のニューヨークシティ発祥だ。

ジェニファーに直接聞いたところ、「揚げていること、甘味、ブロッコリーという要素から米国発祥の可能性がある」と言う。「ブロッコリーは中国野菜ではないから、左宗棠将軍が生涯でブロッコリーを見ていないことは明らか」

では、由緒正しき中華料理の条件とは何なのか。サムソンに言わせれば「中華料理は、色、香り、味の3要素そろわなければいけない。3つがそろって初めておいしい料理になるんです。どれが欠けても、条件を満たせない」。

こういう意欲的なメニューをそろえてレストランを経営するのは、さぞ大変だろう。まして中華鍋一つの小さな厨房という貧弱な環境では、二重に苦労する。インド人スタッフを育てるのは大変ではないのだろうか。

「いきなり鍋を振らせるようなことはしませんよ。まずは皿洗い。次が調理準備。料理ごとに必要な材料を必要な量だけそろえる作業ですね。そこまでできてから、中華鍋のそばに立って、どうやって調理するのか見ながら覚えてもらうんです」

そう語るサムソンは、どこか村の学校の厳しい教師のようだ。たまたまクォイのカメラが捉えていたのだが、料理の味付けがなってないと怒ったサムソンがインド人スタッフの頭をこづいていた。そのことをサムソンにただすと、こう説明する。

「自分を満足させられて初めて客を満足させられる。それが私の考え方です。自分が満足できなければ、客も満足しない」

この店を切り盛りする3兄弟の残る2人、スティーブンとヘンリーは厨房にいる。多忙な1日の営業が終わったところで、3兄弟全員にダイニングルームに集まってもらって話を聞いた。ケンカすることはあるのか。

最初に認めたのはサムソンだ。

「ケンカもときどきありますよ。でも、いつまでも腹にため込むとか、深刻に受け止めるということはないですね」

スティーブンが言葉を継ぐ。

「皿洗いしていれば、ガチャガチャ音が出るものです。でも皿がきれいになりさえすれば、いいわけです」

「うちは、客家だから大家族なんですよ」と言うのはヘンリーだ。「しっかり結束していないと、負けちゃうんです」

しばし間があって、家父長たる長男が言う。

「ここに暮らす葉姓の多くは親族です。インド全体でも最大の一族ですよ」

裸一貫で現地に飛び込む〝竜の末裔〟たち

客家であるサムソンの祖父は、広東省梅県の出だ。コルカタに渡ってから靴職人として店を開いた。海外に渡った華人の多くに共通することだが、葉兄弟の祖父も中国に戻って子供をもうけている。そしてインドに戻ってから9歳の息子を呼び寄せ、やがて靴屋を継がせ、事業を大きくした。それがサムソンたちの父親である。

サムソンは15歳から家業の靴屋で働き始めた。ところが4年後に父が亡くなり、サムソンが家督を継ぐことになった。

「当然、自分が継ぐことはわかっていました。長男なので一家の面倒を見なければなりません。責任感の強い人間なので、何か問題があれば全部自分が矢面に立ちます。逃げるつもりはありません」

1970年代前半に製靴業界が衰退する中、兄弟はレストラン事業への進出を決め、ニューエンバシーを開店する。

客家人は、大家族が代々続くことに誇りを持っている。客家一族がそろって大所帯で暮らすことも少なくない。通常、結婚は、客家人同士が奨励され、親同士が決めることもある。いわば同じ宗族を維持するためだ。

葉一族が建てた「エンバシービラ」という5階建ての住宅は、マイダン公園からそう遠くない脇道沿いにある。玄関へと続く小道には熱帯植物が植えられ、日陰を作っている。建物内部は、どのフロアも細かいところまで伝統的な中国式のデザインや飾り模様でみごとにまとめられている。レストラン事業に携わる4人兄弟は、それぞれ家族とともに1フロアずつ占有している。各フロアは、自由に行き来できる階段でつながっていて、一族の家の一体感を保っている（男兄弟7人のうち4人の家族がここに居住、残る兄弟は別のところに居住。残念ながら、姉妹は結婚して家を出ることから対象外となる）。

一般に巨大な円形住宅として知られる「客家土楼」は、福建省南西部の山岳地域に住む客家特有の農村住居だ。12世紀にすでに建てられていた土楼は、閉鎖型の版築《はんちく》（土壁造り）建築物で、通常は円形構造となっている。高いものは5階建てまであり、最大800人が収容でき、中世の城塞都市に似ている（1980年代にこれを空撮したCIAはミサイル格納庫と考えていた）。

こうした土楼全体がユネスコ世界遺産に登録され、「環境と調和した関係の中で、独特の共同生活と集団防衛を体現する建築的な伝統・機能の特異的事例」と評価された。

これはとりもなおさず、客家一族が至るところに存在する本質を物語っている。サムソンが言う。

「昔はインドの華人は、みすぼらしい環境で暮らしていました。あなたは世界のいろいろなところに行っているから、華人が文句も言わずに苦難に耐えていることをご存知でしょう。我慢強くて粘り強いんです。私たちは黄帝の子孫であり、〝龍的伝人（竜の末裔）〟なんです。みんな裸一貫で始めて、必死に働いて目標をかなえるんです。『急がば回れ』って言いますからね。新しい環境になじむのが先。それ以外はないですよ」

カースト制を飛び越える華人の革産業

中国からコルカタ(当時の名称はカルカッタ)への移住が始まったのは1778年。英国がこの地を英領インドの首都に定めたのもそのころだ。英国は、「帝国の輝く宝石」とも呼ばれたコルカタを足がかりに、東インド会社を通じて東はシンガポールや旧マラヤまで支配地域を拡大した。アヘン戦争の余波で英国が清に99年間の香港の割譲を迫り、支配地域は香港にも及ぶことになった(香港は1997年に中国に返還)。

インド北東部の西ベンガル州に位置するコルカタは、中国から陸路で最も入りやすい場所にある。インドで中国の血を引く人のルーツをたどれば、華人コミュニティの源泉であるこの町に行き着く。コルカタの華人人口は、ピーク時には2万人に達したが、1962年の中印国境紛争を境に今日ではわずか2000人に激減している。

車で走っていると、サンヤットセン通りに差しかかった。近代中国の国父、サンヤットセン=孫逸仙(孫文)にちなんだ通りだ。かつては賑やかだったと見られるチャイナタウンの変わり果てた姿が目に飛び込んできた。界隈は人の気配がなく、荒れ果てていて、廃墟と化した寺院や閉鎖された商店が軒を連ねる。

だが、朝市場は活気に満ちている。通りでパフペストリー、春巻き、包子(肉まん)を食べ歩くもよし、小さな生鮮市場でチャイをすする近所の人たちに混じって、客が売り手相手に値切り交渉する様子を眺めるもよし。

インドに暮らす客家人の生業は、主に靴作りか皮なめしのどちらかだ。ヒンズー教の身分制度であるカーストでは、皮革に関わる仕事は不浄という理由で禁じられ、カースト最下層の〝不可触民〟だけに許されていた。ヒンズー教徒が手を出さない仕事だから華人が根こそぎ持っていっても問題はなかった。皮革業は、西ベンガル州の主要産業で、何万人もの不可触民の雇用を生み出している。

私は、タングラ地区で皮なめし工場「アーティアムタナリー（亜添皮廠）」を経営する葉詩炎《イエシーイエン》を訪ねた。娘のジェシカは、ふだんはトロントで大学に通っているが、夏休みで帰省していた。インドの客家人コミュニティのつてを探していたところ、大学教授をしている友人から紹介されたのが、ジェシカだった。ニューエンバシーを経営する葉家とは同じ一族だと聞かされていた。

かつてタングラ地区は、コルカタ東部の水はけの悪い低地だった。１９１０年ごろ、華人靴職人数人がこの地に移り住み、自前の皮なめし工場を建てて、靴作りを開始する。この飛び地のように誕生した華人集落が１９５０年代に急拡大する。コルカタ中央から強制立ち退きに遭った華人コミュニティがこの地に移り住んだからだ。一時は客家人が運営する皮なめし工場が６００軒以上に達したこともある。

現地に足を踏み入れて最初に気づくのは、辺りに漂う悪臭。そして地面をつたって道端の排水溝に流れ込む汚水だ。

どちらも皮なめし工場から排出されるものである。それを除けば、何の不足もないチャイナタウンだ。中国語・英語の学校、商店・問屋、仏教寺院、レストラン、同郷会などの組織に加え、世界各地のチャイナタウンにつきものの関帝廟もある。

ジェシカの父親は、例のニューエンバシーの顔役であるサムソンのいとこに当たる。ごちそうすると連れられていったのが、「キンファ・レストラン」（錦華餐室）だ。注文したのは、客家炒麺と、タングラが発祥と言われている辣椒鶏（チリチキン）。もう一つタングラ発祥の棒棒鶏腿《バンバンジートゥイ》（チキンロリポップ）なる料理も頼んだ。基本的には鶏の手羽元を使い、根元の肉を外して骨先まで押し上げて丸くまとめ、棒つきキャンディーのような見た目に仕上げる（訳注：日本では「手羽元チューリップ」と呼ばれる形状）。この唐揚げを四川風ソースにつけて食べる。

「この辺りは臭くて、すみませんね」と、父親の葉詩炎が申し訳なさそうに言う。「こればかりはどうしようもなくて。この国では、客家人は靴作りか皮なめししか選択肢がないんです」

今や、ここのインド系華人にとって、タングラは故郷になっているが、それもいつまで続くか先が見えない状況にある。華人コミュニティの不安のもとは、またしてもインド政府だ。数年前、政府がタングラ地域住民にコルカタ東端への移転を求める計画を明らかにしたのである。皮なめし工場は環境を危険にさらすというのが当局の言い分だ。

一度ならず二度までも先行き不透明な状況に陥っていて、再び混乱するのは目に見えている。また見ず知らずの土地に慣れ、立ち上がることができるか試されるのだ。

その日はクォイの誕生日だった。タングラからの帰り道、アジャイと私はパークストリートにあるベーカリーでケーキを買い、キューピーズというベンガル料理レストランでターリー料理（訳注：大皿にさまざまな料理をのせた定食）のディナーを味わいながらお祝いした。世界食べ歩きの旅の途中でクォイの誕生日を祝うのは、これが2度目だ。

父は仏教、母はヒンズー教、夫はクリスチャン

不思議なことに、インドではどの華人集団も、うまく市場の隙間を見つけて居場所を作っている。一般に広東人は大工、客家人は靴作りや皮なめし、日中戦争中に渡ってきた湖北省出身者は歯科医、山東省出身者は絹商人といった具合だ。

どの集団にも共通して人気があるのがレストラン経営で、華人女性は美容院経営が多く、コルカタでは華人がほぼ独占状態である。今朝、ニューエンバシーを率いるサムソンが、サンフラワー・ビューティーサロン（國花美容院）という美容院に案内してくれた。ここはサムソンの妻パッツィーが、義理の妹2人（つまりサムソンが一緒にレストランを経営する弟のスティーブン、サミュエルのそれぞれの妻）と一緒に経営している。さらにサムソンの息子の妻サビナも働いている。

若いサビナはダージリン出身のネパール人で、とても社交的だ。サビナがサムソンの息子デイビッドと知り合ったのは、ダージリンの大学だ。この若きカップルも、例の一族の5階建てビラに暮らす。夫の両親と同じフロアだ。この客家の大家族に嫁いできたサビナが、どのような生活を送っているのか。また、異文化にどのように順応しているのか。私はサビナの反応に興味津々だ。

レジにもたれたサビナが説明する。

「正直に言って、この家族に嫁いできて、ここの生活になじむのに苦労したことはまったくないですよ。でも、仕事は別ですね。朝7時から夜7時までの営業です。姑が店にいないときは辛くてよく泣いていたし、こんなに大変な仕事はしたことないと夫にいつも文句を言っていました」

中国系インド人との結婚について、ネパールの両親は難色を示さなかったのか。

「全然。何か言われても不思議ではなかったですが、とても理解のある両親だったので。ただ、一つだけお願いがあると言われて。それは、ネパール仏教のしきたりにのっとって挙式してほしいということでした。それで私たちは、ダージリンで仏式の結婚式を挙げたんです。その後、コルカタに来て今度は教会でも式を挙げました。父は仏教徒、母はヒンズー教徒、夫はクリスチャンなんですよ」

華人でも「インド人だ」と主張する理由

インドで生まれたサミュエル葉は、自分の前途についてためらいを感じたことはない。この国にも、ダージリンにも愛着がある。

「ここが私たちの故郷です。ここに暮らしていて、家はここにある。私たちの国がここなんです」

機能的民主主義国であるインドは、社会の発展や貧困の根絶の面で中国に大きく水をあけられているとのイメージを持たれることが多い。その点についてサミュエルはこう指摘する。

「インド人はプライドが高過ぎるのが問題。自分たちが遅れていると認めたくないんです」

民主主義はいいものだが、ときには物事を前に進めるために権威主義的な体制が必要になるというのが、サミュエルの考え方だ。そして、強い権力でインドを統治したインディラ・ガンディーを称賛する。

「あれは、インドが貧困と低開発から抜け出し、先進国の世界に仲間入りするのに必要な処方箋だったのです」

長年、中国系インド人は英国統治下で暮らし、市民権を与えられない状態が続いた。このため、台湾発行の中華民国パスポートを携えて暮らした。移住のときに自ら持ってきたか、こちらにいる父親から受け継いだものだ。１９４７年のインド独立からは、中国の血を引くインド人は、民族的にも国家主義的にもインド人とは別物とみなされた。独立前に生まれた者は、インドのパスポートを申請しなければならなくなったが、取得は容易ではなかった。

「たとえインドで生まれ育った身でも、いまだに華人に区分されるんですよ。永遠に外国人なんです」と嘆く。「華人に分けられておしまい。あとはどうなろうとお構いなしです。中国の血が入っていれば、自動的にその区分です」

以前、サミュエルがインドの別の地域に出かけたとき、宿泊先のフロント係は顔をちらりと見るだけで外国人と登録したという。すぐに自分はインド人だと抗議して、市民権証書を突きつけた。最初は信用しなかったが、ヒンディー語で話し出すと、フロント係は「確かにインド人ですね」と突然笑顔になった。

ふと疑問が湧く。

「そうすると、自分では、華人とインド人のどちらだと自覚しているんですか」

「もちろん、華人です」とサミュエルは断言する。「でもインドに住み続けるには、市民権を取らなきゃならないんです。そして自分はインド人だと言い張る必要があるんです」

「何人であるか」は人種でも民族でもない

私は、サミュエルをよく知るというトロント在住の客家人にも話を聞いてみた。

「インド訛りがあることじゃないですか」とロバート葉《ヤップ》が笑う。インドの客家人とトロントの客家人の違いを尋ねたときの反応だ。

せっかくなので私も冗談にのっかって「ジャマイカ訛りとは混同しようがないね」と返した。

トロントには2万5000人以上の客家人移民がいると見られる。そのうち、ジャマイカとインドから渡ってきた客家が75％を占める。その他は、モーリシャス、南アフリカ、トリニダード、ペルー、スリナムなどの国々からだ。タヒチにも客家がいるが、その多くがトロントをめざしたとは思えない。

ロバートとランチに向かったのは、フェデリックスという店だ。南アジア系の客が多数を占める。この店をはじめ、1990年代にはトロントにインド系客家人経営のレストランが次々に誕生した。特に南アジア系の移民が集中する地区に多い（誰に聞いても理由はわからずじまいだったが、インドにある中華料理店で一番よくある名称が「フェデリックス」と「ウォルドーフ」だ)。

トロントでインド中華料理といえば、インド客家料理を指す。これは、中華料理法を巧みに取り入れつつ、インド流の辛味を融合させた料理である。

私たちがオーダーしたのは、客家炒飯、辣椒鶏、満州牛肉（マンチュリアンビーフ）だ。マンチュリアンソース（満州風ソース）は、ムンバイの「チャイナガーデン」という店の料理人ネルソン・ワンが考案したと言われ、ニンニク、生姜、砂糖、醤油に、唐辛子粉かレッドチリペーストを加えて煮込んだものだ。米国中華でおなじみの鶏団子に使われるとろみのある甘酸っぱいソースのスパイシー版と思えばいい。

「ここは、お昼になるとインド人やパキスタン人のタクシー運転手の溜まり場ですよ」と言いながらロバートは炒飯をぱくつく。「故郷にあるのと同じ中華が食べたいから、ここに来るんですよ」

ロバートの父親は広東省の梅県出身で、1937年に若くしてインドに渡った。そしてドライクリーニングやレストランで働き、2つの華人学校の校長も務めた。また、インド華僑協会の会長に就任し、コルカタでの実質的な台湾政府代表としてビザ発行など領事業務を担った（1950年、インドが非共産主義国としては2番目に毛沢東率いる中国を承認したことから、外交上の台湾の地位が大使館から代表部に格下げとなった）。

ロバートが言う。「(中印国境紛争が勃発した）1962年はとてもおそろしい年でした。それが15年以上も続いたんですから。みんな逃げ出したいと思っていました」

ロバートは1973年、18歳でカナダに渡って工学を学び、社会に出てからは電力会社の重役にまで上り詰めた。その数年後、父親もトロントに移り住んだものの、結局、コルカタに戻って家業を続けたという。一家(兄弟7人、姉妹2人)は最終的にカナダに渡っている。

「ここでは、うちは非常に大きな家族です」とロバート。「サムソン葉《イェ》の家族もよく知っていますよ。あちらもお子さんたちはみんなここに住んでいます」(ルビから気づいた読者もいると思うが、サムソン一家のイェ姓とロバートのヤップ姓は、漢字で書けばどちらも「葉」である。イェは北京語の発音、ヤップは客家方言の発音だ)。

世界でも屈指の移民の多さを誇る中国人移民の中で、特に地域集団や言語集団として最大派閥と言えるのが客家である。18世紀、中国南部の広東省・福建省のいくつかの県(訳注:市の下に属する行政単位、日本では郡に近い)から東南アジアに初めて渡ったのが、客家の人々だ。続いて19世紀にはインド洋や南太平洋の周辺地域、カリブ海、北米・中南米へと広がった。世界全体の客家人口は8000万とも1億とも言われる。

華人は、何世紀もの間に、戦争や政治闘争、飢饉から逃れて子育てができる第二の故郷を求めて世界に飛び出した。そんな人たちの子の世代も、気づけば自分たちの国籍のある国から再び他国に移住している。親が、起点の中国から外国に移住し、子の世代がさらに別の外国に移住すれば「2段階移民」だ。つまり、国境を越える移住を2世代続けていることになる。

こういう人々が特に英国植民地から独立した英連邦諸国の華人2世、3世に広がっている。社会不安、政治的混乱、民族迫害から逃れ、繁栄や安定を求めてカナダに渡った人々もそうだ。

だが、決して平坦な道のりではない。1979年には、カナダのあるテレビ放送ネットワークが『キャンパス・ギブアウェイ』と題した報道番組を放映し、中国系カナダ人の大学生が、本来カナダ人が進学できる機会を奪っていると主張したことから、反華人の人種差別が固定化された。実際には、この「外国人学生」とは、市民か移民かの違いこそあれ、カナダ人にほかならない。この放送に抗議行動が巻き起こり、私も参加したが、最終的には中国系カナダ人の平等な扱いを求める全国的な抗議行動に広がった。

ロバート葉も私も同世代で、1970年代にカナダに移住した点も共通する。その意味では、この平等を求めた戦いは、私たちにとって本当にいいタイミングだった。確かにそれぞれ出身地は異なる。だが、誰もが世界の「しかるべき場所」に落ち着くのである。

第15章　ラストタンゴ・イン・アルゼンチン

――ブエノスアイレス（アルゼンチン）

「引退したら中国に戻りたいですか」

ブエノスアイレスの街の中をくねくねと走るタクシーの中で、隣に座る71歳の男性にそう問いかけた。外は小雨だ。

「帰れないよ。あまりに厄介でね。戻るたびに面倒な問題が多過ぎて」

薄暗い車内で江《チャン》福清《フーチン》が言う。黄色い街灯の光が雨に濡れた窓から差し込み、人生が深く刻まれた江の顔の上で踊る。

江は、すでに人生の半分以上をアルゼンチンで過ごしている。知り合いを6人たどれば誰とでもつながっているという「6次の隔たり」理論（訳注：以前からそれらしい現象があると話題になっていたが、心理学者のスタンレー・ミルグラムによる1967年の実験で広く知られるようになった）というものがあるが、今回、私はまさにこの〝知り合いの知り合いの知り合い〟式の理論で江へのつてを見つけた。まず私の妹に尋ねたところ、友人のおばがリオデジャネイロに住んでいることが判明した。名前はアイリーン（馬秀文）という。早速、アイリーンおばさんを紹介してもらい、現地に飛んでランチをご一緒した。半島の上にある奇岩ポン・ジ・アスーカルの見える店だ。そこで話を聞いていると、義理の息子さんがブエノスアイレスに住んでいることがわかった。

こうしてアルゼンチンへのつてができたことで、カメラマンであるクォイを下見に送り込んでおいたのだ。実は当時、クォイは、インターネット上で知り合ったブエノスアイレス在住のガールフレンドがいた。だからこそクリスマスに「二人の仲をもっと深めてもらう」きっかけとして、迷うことなく彼を現地に送り込んだのである。さて、アイリーンおばさんの義理の息子はスティーブン呉《ウー》（呉冷輝）という。現地に到着したクォイは、無事、スティーブンに会えた。そのときに長年の親友として紹介してくれたのが、冒頭の江福清だったのである。

アルゼンチンは江にとって故郷なのか。今日はサンタアナの祝典の日とあって、サンテルモ教会で国歌から始まるコンサートを楽しんでから、こちらにやってきたところだ。

「どちらとも言えないね。自分の中で故郷という概念自体が薄れつつあるんでね。あなたのように世界が舞台の生き方に共感しますよ。それしか道はないんです。地球はとても小さいし、私たちの人生なんてあっという間です。自分は地球の一員だと思っているので、国境という概念自体、邪魔なんですよ」

「最後は中国で埋葬してほしいと言う人が多いですよね」と、私は返事を期待せずに口に出した。

「子供たちには、遺灰を海に撒いてくれと言ってあるんです」
タクシーの窓ガラスを雨が激しく打ち付ける。私は、同志に巡り会えた気がした。

冬の柔らかな日差し、辺りにはゴロワーズ（訳注：フランス産の独特の香りのたばこ）のかすかな香りが漂い、車窓に広がる緑豊かな田園風景にはうっすらともやがかかっている。パリのシャルル・ド・ゴール空港からのタクシーで見た景色を思い出す。国際的な雰囲気、ファッションセンス、大通りのカフェなど、ブエノスアイレスは南米のパリと称されるだけのことはある。ユダヤ人が集まる繊維街ですら、倉庫・工場などの使われていない上階にはミロンガ（タンゴ専門ダンスホール）がある。さながらパリ13区の雰囲気だ。

クォイは、さらに現地でのつてから、知り合いの知り合いの知り合いという「3次の隔たり」を飛び越えて、天井の高い魅力的なパリ風のアパートメントを市内で手配していた。この部屋は、フランス人外交官、バレリー・テイオが所有するものだ。テイオの夫は華人作家。よちよち歩きの息子を連れて家族でバカンス中だ。そこでこの豪華なアパートの部屋を貸してもらえることになったのである。しかも毎朝メイドがご丁寧にも朝食まで用意してくれるという。

私たちがアパートに到着すると、撮影スタッフであるアジャイ・ノローニャと妻のサラダ・ラマセシャンが待っていた。二人は、今回の撮影のためにはるばるムンバイから合流してくれた。前日にエアカナダのトロント発サンパウロ行きの深夜直行便に乗り、その後、今日、アルゼンチン入りしたそうだ。9・11の米国同時多発テロの余波で、インド国籍の場合、米国を経由せずに南米に行く方法はこれしかなかった。

朝食にしようとみんながテーブルに集まってきたところで、最後に合流したのがルス・アルグランティだ。ルスは、地元のコーディネーター兼通訳で、クォイが例のネットで知り合ったガールフレンド、いや正確には元ガールフレンドに紹介してもらった。

映画の撮影スタッフは、ときとしてジグソーパズルのピースのようにぴったりはまる。

「春巻きさえ作れれば生きていける」

ブエノスアイレス中心のオペラ劇場、テアトロ・コロンから数ブロックほどのビアモンテ通り沿いにある3階建ての建物。ここに私たちがめざす中華料理店「カーサ・チーナ(中國之家)」がある(訳注:スペイン語で「中国の家」を意味し、漢字店名も「中國之家」)。入り口は、重厚感のある観音開きの赤い扉で、左右に漢字の「福」の装飾がある。扉を開けると、天窓から光が差し込む中庭は、中国風の装飾品やデザインで演出されている。伝統的な中国庭園でよく見かける半月形のアーチをくぐると、レストランのホールに出る。

江は、1964年にアルゼンチンに到着してから数年してカーサ・チーナのコンセプトを思いついた。当時、現地に住んでいた数世帯の台湾人家庭のために、故郷から遠く離れたところにあるもう一つの故郷になれば、との思いを込めた。やがて、後々の世代にとっても、食を味わい、交流を深める集いの場となっていく。

「世界の未来は、命と希望の本質を次世代に引き継げる人々にかかっている」

江は、自著エッセイ集『The Casa China Story』にそう記している。中華人民共和国がアルゼンチンと国交を樹立すれば、もっと多くの中国人がアルゼンチンをめざすようになるのでカーサ・チーナを拡張し、さまざまな都市に豊かな中国文化の拠点を設置するとの夢も描いていた。

今もブエノスアイレスに残るカーサ・チーナの2階のスペースでは、太極拳教室、料理教室、漢方薬教室も開催されている。日曜夜には中国人移民向けのタンゴ教室まである。江は、同じビルの3階に暮らしている。

カーサ・チーナには、4年間働いているマリア・アレハンドラ・ヘロラミという女性がいる。その日の午後は、ブルーの伝統的な唐装（チャイナ服）を着たマリアが、世界に広まった中国食文化の代表格、炒飯の作り方を教えていた。

2階のホールには長い作業台があり、プロパンガスコンロが設置されている。手早く料理しながら、調理上のコツを伝授する。いわく、冷やご飯を使う。できれば、炊いてから2、3日目のものがいい。ヘラでご飯の塊をつぶす。硬い野菜から先に鍋に投入してから、卵を溶く。クワイや筍、椎茸などの具材を混ぜながら、色、味、香りを絶妙なバランスに到達させるコツを伝授する。

炒飯は、あらゆる中華料理の中でも、最も応用がきき、幅の広い料理ではないか。ご飯さえきちんと炊けていれば、どのような具材でも一緒に炒めることができる。私のお気に入り具材は、臘腸《ラップチョン》という中国式ソーセージだ。炒飯のスタイルも、揚州炒飯、福建炒飯、潮州炒飯、客家炒飯、ペルー風炒飯、さらにはインドにしかないシンガポール風炒飯など、多岐にわたる。

「教室が終わるころには、みんな満足感でいっぱいになりますよ」

マリアが参加者に説明する。

「料理は、どういうお客さんに出すのかで作り方も違ってきます。野菜多めが好きなお客さんもいれば、豚肉や辛いのがダメなお客さんもいます。食べる方に合わせるのが料理なんです。ちゃんと具体的な手順を書きますので、シン・プレオクパシオネス（ご心配なく）」

江の案内で地下の厨房に入る。料理長は江亞芳《ジャンヤーファン》だ。オーナーの江からは、中国から呼び寄せた姪と紹介された。同じ「江」姓なのに読み方が違うが、そこを疑う理由もない。実は、ジャン（Jiang）とチャン（Chiang）は、同じ姓なのだ。大陸と台湾のアルファベット表記の違いによるもので、漢字にすればどちらも「江」である。

だが、こうした「家族」の範囲はときとしてずいぶんと広がることがある。世界各地の中華料理店のオーナーは、自分の店で働いてもらうために、かなり遠い親戚でも呼び寄せるものだ。同じ郷里で同姓だが、まるで無関係の人ということさえある。これは、新たにやってくる移民にとって、中国脱出後に即座に生活の糧を得る足がかりでもある。

春巻きの皮作りの達人を自負するオーナーの江が、実際に目の前で腕前を見せてくれた。「秘訣はね、小麦粉に水を加えてこねるときに、水分は多過ぎず、少な過ぎず。生地は数時間寝かせてから、使うんですよ」

江は、これた生地をつかんで鉄板に押し付けるように広げる。

「鉄板は適温にします。十分に温度が上がっていないと生地が貼りつくんですよ」

すると、「今日はちょっと水分多めです」と料理長が誰にともなくつぶやく。

つまり、生地の状態は毎日違う可能性があるわけだ。春巻きの皮を紙のように薄く焼き上げるポイントは、その日の湿度に応じて1枚ずつ微妙に調整する職人技にある。

江は、質問に答えながら、鉄板に生地を押し付けては新たな皮を次々に焼き続ける。この様子だと、姪から邪魔だからもういいよと言われるまで、続けそうな勢いだ。

「毎日の運動代わりにやってるんでね」と笑う。「この技術があれば、ここで問題なく生きていけると思います」

敵か味方しかなかった戦後台湾

1937年12月13日、日中戦争が勃発後、日本軍が南京の城門から進軍し、数週間のうちに20万人以上の市民を殺害する、いわゆる南京大虐殺が発生した。それからほどなくして、江は現地の親戚のもとに送られた。当時、7歳。

江は、1931年に中国東部の江蘇省で生まれ、国民党政府と反政府の共産主義勢力による国共内戦の早い段階で孤児となった。そのころ南京は日本占領下にあり、対日協力政権の拠点となっていた。だが、この恐ろしい出来事について話す者もなく、後世になっても親族が口を開くことはない。

第二次世界大戦後、江は一時的に上海に滞在してから、1947年、16歳で台湾に移った。その2年後、蔣介石率いる国民党が台湾に逃れてきた。

台湾はオランダの統治下にあったが、1662年にオランダ人が駆逐されて以降、台湾海峡を渡って大量の漢人が移り住んでいた。そこに国民党が乗り込み、台湾の社会、文化、政治を統制した（オランダは、台湾をフォルモサと呼び、この名称は1970年代まで一般的に使われていた）。江にとって台湾での生活は幸せなものではなかった。

学校を卒業することもないまま、半端仕事をこなす日々だった。当時、台湾を支配していた国民党への入党を依頼されても、「政治の渦」に巻き込まれたくないとの理由で拒否していた。国民党の最大の関心事は、「反攻大陸（中国大陸に反攻せよ）」、「消滅共匪（中華民国時代の中国で使われたスローガン［共産党指導の反政府ゲリラを排除せよ］）」にあった。だが、江としては、後から勝手に流入してきた新入りに恨みを募らせる地元台湾人にこそ共感を抱いていた。

「非常に幼稚な状況でした。敵か味方しかなく、中庸というものがなかったですね」と、当時の台湾の若い世代の考えを説明する。

大陸ではすでに共産党が新たな共和国を樹立していて、こうした若者には、負け戦を戦う意味がわかっていなかった。

ほどなくして江は徴兵され、台湾南西部の防衛の最前線となる小さな金門島で兵役に服した。海峡を挟んで中国大陸からの砲撃が届く距離だ。金門島には英語の辞書と『老人と海』を持っていった。憧れのヘミングウェイのように、常に自分の信念を貫いてきた。独学を好み、一匹狼でロマンチスト。大勢に流されない反逆精神の人である。兵舎での自由時間を使って、婚約者に便箋38枚ものラブレターをしたため、戦争の残酷さや不当な行為を詳しく記した。平和主義ゆえの反抗的行為が原因で、独房に4ヵ月間監禁されたこともある。

除隊となった江は、婚約者と結婚したものの、定職に就けずにいた。1950年代後半に2人の子供に恵まれてから、台湾では未来が見通せず、国を出たいと考えるも、海外渡航は制限されていた。そんな折、台北で出会ったアルゼンチンの外交官夫妻の取り計らいで、江一家にアルゼンチン移民の道が開けた。

語学力・調理経験ゼロで「アルゼンチンの春巻き王」に

ラ・ボカという地区がある。かつてはジェノバからのイタリア移民が集まる労働者階級の町だった。今では、芸術家の町、観光エリアになっていて、波止場近くには明るくペイントされた住宅が軒を連ねる。この辺りは、マラドーナ並みに荒っぽい地元サッカーチーム、ボカ・ジュニアーズの本拠地で、少々柄の悪い地区と見える。実際、警察官2人が私たちに近づいてきて、撮影機材から目を離さないようにとの助言まであった。

江と一緒に旧港の波止場周辺を訪ねた。40年前、台湾からの1ヵ月間の航海の末に一家で下船したのがまさにこの地だ。新世界に到着したときの第一印象はどうだったのか。

「ラス・チカス・コモ・エストレージャス・エネル・シエロ（夜空の星のような女の子たちだった）」と目を輝かせる。

ここでは通訳のルスを介してスペイン語でインタビューした。私自身は英語圏で育ったこともあり、英語以外の言語を話す海外の華人コミュニティにはいつも興味をそそられる。江のスペイン語は、ほとんどは現在時制で押し通すし、複数形や助動詞が抜けても気にしない。男性名詞・女性名詞もごちゃまぜになる。それでも通じるまずまずのレベルだ。

それがわかったのは、南米から戻って数週間後に映像を翻訳する担当者からそう指摘されたからだ。でも、それは問題ない。中国語なんて、そもそも動詞の活用も、男性名詞・女性名詞もないのだから、と翻訳担当者に説明した。

江が続ける。「ブエノスアイレスがあんなに進歩していて美しい町とは知らなかったね。実際、大都市だったし、ここなら居場所があると確信できたので大きな自信が持てたよ」

到着した当時、ブエノスアイレスの華人はわずか２００人ほどで、ほとんどが広東人だった。現地華人が「過酷な労働環境を強いられ」、恵まれた状況にないことに気づいたという。チャイナタウンがあるベルグラーノ地区の中華食料品店や電器店の状況について尋ねた。

「ああいうのは後から来たんだ。１９８０年代に台湾や中国からの移民が住み始めてからだね」

数ヵ月、半端仕事をこなして過ごした後、江は家族を伴ってブエノスアイレスの西北にあるコルドバ州の州都・コルドバに引っ越した。こちらのほうが町がこぢんまりしていて、人間関係も密で温かい雰囲気があった。最初に米国領事館に仕事がないか尋ねたが、スペイン語が話せなければ仕事はないと門前払いを食う。だが、料理人ならできたのではないか。

まさに私が察したとおりで、領事館で領事一家の食事を担う料理人として雇われたのだった。そんなわけで、調理経験のないまま、中国人移民の料理人として、彼も名を連ねることになったのだ。

中南米に渡った中国人移民の多くがそうであったように、江も自宅の厨房で作ったエンパナーダ（訳注：小麦粉の生地で肉や野菜を包んで焼いたパイ）を細々と売るようになった。ある日、総領事から、小さなエンパナーダを春巻きにしてみてはどうかと助言された。さっそく、妻の手を借りて、小さな工場を作り、1日に最大600個の春巻きを作る体制を整えた。

やがて一家でブエノスアイレスに戻った。こちらのほうが大きな市場があると見込んだからだ。口コミで評判が広まり、スーパーマーケットチェーン向けの冷凍春巻きの生産に乗り出す。取引先には「ロックフェラー家がオーナーのチェーンもあった」そうだ。この結果、江は「アルゼンチンの春巻き王」にのし上がった。

四海の至るところに兄弟は見出せる

南米に渡ったことをきっかけに、江は華人の世界に目を向けるようになる。江一家が台湾から乗ってきた貨物船は、香港、シンガポール、マレーシア、モーリシャス、モザンビーク、南アフリカに寄港してから喜望峰を回り、南米に向かった。ポートルイス、マプート、ダーバン、ケープタウンはもちろん、地球の裏側のサンパウロやモンテビデオまで、どこに行っても華人の姿を目にして衝撃を受ける。

江と同世代の台湾人は1950年代から1960年代に移民を実現したわけだが、実は、アルゼンチンに最初に渡った中国人移民は、もっと昔からいた。第1陣は1919年から1949年で、広東省南東沿岸地域に住む広東語圏の人々が中心だった。だが、江が言うには、第一次世界大戦後に来歴不明の華人一族がフランスからやってきて、パラグアイに近いチャコの北東部に定住した。この人々がアルゼンチンのカウボーイに当たる「ガウチョ」になったそうだ。

江が深く感銘を受けたのが、このチャコに移り住んだ華人だった。現地を訪れた際、3世となる子孫に出会ったが、中国語は話せなかった。同時に自分の子供たちを思い浮かべ、「中国語が話せなければ、中国文化は失われる」と危機感を抱いたという。

江の話を聞いていてふと思い出した話がある。第一次世界大戦中に英国やフランスに雇われて戦場に駆り出された「中国労工旅」(中国労働者部隊)と称する14万人以上もの労働者だ。戦線の背後で支援作業や肉体労働に当たった人々である。そのほとんどは、戦後に中国に送還されたが、中にはアルゼンチンに向かった人たちがいたとしても不思議ではない。それと関係はないのか。江も労工旅の話は承知しているが、チャコに定住した華人は、欧州の戦線の背後に送り込まれた人々とも、フランスで働かされた人々とも、出身省が違うと言う。

1960年代末に江は、「ほかの中国人移民の暮らしぶりを覗く」ために何度か世界を旅した。海外に散らばった華人に対する好奇心がきっかけで、江の世界観は大いに影響を受けた。例えば、中国から送り込まれ、鉄道労働に駆り出された人たちは、人種差別を背景に米国から中南米に渡っていったが、向かった先はブラジルでもアルゼンチンでもなかった。大陸に横たわる2つの壁、アンデス山脈とアマゾン川が行く手を阻んだからだと江が説明する。

江は、世界を旅した後に自らの文化論をまとめている。私が取材でアルゼンチンを訪れると知り、事前に1部送ってくれたのだ。その小冊子は、中国語で執筆し、スペイン語と英語に翻訳されたもので、「生命の調和と世界平和」の重要な一角を担っているのが中国文化だという、江のビジョンが語られている。

さらに彼のビジョンは、生命力の陰と陽、5000年に及ぶ中国文化の保存にまで広がり、アルビン・トフラーの『未来の衝撃』、マリリン・ファーガソンの『アクエリアン革命』、ラッセルやクリシュナムルティの哲学にもインスピレーションを受けている。

また、人生で大きな影響を受けたものとして、ベートーベンの交響曲第9番を挙げたうえで、ベートーベンが第9の第4楽章の歌詞として盛り込んだフリードリヒ・シラーの詩『歓喜の歌』を引用している。

汝が魔力は再び結び合わせる
時流が強く切り離したものを
すべての人々は兄弟となる
汝の柔らかな翼が留まる所で

そこで、私は呼応するように中国語の諺「四海之内皆兄弟」（四海の至るところに兄弟は見出せるではないか）を挙げた。

ブエノスアイレス、サンティアゴ、ニューヨークに家族は分散

「アンデス山脈一つ越えるだけですから」

朝、チリの首都、サンティアゴ・デ・チレ（訳注：一般的には省略してサンティアゴ）から空路で飛んできた江嘉音《チャンチャイン》がこともなげに言う。江の娘である。父のもとに頻繁に顔を出していて、その日もいつもの訪問だった。

「こうやってときどき長い時間おしゃべりするのが、私も父も楽しみなんですよ」

40代半ばの嘉音は、15年前から実家を離れて暮らしているため、父親と過ごすひとときを大切にしている。何ともいじらしいではないか。胸を打たれたと彼女に告げた。一定の世代の華人男性は、実の娘とそんなふうに長話ができるほどあけっぴろげではないし、言葉数も多くない。

「うちは家族が散り散りになっちゃって。みんなで顔を合わす時間もないんです。北部に住んでいる家族もいれば、南部もいる。どうやったら家族の結束を守れるんでしょうね」

バルコニーからは、父親の居室のすぐ外にある天窓付きの中庭が見える。クォイは撮影準備の合間に中を覗き込む。部屋に並ぶ古い家具は埃をかぶり、辺りは散らかっていて、中国語の古新聞が積まれている。

1950年代の香港で「阿伯《アーパッ》（おじいさんたち）」が晩年を過ごした気が滅入るような住居を思い出す。

「父は、幼いときに日中戦争があり、その後は台湾で戒厳令が敷かれていた冷戦時代があり、アルゼンチンに来てからは知り合いもいない。そういう辛い日々を過ごしてきたんです」と嘉音が説明する。「でも、そういう境遇だったからこそ、父は弱くなるどころか、強い人間になったのだと思います。それで、人生に関して底なしの楽観主義になったんです。アルゼンチンは、住みやすい国ではありません。2002年は最悪の状況でした」

国連で経済開発専門家として働いている嘉音によれば、経済危機で同国通貨のペソ安が進み、価値は半分以下になったという。

「電話で話すたびに父のことが心配だと告げると、決まって『何を心配する必要があるんだ？これで普通なんだよ。これまでだって先も見えない混沌とした状況で生きてきたんだし、いちいち気にしていたらキリがないよ』って言うんです」

嘉音は、華人女性としてひときわ存在感があった。子供時代を送ったコルドバでは、学校で200人いる生徒の中でアジア系は嘉音と弟の2人だけだった。クラスメートが寄ってきて、黒髪をなでたり、瞳を覗き込んだりすることもあった。

「何だか火星人になった気分でしたね」と振り返る。「実際、すごく嫌になって、自分なんていなくたって同じだと思って学校から逃げ出したこともあります」

思春期に恋人を作ったこともない。いつもレストランの手伝いに明け暮れたからだ。9歳で厨房の作業台を前にデザートづくりに精を出し、13歳のときにはホールに出るようになった。19歳のときには、父親が息子を連れて世界旅行に出かけたため、3ヵ月間、店を預かったこともある。

「人生で一番辛い日々でした」

インタビュー中、私の次の質問を予期していたようだ。

「もちろん、父は、私に華人と結婚するよう望んでいましたよ。21歳のときに父が中国に行って、幼なじみの友人の息子をアルゼンチンに連れてきたんです。その男性となら相性がいいと思ったんでしょうね」

嘉音は、その青年が嫌いではなかった。同じ言葉で話せるし、とても感じのいい男性だった。しかし、中国育ちの彼に対して、嘉音は西側世界の出身。「人生観が違っていたんです。たまたま相性が悪かったんですね」

父親の仲介から距離を置きたいとの思いもあって、嘉音はニューヨークでの留学を決めた。当時、

20代。ニューヨークに高揚感を覚えた。

「1980年代でしたから、ニューヨークは世界の頂点にありました。いろいろな美しい言葉が話されていて、人々の多様性は大いに刺激になりましたね」

1982年にフォークランド紛争が勃発し、故郷の家族は娘の留学を支援するどころではなくなった。友人から急かされるように国連の求人に応募した。国連公用語のうち3ヵ国語を話せたからだ。唯一募集していた秘書の職を得て、昼は仕事、夜はニューヨーク大学大学院の研究に勤しんだ。やがて国連では、正規職員の経済開発専門家に昇格し、ジュネーブで採用されることになった。

30代になり、生活の拠点を欧州に移していても、父親の江からは、台湾出身の男性との結婚を何度も打診された。その男性に興味はあったが、やはりまたしてもしっくりいかなかった。

スイス勤務も7年が経過すると、ホームシックになり、父の近くにいたいと思うようになる。そこで、チリのサンティアゴにある国連のラテンアメリカ本部の求人に応募した。そのころ、嘉音はある米国人物理学者との出会いがあった。

「友情が恋愛に変わって、彼は、私のいないジュネーブにはもう興味がないので、チリについていくと決断してくれました。それで結婚を決めたんです」

母親と弟はニューヨーク住まいのため、父親の近くにいるには好都合でもあった。

父親の話に戻ろう。昔、江が若かりしころ、劉永芬《リュウヨンフェン》という女子中学生を紹介された。4つ年上の江にとっては、妹のような存在だった。それから数年後の1957年、二人は結婚する。

「あれは彼女の母親の作戦だったんですよ」と江は中国語で説明する。「結婚後、義理の母は私のことをとても気に入ってくれました。素晴らしい女性でしたよ。80代になって、私と暮らすと言ってはるばるアルゼンチンまでやってきて、『人生の最期はあなたに近くにいてほしいの』と言っていたほどです」

結婚はしたものの、妻にとってアルゼンチンでの移民生活は満足のいくものではなかった。

娘の嘉音がその当時のことを覚えている。

「ある日、母が泣いていました。母の実家はとても居心地がよくて裕福でした。台湾に戻るお金もなくて辛そうでした」

ほどなくしてアルゼンチンで夫婦は別居生活となり、1981年には妻が米国に住む息子のところに引っ越した。

「自由にしてあげたかったので、引き留めるようなことはしなかったよ。毎日化粧に1時間かけて、貴族のような生活ぶりだったね。私は質素な生活がしたかっただけなんです。20代になる前に大いに盛り上がって結婚しても、しばらくして責任感が出てくると、以前ほどの衝動は感じなくなります。私たちの時代は責任がとても大切でした。今でも妻や義母に対して責任感を覚えます」

嘉音は、父が高齢になってから誰も面倒を見てくれない孤独な生活を送るか、それとも誰か面倒を見てくれる伴侶を見つけるか、どちらがいいかと言えば「父のために」後者を選ぶとこっそり教えてくれた。母親には、ニューヨークでいい人に巡り会えたら「気兼ねなくどうぞ」と伝えたそうだ。「両親には、伝統的な華人の家族観に縛られて自分の選択肢を狭めるようなことをしてほしくないんです。お互いに大人ですから。一番大切なのは自分の幸せだと思います。両親それぞれが幸せなら、一人暮らしだろうが誰かと一緒に暮らそうが、本人次第です。それは本人に任せるしかありません」

「アルゼンチン式焼き肉」で牛まるごと食べつくし！

今回のアルゼンチン取材では、スティーブン呉という男性が現地の窓口になってくれたことはすでに書いたとおりだ。彼は、江がアルゼンチンに移住して以来40年の付き合いだ。私たち撮影チームに加え、呉、呉の義父など7人が古いメルセデスに乗り込み、郊外にある呉の別荘に向かった。

「ポルテーニョ」という言葉がある。一般的にはスペイン語で「港の住民」を意味するのだが、ブエノスアイレス住民は、自分たちを指す言葉として使っている（訳注：植民地時代に貿易港として栄えた自負心から生まれた言葉）。ポルテーニョにとっての別荘とは、港からは遠く離れ、都市部との境界をわずかに越えた辺りにある家族の家で、大きな庭がある。

呉は、マジシャンでサーカス団を経営していた。その団員の中にいた空中ブランコ乗りのイタリア人女性が後に彼の妻となった。サーカス団は、息子の1人が継いでいる。呉は腕利きの経営者で、移動の車内では義父とビジネスについてずっと話している。

裕福な家庭の出身で、人脈も広い。父親は日中戦争当時、高級将校だった。当時は、国民党と共産党が国共合作で日本軍と戦ったかと思えば、今度は国民党と共産党が戦うという時代だった。車内の会話では、国民党指導者の蔣介石、傀儡《かいらい》政権指導者の汪兆銘《おうちょうめい》（汪精衛）といった名前も出ていたが、呉は、父親がどちら側についていたのか明言はしなかった。

「社会全体が漁網のようにすべてつながっていたけれど、善人悪人を見分けるのは難しかった」とは父親の弁だ。

　1949年、共産党勝利の前夜、呉一家は大量の亡命者とともにブラジルに渡った（呉の継母である前出のアイリーンおばさんがブラジルにいたのは、そういう経緯があってのことである）。

　呉の別荘敷地に入りかけたところで、大方の予想を裏切るとんでもない規模であることに気づいた。塀や樹木で囲まれ、敷地内には小川が流れている。前庭の脇には、サーカス団の移動に欠かせないトレーラーの廃車が置かれている。お手伝いさんたちがパリージャ（訳注：アルゼンチン式焼き肉、アサードとも）の準備中だ。裏庭のレンガを組んだグリルでさまざまな部位の牛肉を焼くのである。牛1頭の半分ほどもある量をこれから平らげようというのだ。

「中国なら村人全員に分けられるくらいあるね」とクォイがまじめな顔で言う。もちろん大げさに反応しているのであって、そこまではない。

　焼き上がった肉はパティオでいただく。テーブルには、次々といろいろな部位が運ばれてくる。リブ、サーロイン、フランク（ササミ）、スネ、ブリスケ（歯応えの良さから華人に好まれる部位だ）などが焦げ目をつけた最高の焼き加減で登場する。

「今日はすべての部位を食べ尽くそう」と呉は威勢がいい。どの肉も柔らかくて味が良く、焦げ目のついた脂身の味わいが口の中でジュワッと広がる。

数皿目で私は満腹になった。レストランなら、「もう止めて」の合図に立てる小さな旗があるのだが、ここにはそんなものはない。

周囲に目をやるとのどかな景色が広がり、和気あいあいとした雰囲気の中、会話も盛り上がる。冬の日差しが暖かく、庭園を金色に染める。ビールにワインなどアルコールも次々に運ばれてくる。ランチの後、コニャックのグラスを手に敷地内を散策し、木々になるフルーツを取りにいく。その光景だけでもいい気分だ。中国から見れば、地球の裏側。2万キロ近く離れた地で、長らく離れ離れだった友と巡り会えたかのような楽しい時間は、あっという間だ。

呉が話したい気分だから、江もつられて解放的になる。恋愛や愛人の話、江夫婦の別居の話、宇宙や世界の話題、家庭のごたごたから自由になる話など、とめどない。

「友人連中は、二人が一刻も早く元のさやに収まってほしいと思ってるよ」と、呉がわざと江に聞こえるように大きな声で言う。

それを耳にした江は、「人が選んだ道だ。尊重しなきゃ。誰だってやりたいようにやる権利があるんだ。家族を理由に二人の人間を縛り付けちゃいかんよ」とぶっきらぼうに返す。

「俺はガールフレンドが何人もいるけど、今でも妻とは一緒にいたいと思ってるさ」

呉の言葉はどこまで冗談なのか定かではない。

すると江が言う。

「妻には3つの選択肢があるって言ったんだ。娘と暮らすなら、それでもいい。私と一緒にいたいなら、それもいい。ニューヨークにいる息子のところに行くのも構わないってね」

そして江は彼なりの愛のあり方、恋愛や純愛のさまざまな形、年をとって身の回りの世話をしてくれる連れが必要なことなどを説き始めた。今でも妻を愛しているのか尋ねると、「そもそも愛とは何ぞや」といった物言いで、一般論を並べるだけだ。


ブエノスアイレスで最古の地区が、スペイン統治時代の建物や石畳の道のあるサンテルモ地区だ。毎週日曜になると、ポルテーニョと呼ばれる地元ブエノスアイレス住民や観光客がこの地区に繰り出し、食事やショッピングなど思い思いに楽しんでいる。アンティークショップ、フリーマーケット、街角で踊るタンゴダンサーなどがひしめくこの地区を歩いていると、江の表情が生き生きと輝き始めた。そして自らこの地で骨董店をオープンするまでの経緯を説明する。

店に入るときに江が言う。

「これまでたくさんのチャイナタウンに足を運びましたが、土産屋はどこも小さくて混雑しているんです。ここは違うでしょ?」

江の長年の友で、この店を預かっている王壽昌《ワンショウチャン》を紹介された。70歳になる王が棚の商品を案内してくれた。江の言っていたとおり、まるでギャラリーの作品のように商品が陳列されている。

私は二人を隣のカフェバーに誘った。店内では数人の男性客がコーヒーやカンパリを飲んでいた。壁には、不世出のタンゴ歌手で国民的英雄のカルロス・ガルデルの写真が飾られ、テレビではサッカーの試合が流れている。

「70年代に〝跳船《ティウシュン》〟したんだ。心配なんてなかったよ。何か盗んだわけでもないしね」と、アルゼンチンに渡航した経緯を王が広東語で振り返る。「跳船」とは、いわゆる脱船のことで、商船などの船員が外国寄港地で上陸して姿を消すことを言う。

「アルゼンチンは資源が豊富と聞いて、とても魅力を感じたんだよ。今は妻も子供も孫もみんな〝鬼《グウェイ》〟だよ」と王。そして「アシ・エス・ラ・ビーダ（人生はそんなもの）」と自分に言い聞かせるようにつぶやく。王が使った広東語の「鬼」は、からかいやあざけりの気持ちと、愛らしさが相半ばしているような意味がある。かつての中国の人々から見れば、欧州の白人はそんな対象だった。中国王朝にいる自分たちが〝人間〟であり、それ以外の存在は〝鬼〟という構図だ（訳注：中国語の「鬼」は、日本語の「鬼」とはまるで違い、具体的イメージのないお化けのような存在を指す。自分と同じ世界や自分の側にいるのが人間だとすれば、それ以外の得体の知れない存在、ある意味で〝死んだ人〟を総称して「鬼」と言っている）。

王は、台湾に妻や子供を残したまま、アルゼンチンで〝跳船〟に踏み切った。妻が亡くなってからは、台湾に残した子供たちとの縁も途切れてしまった。

「もう連絡の取りようもなくてね」

王を見ていると、若いときに中国を飛び出した年配中国人らの姿を思い出す。母国の家族から離れ、拘束の多い移民政策の国々で、往々にして困窮に耐えながら暮らしているうちに、新世界で新たな伴侶を得て、もう一つの家庭を築くことになる。北米・中南米では、どこに行っても、こうした話を耳にする。

佇んだまま、アルゼンチンタンゴ

私は昔からずっとタンゴ好きだ。魅惑の官能的な音楽と、エロティシズムや性的願望を反映したダンスが特徴だ。そんなこともあって、タンゴで踊り明かせるような中華料理店オーナーと知り合いたかったのである。悲しいかな、江は踊れない。カーサ・チーナの2階のタンゴ教室の面々と一緒に踊ろうとしている江の姿か、それともバー・レストランで踊るタンゴスクールの生徒ペアの踊りを眺めている江の姿のどちらかをフィルムに収めることになりそうだ。

サンテルモに「バール・スール」というタンゴパーラーがある。店内のチェッカー柄タイルのフロアでは、バスに詰め込まれてやってくる観光客向けに、夜ごとタンゴショーが開催されている。ブエノスアイレス取材の最後の夜は、近所のパリージャで再び肉をたらふく食べ、アルゼンチン産ワインのメンドーサ・マルベックでいい気分になったところで、江を誘ってバール・スールに向かった。

ところが入り口に立ったまま、中に入ろうとしない。入り口の照明が暖かいオレンジ色の光を放っている。雨上がりの石畳がきらきらと輝いている。肌寒い夜とあって、くわえたばこで、とっさに上着の襟を立てている。クォイがまるで台車のついた移動式カメラのように、撮影しながらそのまま後ずさりして、江を大きく引き寄せた。カメラを通して見ると、物悲しいダンスの本場にあるタンゴバーの前で立ち尽くす孤独な人の姿がそこにあった。

その後、江を自宅に送り届けるためにタクシーを呼び、闇に向かって走る車が夜霧に消えるまで見送った。

第16章　「ごはん食べた？」

――リマ（ペルー）

ここは装飾にしても騒々しさにしても香りにしても、典型的な香港のレストランを思い起こさせる。今日は日曜日。店内は、あちらこちらで老若男女の大家族がテーブルを囲み、中華料理を味わっている。

だが、ここは香港ではなくペルーの首都、リマだ。ペルーのチャイナタウン、カポン通りにある「サン・ホイ・ラオ（山海楼）」（訳注：サン・ホイ・ラオは広東語読み。北京語ではシャンハイロウ）の店内風景である。こうした中華料理店は、ペルーでは「チーファ」と呼ばれる。客席を見渡せば、みなペルー人だ。そして中華料理のお供は、地元発祥の黄色いコーラ飲料「インカ・コーラ」である。

クォイと私以外に、アジャイ・ノローニャと妻のサラダ・ラマセシャンも加わって、前日にブエノスアイレスからペルーに入ったところだ。4年に及ぶ5大陸の取材旅行の最終目的地だ。

今日のランチの相手は、友人のファビオラ・カスタニェーダ・チャン。知り合いのレストランオーナーを紹介してくれることになっていた。ファビオラは、中国系ペルー人で、前年にキューバ取材で通訳をお願いしたバレリア・モウチュウ（毛範麗）のまたいとこの子に当たる。

「チーファというのは、ペルーの言葉で中華料理店とか中華料理のことです」とファビオラが説明する。「こちらで『バモス・ア・コメール・チーファ』と言ったら、『中華を食べよう』ってことなんです」（訳注：「バモス・ア・コメール」＝「〜を食べましょう」）

私たちが食したのは、おいしい点心セットで、蝦餃《ハーガウ》（海老蒸し餃子）、焼売、雲呑、春巻きのほか、これまで見たことのない「チチャロン」なる点心もある。見た目は広東料理の叉焼のようだ。

まさにその瞬間、オーナーのルイス・ヨン・タタへ（訳注：スペイン語の氏名の一般的な表記法で、ヨンが父方、タタへが母方の姓）が私たちのテーブルに近づいてきて自己紹介した。私は姿を見てすぐにオーナーとわかった。というのも、今朝、ホテルのテレビのチャンネル2でやっていた料理番組に出演していたからだ。テレビでは、目の前の姿と同じ刺繡入りのブルーの唐装（いわゆるチャイナ服）をまとい、ペルー風炒飯を作っていた。

「ペルーでは中華料理にジャスミン茶を合わせません。チーファを食べるときはインカ・コーラと決まっているんです。この奇妙なコーラ飲料が、売り上げでコカ・コーラを上回るんですよ」

52歳になるヨンは、華があって社交的。頭頂部は禿げ上がっていて、中国語で「富貴相」（裕福で高貴な顔つき）と呼ばれる丸顔で慈悲深そうな雰囲気をたたえている（興味深いことに、禿げていることも富貴相条件の一つなのだ）。家柄がよく、幸運に恵まれ、豊かな食生活を送っているしるしなのである。

飯＝食事＝コメを炊いたもの

ところで、先ほどからたびたび耳にする「チーファ」の由来は何なのか。

「広東出身の祖父母は『炊飯《チュイファン》』（ご飯炊こうか）とよく言っていました。もう一方の祖父は客家で、ご飯を食べるときは、方言で『吃飯《チーファン》』と言っていました」

中国語で「飯《ファン》」は、「コメを炊いたもの」を意味し、それが食事の意味でも使われる。炊く前の穀物としてのコメは「米《ミー》」だ（訳注：日本語の「ご飯」も炊いた白米の意味と、食事の両方の意味があるので、同じ感覚である）。

「そうすると、父方、母方の祖父母のうち3人が華人ということですか」と私は言いながら、どのくらいの血を引いているのか計算していた。「つまり、あなたの4分の3は華人の血を引いているんですね」

「確かにメスティーソ（異人種間結婚による子孫）なんでしょうけど、文化や考え方は100％華人ですよ」とヨン。

するとファビオラが「じゃ、私の場合、華人の血は4分の1ですね」と付け加える。「でもいつも『チニータ』と言われますよ」

チニータとは、中国人女性を意味する『チーナ』に、親しみや可愛らしさを表す語尾『イータ』をつけた言葉（訳注：実際には、南米では、華人にとどまらず、アジア人全般に対して使われている）。

私が水を向けたわけではないが、ヨンは、中国５０００年の文化・思想の伝統の素晴らしさを得々と語り始めた。だが、ヨンが何よりも絶賛するのが、中華料理が総合的な健康につながるメリットである。実は医師の資格を持ち、消化器専門医・外科医として20年以上にわたって医療現場に携わり、つい最近、医師の仕事を辞めてレストラン経営に全力を傾けるようになった。

「食べることと食物は、中国文化で重要な要素」と力を込める。「どう食べるのか、そして何を摂取するのか。こうしたことがすべて体の陰と陽の調和につながるのです」

彼が経営する山海楼《サンホイラオ》という店名は、文字どおり山の幸、海の幸が集まる建物を意味する。「山海」と言われて思い浮かぶのは、『山海経《せんがいきょう》』という書物だ。想像上の地理や獣をまとめた地誌で、諸説あるが紀元前4世紀に書かれたものとされている。それもあって、広大な風景、神秘的な雰囲気、美しさが目に浮かぶ。

その日は日曜日だったため、一家総出で店を手伝っている。ヨンが厨房に向かい、妻のブランカは来店客を迎え、段違い構造のフロアのテーブルに手際よく案内する。娘のバネッサとベロニカは、手薄の場を見つけては補助に入っている。

３階の厨房は広々としていて、きれいに整理されている。照明も明るく、設備がそろっている。私がこれまでに目にした厨房の中でもトップ３に確実に入る立派なものだ（残る２つは、トリニダードとムンバイだ）。ヨンは、厨房スタッフに指示を飛ばし、できあがった料理は客に出す前に一皿一皿じっくり吟味する。時折、ヨンが自ら中華鍋を振ると、ぼわっと大きな炎が立ち上る。カメラの前で、心憎いまでに自分の見せ方を心得ている。

「中華料理は父から教わったんです。母はペルー料理が上手でした」

そう言いながら、厨房内の料理人の動きを横目でしっかり見ている。

「ですから、家庭内には中国とペルーの文化が混在しています。私にとっては誇らしいし、幸せなことです」

ヨンは1999年にボロボロだったサン・ホイ・ラオを引き継いだ。

「自分の性格や個性を考えると、医院経営は向いてないんですよ。でもレストラン経営は別物です。実入りはよくないですが、個人的に大きな満足感が得られます。医食同源にもつながります」

胃袋でペルーを征服

ファビオラが言うように、チーファは、レストランだけでなく、料理自体も指す言葉だ。中華料理とペルー料理を調和させた料理であり、スパイスも食材も料理法も融合している。他の国々では中華料理を「エスニック」と捉えるが、ペルーは違う。チーファはペルー人の食生活に深く根付いていて、それ自体がペルー料理になっている。実際、ペルーが中華料理を〝国有化〟し、自国のものにしてしまったと言ってもいい。

ペルーには、2万~3万軒の中華料理店があり、その半数以上が首都リマにある。人口2700万人の国にしては、中華料理店の数が多い。実際、ペルーにあるチーファ(レストラン)の数は、それ以外のあらゆるレストランの合計数を上回るほどだ。

チーファは、20世紀が到来したころにリマに出現し、その後、国内の隅々に広がっていった。1970年代になると、こうした料理がエクアドルやチリ、ボリビアといった近隣諸国に〝輸出〟され、アンデス山脈周辺や沿岸部の伝統的な料理にまで影響を与えている。時は流れ、チーファは、新たに加わった本物のペルー料理として存在感を増した。

「メニューあるところにチーファありという諺まである」とヨンが熱弁を振るう。「ペルーでチーファレストランを出せば、商売として間違いがありません」

確かに、ペルー料理と中華料理の境界線がはっきりしないことも多い。ペルー料理レストランの多くが、メニューのかなりの部分をチーファ料理に割いている。それ以外の店はそもそもチーファレストランを名乗り、中華系ペルー料理を提供している。

ペルーの代表的な料理で国民食として親しまれているロモ・サルタードという料理がある。ところが、その起源は中華で、牛ヒレ肉の角切りを醬油に漬け込んでから、生姜、紫タマネギ、長ネギ、トマト、赤唐辛子、ニンニク、コリアンダー、豆豉醬、アヒ・アマリージョ（黄色唐辛子）と一緒に炒めたものである。

ここでペルー風の味付けが加えられていることがわかる。アヒ・アマリージョは、かすかに甘い風味とヒリヒリとした辛味が特徴の黄色唐辛子で、ペルー料理ではおなじみの食材である。さらに、インカゴールドというジャガイモのフレンチフライも中華鍋に投入して炒めるか、白飯を添える場合にはフレンチフライは付け合わせとして脇に置く。また、紹興酒の代わりにピスコ（発酵させたブドウ果汁を蒸留した度数の高い酒）を料理酒として使うことも多い。

「私たちは胃袋を通してペルーを征服したわけです」

ヨンとしてはジョークのつもりだろうが、言い得て妙で、あながち冗談とも言い切れない。

中華料理は主流になり、「シジャオ（醤油）」、「チャウファ（炒飯）」、「キオン（生姜）」といった語がペルーの言葉に仲間入りしている（訳注：生姜を意味する「姜」は、客家語でキオンと発音する）。「サルタード」という語が付くペルー料理は、通常、中華起源である。サルタードの基になったスペイン語の動詞のサルタールは、「跳び上がる」とか「飛び越える」という意味で、中華鍋で食材を炒める様子をうまく表現していることからサルタードが中華を表すようになった。

サン・ホイ・ラオで「タヤリン・サルタード（平麵を使った醤油味焼きそば）」という中華系ペルー料理を食べている客にそのことを告げると、「まさか中華料理だったなんて知らなかった」と驚いている。「どのレストランが中国生まれの料理を出す中華料理店なのか見分けがつかないね。全部ペルー料理なんだから」

脂身控えめで肉多め！「チチャロン・サンドイッチ」

チャイナタウンが広がるカポン通りは、「去勢の道」を意味する。元々、近所のメルカド・セントラル（中央市場）からここに豚を運んで去勢していたことから、このような名称になった。去勢すると、太って味のいいチチャロン（豚バラ肉）になるからだ。

　中央市場周辺に華人が定住し始めたのは１８００年代のこと。年季契約労働で移民としてやってきた後、契約終了で解放された人々だ。こうした人々は、会社や店を開き、同郷会や同業組合を組織した結果、辺り一帯がリマの「バリオ・チーノ（中国系住民居住区）」、つまりチャイナタウンとして発展した。19世紀後半には、ペルーに渡った華人労働者の数が急激に増え、キューバや米国カリフォルニアに定住した華人に匹敵するほどの規模になった。リマは、サンフランシスコやハバナ（キューバ）と並び、北米・中南米の3大チャイナタウンとなった。

　ヨンが言う。

「祖父母はバリオ・チーノの町外れに住んでいました。華人はそういうところに住みたがるんです。新鮮な食品や野菜を全部市場で手に入れられるし、働くにしても商売をするにしても生き抜きやすい場所が見つけられるからです」

　北部の大農場で料理人として働いていた人々の多くが、カポン通り周辺に定住し、自分の飲食店を開業した。こうした安食堂は中華料理を出して人気を集め、香辛料のきいたペルー料理の大衆食堂と直接競合するようになった。

　やがてこのような飲食店が、もっと本格的なチーファへと進化していった。１９１０年代に最初のチーファがバリオ・チーノに開店すると、ほどなくしてリマ全体に次々と出現した。１９５０年代にはチリでチーファのない町や村はないというほどに定着した。

バリオ・チーノで1920年代に繁盛した大型中華料理店は6軒あり、その一つがサン・ホイ・ラオだった。絶頂期は文字どおりの立派な店で、客は、生のオーケストラ演奏で夜遅くまで踊り明かしたという。だが、1970年代にバリオ・チーノが衰退期に入ると、豪華絢爛なレストランは輝きを失い、もっと実用性本位の新興勢力が主役に取って代わった。

1968年に暫定軍事政権となったペルーでは、通貨統制が実施され、輸入品は途方もないほど高額になった。醤油やオイスターソース、五香粉、豆板醤など大豆を発酵させた発酵調味料は入手困難になった。この結果、中華料理は衰退の一途を辿る。

だが、1995年にアルベルト・フジモリ大統領が自由市場経済を導入したことで、事態は急転する。華人の商売も再び繁栄に転じ、華人コミュニティは市政府と協力してバリオ・チーノの復興に取り組んだ。年季契約の華人労働者がペルーに初上陸してから150周年の節目となる1999年、新生・カポン通りのお披露目となった。

かつては豚の去勢が行われていたカポン通りは、灯籠をかたどった街灯や仏塔風の売店、緑の屋根のある赤い牌楼《パイロウ》（中華街の入り口でおなじみの伝統的な装飾用屋根付きアーチ）など、お決まりのシンボルを設置し、観光地化を進めた。通りは歩行者専用道になっていて、足下を見ると寄贈者名が刻まれたタイルが敷き詰められ、さらにところどころに十二支をあしらった円形のコンクリート板が12個配置されている。

通り沿いは、チーファ、銀行、土産物店、家電店、1時間仕上げの写真店などが軒を連ね、賑わっている。ウカヤリ大通り（カポン通り区間を含む）沿いには、中央市場もあり、華人経営のチチャロネリア（チチャロンという揚げ焼きした豚肉料理を売る店）が並ぶ。

チチャロンは、中南米各地で人気が高く、各国で違いがある。豚の皮をカリカリに揚げたスナックもあれば、豚バラ肉を揚げた料理もある。ペルーでは、お湯に香辛料を加えて豚肉を茹で、水分を飛ばしてから豚脂で揚げるのが一般的だ。ペルーには、これをサンドイッチにした「パン・コン・チチャロン（「チチャロンを挟んだパン」の意）」もあり、手っ取り早い朝食として人気がある。

「チチャロンは誰でも作れますが、華人のようにうまくはできません」とヨンは胸を張る。「調理の締めくくりに、きつね色に揚がったところで、醬油を少し足して、もう一味加えているからです」

ヨンの父、フェリックス・ヨン・ルーは、中国からの移民の両親のもとに生まれ、会計士としての養成を受けた後、１９６０年に人気チチャロン・サンドイッチ店「サングチェリア・エル・チニート」をオープンする。

華人系チチャロン店をテーマにした地元のストリートソングまである。

華人のチチャロン売りは
チチャロン・サンドイッチを食べている
脂身控えめで肉多め
おいしいチチャロンがここにある

華人はチチャロン事業で成功を収めたが、チャイナタウンを支えているのは、中華料理の名店の存在だ。しかも、こうしたレストランは活気にあふれている。カポン通りの一端にある「チーファァ・トン・キン・セン（湯継城）」は、客足が絶えない。

サン・ホイ・ラオの2軒隣にある「レスタウランテ・サロン・チーナ（中華楼）」も人気がある。さらに「チーファァ・トン・ポー（東坡楼）」もある。こちらは宋代の詩人・画家・政治家・美食家として名を馳せた蘇東坡（蘇軾）にあやかった店名だ。ちなみに蘇東坡は、杭州式の豚バラ肉煮込み料理である東坡肉《トンポーロー》を考案したと言われ、メニューにも掲載されている。

「私たちは伝統を守ったのです」

そういう語るヨンは、チーファァ・オーナー全員の思いを代弁しているのだろう。「レストランを持つことは、私たちにとって目新しいことではありません。華人は食べ物の扱いに手慣れていますから。重要なのは、中華料理を通じて中国文化を広めることができる点です」

50代になった〝メールオーダー花嫁〟の涙

だが、すべてのチーファァがサン・ホイ・ラオのように賑わっているわけではないし、すべてのオーナーがヨンのように繁盛しているわけでも、満足しているわけでもない。あるどんよりとした日、ファビオラのまたいとこに当たるアルフォンソ・コクフォン（郭偉雄）の案内で「チーファァ・サン・ルイス（新来酒家）」という店に向かった。カポン通りとは打って変わって、とりたてて特徴のないリマ郊外にある。

このチーファのオーナー、マリア姚《ユウ》（姚鳳萍）が、ピタッとしたジーンズに、ハイヒールのワニ革ブーツという姿で現れた。姚は50歳。アルフォンソとは家族ぐるみの付き合いだ。香港に住んでいた22歳のとき、花嫁募集中という中国系ペルー人の料理人から連絡があった。

「母が手はずを整えていたんです。ある程度年齢を重ねた堅実な男性と結婚したほうがいいというのが母の言いつけで」と姚。「私、〝飛女《フェイノイ》〟だったから。当時、彼氏がいたんだけど、母にはよく思われていなくて。もうどうしようもないでしょ」

「飛女」とは、不良娘を意味する。引き合わされた将来の夫についての印象はどうだったのか。

「最初は好きじゃなかったですよ。ただの料理人だったし、見た目もよかったわけじゃないし。オフィス勤めの男性と結婚するのが夢だったんです。どういうわけかわからないけど、これが運命だったのかな」

嫁ぎ先の新天地になじめるかどうか不安だった姚は、洗礼名のメアリーを（スペイン語風の）マリアに変えたほどだ。だが、ペルーでの暮らしは彼女にとって過酷だった。３人の子供を抱え、店舗数も数軒に増え、夫とは離れ離れの日々が続く。

子供たちにチーファを継いでほしいと考えているのだろうか。

「それはないですね。ここでは、私は子供たち以外、誰も知り合いがいないし。許されるなら、全部売り払って香港に帰って親の面倒を見たいですよ。友達も親戚もみんな香港にいるから」

姚がすすり泣く。ほほを伝う涙をクローズアップするよう、私はカメラに合図した。

「子供たちのために、何もかも犠牲にして生きてきたのでね。今さら香港に連れて帰っても、あの子たちは中国語が話せないし。辛い思いをさせることになりますよね。子供たちには米国かカナダに行ってもらえたらいいですね。本人たちの望むところならどこでも。私はペルーが好きじゃないんです。まっとうな扱いを受けたことがないですよ。ここは自分の国じゃない。華人はペルー人から見下されてるし」

海外で結婚した女性たち、特にカタログで花嫁を選ぶ〝メールオーダー花嫁〟の形で結婚した人たちがこうした運命をたどっていることは、初耳ではない。結婚が破綻し、見ず知らずの外国で行き場を失ってしまうと、母国の自分の家族のもとに帰ること自体が最終目標になる。

〝角の中国人〟からスーパーマーケット王が誕生

1849年10月15日、マカオから年季契約の中国人労働者75人を乗せた船が4ヵ月の航海の末にペルーに到着した。この船はマニラ・ガレオン（またはアカプルコ・ガレオン）と呼ばれる太平洋航路の貿易船で、フィリピンのマニラとメキシコのアカプルコを往復していた。マカオから出る場合、いったんマニラに船で移動し、ここからガレオン船に乗船する。私が出会った中国系ペルー人で、この日付を知らない人はいなかった。これほど正確に年季契約中国人労働者の初上陸日を覚えている国は、おそらくキューバを除けば、ほかにはないだろう。

中国からペルーに渡った移民についてイザベル・ローザンエレーラに話を聞いたことがある。彼女が最初に指摘したのは、まさにこの点だった。ローザンエレーラは、フランス・アンデス研究所に所属する人類学者で、中国系ペルー人コミュニティを研究テーマにしている。

ローザンエレーラが説明する。「19世紀半ばにペルーで奴隷制度が事実上の廃止になると、『クーリー』と呼ばれる労働者が必要になりました」

クーリーとは、ヒンディー語で「移民労働者」を意味し、16世紀にアジアに進出していた欧州商人らが広めたものだ。19世紀には、かつてのアフリカ人奴隷に代わってプランテーションとの契約で働くアジア系労働者を指すようになった。

中国語で「吃苦《チークー》」(直訳すれば「苦労を食べる」)と言えば、「辛い目に遭う」とか「苦労する」といった意味になる。そこで「クーリー」の音に「苦《クー》」と「力《リー》」の漢字を当てはめ、「苦力《クーリー》」と音訳され、「辛い力仕事」や「肉体労働者」を意味するようになった。中国語に「先苦後甜《シエンクーホウティエン》」(先に苦労すればこそ、後で幸せが待っている＝苦は楽の種)という言葉があることからもわかるように、「苦力」は中国で美徳とされてきた言葉でもある。意図せぬ結果として、移民の人生には人種差別や偏見がつきものとの思い込みに、華人が慣らされてきた可能性がある。

労働者移入の第1陣は、北部沿岸の砂糖のプランテーションや農場に送り込まれた。興味深いことに、農場の華人労働者たちは、料理をするために稲作を開始し、やがてペルー人の食生活の定番食材としてコメが定着したのだという。

「華人には、毎日の食事に米食が欠かせない」とローザンエレーラは指摘する。「このため、毎日のコメの配給が労働契約に盛り込まれていました」

中国からの移民の第2陣は、ペルー北部沖に浮かぶグアノ諸島のグアノ（鳥糞化石）の鉱山に駆り出された。このグアノとは、海鳥やコウモリの糞が堆積して化石化したもので、塩類残留物が豊富なため、肥料に使われる。非常に貴重なものだったため、１８７９年にグアノの代わりとなる硝石産出地帯の支配権を巡ってペルーとチリの間で太平洋戦争（１９４１年の同名戦争との混乱を避けるため、「硝石戦争」と呼ばれることもある）が勃発したほどである。

第3陣は鉄道労働者だった。米国の鉄道事業家で悪徳資本家などと揶揄されたヘンリー・メイグスは、カリフォルニア州で働いている鉄道作業員が勤勉だとの噂を聞きつけ、中国から苦力を手配する「チネーロ」となった。１８６８年にペルーに移住し、同国の大統領の協力の下、苦力を投入してアンデス山脈越えの線路を含む２つの鉄道を建設した。

合計すると、25年間に10万人以上が中国からペルーに渡ったことになる。そのほぼ半数が虐待や極度の疲労、孤独による自殺で命を落としている。国際社会の反発を受け、１８７４年になってようやく非人道的な苦力の人身売買が停止された。

晴れて、年季契約労働者が自由の身になると、中国に戻らなかった人々はリマに移動し、メルカド・セントラル周辺で会社や食堂を開いた。とはいえ、人種差別や外国人アレルギーは根強かった。

食料価格の高騰や仕事不足など、社会に問題があるたびに華人のせいにされた。「不潔」な食習慣を理由に軽蔑されることもあった（ことあるごとに「ネズミを食べる」と言われた）。

前出の太平洋戦争（硝石戦争）中、華人労働者は、ペルーでのとらわれの身になっている状態から解放してくれると主張するチリの言葉を当てにし、侵攻したチリ軍の側についた。

「1883年以降、ペルー人は一様にその裏切り行為について華人を責めるようになった」とローザンエレーラは言う。「トライドーレス」（裏切り者）の烙印を押された華人は、攻撃や殺害の対象にされた。1890年代に入ってようやく華人虐殺行為が収まった。

この状況とまったく対照的だったのが、キューバの華人だ。2000人が独立戦争に参加し、ハバナに建てられた記念碑には「キューバの華人に脱走兵は一人もなく、キューバの華人に裏切り者は一人もいなかった」という革命家ホセ・マルティの言葉が刻まれている。


それでもペルーの華人は、食料品店経営を足がかりにチチャロン販売に手を広げ、やがてレストランを開店するなど、粘り強く前へ前へと進んでいった。ローザンエレーラによれば、現地では「角のチーナ」（角の中国人）という言葉があるそうだ。要は、どの街角にも小さな食料品店があることを意味するという。

こうした店が事業を拡大して「タンボス」と呼ばれる卸売業者に発展していった。タンボスとは、インカ帝国の言葉で食料庫を意味する。さらにとローザンエレーラが説明する。

「華人経営の商店は、ペルー人の客からも信用を集め、華人とペルー人の間の信頼関係を醸成した。華人はいつも勤勉でした。子供の教育に力を入れ、社会での地位を徐々に高めていきました」

「ペルアーノ・チーノ」（中国系ペルー人）は、総人口のわずか３％に過ぎない。だが、先祖に中国系がいるペルー人にまで広げてみれば、総人口の最大20％を占めるとの推定もある。こうした人々は、「トゥーサン」と呼ばれる。「現地生まれ」を意味する中国語の「土生」（訳注：広東語発音で「トゥサン」）を音訳した言葉だ。ペルー唯一の五輪金メダリスト、エドウィン・バスケス・カンはトゥーサンに当たり、１９４８年ロンドン大会の射撃競技男子50メートルピストルで金に輝いた。

中国系ペルー人の成功を体現した人物といえば、スーパーマーケット王の異名をとるエラスモ・ウォン・チャン（黄炳輝）をおいてほかにはいないだろう。１９４２年に文字どおり「角のチーナ」の典型と言える小さな商店を振り出しに、今の地位を築いている。今や至るところで「Ｅ・ウォン」のスーパーマーケットの看板を見かける。

彼は愛国的なペルー人というイメージが広く浸透していて、従業員や顧客への対応もいい。

健康と料理の文化使節

サン・ホイ・ラオのルイス・ヨンと一緒にチャイナタウンの３階建てビルの屋上にある最古の中国寺院を訪れた。ヨンが言う。

「私の中にはペルーと中国の両方の文化がありますが、矛盾はまったく感じません。両文化の相乗効果があると信じています」

ヨンは、大人になるにつれて、華人はカポン通りにしか住まないという根拠なき常識を打ち破りたいと考えていた。立派な教育を受けることが、問題から抜け出すきっかけになることも多い。

「3人兄弟で、2人が医師、1人が心理学者です」

ヨンは、医学と中国伝統の全体的な健康づくりの両方に通じている。これが食への情熱の原動力になっている。例えば生姜についてヨンはこう説く。

「生姜にタマネギを組み合わせると、呼吸器で相乗効果を発揮して気管支の粘液を取り除きます」

続いて俎上にのせるのは醤油だ。

「野菜と油のタンパク質の大きな源です。豆腐や醤油などの大豆加工品は、抗酸化作用があり、がんの予防に役立ちます。中国では女性の乳がんがまれです。中国人男性の前立腺がんもまれです。これは食生活に起因しています」

もっとも、健康がすべてではない。ヨンによれば、中華料理は感覚に訴えるものであり、見栄えが良く、香りも良く、味も良くなければならない。また、中華料理には、咸《イ》（塩味）、甜《ティム》（甘味）、酸《シュン》（酸味）、苦《フー》（苦味）、辣《ラー》（辛味）の5つの味、「五味」があると言いながら右手の指を折る（訳注：ここでの五味の読みはいずれも広東語発音）。

「例えば五香粉ですね」と私が付け加える。中華料理に使われる「五香粉」は通常、ウイキョウ（フェンネル）、チョウジ（クローブ）、肉桂（シナモン）、八角、花椒の組み合わせだ。中国古来の五行思想（万物は木・火・土・金・水の5元素からなるという考え方）を補完するものでもある。

ヨンはさらにもう一方の手の人差し指を立てながら、「中国人は6番目の味として『うま味』（訳注：中国語では「鮮《シン》」）も持っています」と解説する。うま味成分として、１９０８年に日本人研究者が特定したのは、貝類や魚醬、シイタケ、チーズ、醬油などの食品に含まれるグルタミン酸だ。うま味調味料はＭＳＧとも言われるが、そのＧはグルタミン酸を指す。

帰りがけも、ヨンの解説は止まらない。

「中華料理は、神秘的なエネルギーである『気』と深い関係があるんです。気が滞りなく流れれば、陰と陽が調和します。これはまさに中華料理の作法なのです。単なる料理の技ではありません。哲学、感覚、知識、健康の組み合わせなんです」

これを文化使節と呼ばずして、ほかに何と言えばいいのだろう。

親から引き継ぐ家族の結束

ヨン一家は、塀で囲まれた閑静な高級住宅街の3階建て住宅に暮らしている。隣には日本大使館がある。その瞬間、私の好奇心がむくむくと頭をもたげる。１９９６年に革命運動組織が高級外交官、政府高官、軍当局者、企業幹部ら数百人を人質に取った事件は、ここが現場ではなかったか。

「いや、ここではありません。あれはサン・イシドロ地区の大使公邸ですね」とヨンが答える。「ただ、事件そのものは日本大使館人質事件などと呼ばれることもありますが」（訳注：英語では「Japanese embassy hostage crisis」、つまり、「日本大使館人質危機」のように表現されることが多い。一方、日本の報道では主に「ペルー日本大使公邸人質事件」または「ペルー日本大使公邸占拠事件」と呼ばれる)。

ペルーは、アルベルト・フジモリ大統領が抑え込んだと言われるセンデロ・ルミノソなど革命武装組織との間で火種を抱えていることもあり、リマのそこかしこに守衛のいるゲート付き住宅街があることも合点がいく。だからこそ、クォイに飛行機から降りる前にイスラエル国防軍払い下げの軍用服を脱いでおくよう釘を刺したのだ。そんな争いに巻き込まれて死ぬのはごめんだ。

自宅訪問の日はチーファを期待していたのだが、テーブルには、エル・チニートから買い込んできたチチャロン・サンドイッチが並ぶ。ヨンの妻のブランカは、食べ物が十分なように、できる限りの配慮を尽くしてくれたようだ。ジャスミン茶で乾杯をする。テーブルには箸も用意されている。

「これをどうぞ。こちらでは叉焼をこんなふうに作っているんです」

そう言いながらヨンは、広東風叉焼らしきもののった皿を私の前に差し出した。本場とは味付けが違うが、例の五香粉の風味は確かにある。

ブランカとは、あるパーティーで知り合い、一目惚れだったという。だが、ブランカが華人コミュニティに溶け込むのは、容易ではなかった。

「夫の家族と一緒に暮らすことになったんです。なじめないこともありました。でも少しずつコミュニティに溶け込んでいきました。何て言えばいいのかしら。一枚岩のような……。こんな感じに団結していて」

そう言いながら左手で右手の拳をぎゅっと包み込んで見せる。中華料理の味わいにも少しずつ慣れていった。

「今は大好きですよ。最初は箸の使い方もわからなかったですから。今は、えーと、ファイジー（訳注：「箸」を意味する中国語「筷子」の広東語発音）でしたっけ？　それでちゃんと食べてますよ。こういうのは、東洋人との結婚の素晴らしいところですね」

同席してくれた20代の娘2人にも質問を投げかけた。父親から中国系ペルー人との結婚を期待されているのだろうか。

最初に口を開いたのは、妹のベロニカだ。

「ええ、期待されていますね。でも……。実際にそのときになってみないとわからないし。たぶん、そうならないと思います」

姉のバネッサが続いた。

「私の場合、どうなるかわからないですね。相手が華人だろうがペルー人だろうが、父は私たちの決断を尊重してくれます。結婚するなら、バリバリとがんばっている人がいいですね。素晴らしい人物であれば、人種とか肌の色はどうでもいいです。それに、華人でなかったとしても、ちょっとずつ変えればいいんだし」

それを聞いて一同が吹き出した。

そこに母親のブランカが「華人と結婚した私は、女性として世界一幸せです」と真剣な顔に戻った。「娘たちには、お父さんみたいな男性に巡り合ってほしいっていつも言ってるんです。親孝行で、きょうだいとも仲が良くて、友人関係も良好で、伴侶としても素晴らしい男性です。それに、華人の血を引いた孫が生まれたら、きっとおじいちゃんみたいに細い目になるんじゃないかしら」

みんながどっと笑った。

「私たちの暮らしは簡素で地味なものですが、とても大きな財産があります。それは家族の結束です」と、厨房から戻ってきたヨンが言う。「この家族を大切にする美徳は、両親から受け継いだものです。親や兄を敬うこと、家族、友愛、結束を大切にすることは、両親から学びました。娘たちには、言葉で説明するのではなく、実際の生き方を通して伝えたいんです」

そしてヨンは「家族の結束が不可欠」と付け加える。

ペルーの黄色唐辛子味・牛肉とブロッコリーと豆腐の炒め物

今日はヨン出演のテレビ番組の収録がある。チャンネル2ケーブルエクスプレスのスタジオに入るとき、ヨンが私に耳打ちする。

「番組中に司会の女性とふざけ合ったりしようものなら、妻の機嫌が悪くなるんですよ」

ラ・チョラ・エネルヒーアが司会の『コサス・デ・ラ・ビーダ』(人生いろいろ)という番組だ。「チョラ」とは先住民であるインディオの血を引く女性を親しみを込めて呼ぶ言葉で、司会者のラ・

チョラ・エネルヒーアという名は「元気いっぱいのチョラ」という意味で、彼女のニックネームとなっている。その名のとおり、司会のラ・チョラは、伝統的なインカの民族衣装に身を包み、ハグとキスでゲストを迎える。私は、挨拶で両ほほに軽くキスをする際、厚化粧が崩れないように気を遣った。

ラ・チョラのかけ声で番組が始まった。

「あの素敵な音楽、あの想い、あの愛。さあ、今日のゲストは？　誰が来てくれたんでしょうか。ドクター・ヨンです。大きな拍手でお迎えください。今日はドクター・ヨンから愛を込めて世界中の皆さんにお届けします。私たちの胃袋も心も満たしてくれます。毎日元気に過ごすためには、心が満たされることが大切なんですよ。ドクター、おはようございます」

20分間の料理の実演で、ヨンは牛肉とブロッコリーと豆腐の炒め物を作る。料理中もラ・チョラと軽口を叩き合いながら、牛肉、ブロッコリー、赤ピーマン、長ネギ、豆腐、豆豉、醤油などを一般的なフライパンに投入するたびに、一つひとつの食材について、うんちくを語る。

「この一連の食材に、ペルーの素晴らしい食材を加えます」と言って取り出したのが、アヒ・アマリージョ（黄色唐辛子）。これを投入すれば、たちまちペルー風中華料理に早変わりする。

「いいですか、華人男性はみんな女性のために上手に料理しますよ。だってペルーの諺にあるとおり、『バリガ・ジェナ、コラソン・コンテント』（お腹がいっぱい、心も幸せ）と言いますからね」

ラ・チョラが番組の締めに入る。

「この番組は、私たちが愛するペルーの人々のためにあります。そして栄養があって、健康的で、美しく、それでいて経済的な食生活を紹介しています。もちろん、いつもアンデスのコンドル（訳注：聖なる鳥の象徴）と中国の竜（訳注：幸運や力の象徴）の考え方を忘れませんよ」

そしてラ・チョラが私を番組セット内に引き寄せる。クォイは私を撮影している。私を撮影するクォイの姿を、アジャイが撮影している。「誰でも15分間は世界的な有名人になれる」と言ったのはアンディ・ウォーホルだが、私の〝15分の名声〟は、ペルーのテレビ番組で現実のものとなった（訳注：後にウォーホルは「15分で誰でも有名人になれる」に言い換えている）。

「ペルーの皆さん、これは料理番組ですが、もう一つの重要な面をお伝えしたいと思います」

ヨンの得意のスピーチが始まった。

「中国の先祖から受け継いだ価値観であり、ペルーの仲間から教わった価値観。それは友情です。こういったもてなしの精神は、世界でもあまり見られません」

刺繡入りの赤い唐装を着たヨンは、両手を重ねておじぎをしながら、広東語、中国語（北京語）、そしてスペイン語で感謝の言葉を続けた。

「多謝《ドーツェ》、ペルー」

「謝謝《シエシエ》、ペルー」

「ムチャス・グラシアス、ペルー」

エピローグ

世界的な料理人、ケン・ホム（譚榮輝）の中華料理番組が英ＢＢＣで始まったのは１９８４年のこと。異例のヒットとなり、番組用のテキストもＢＢＣの出版物としては大ベストセラーの料理書となった。

ホムは、その後も36冊以上の料理書を執筆、ＢＢＣでゴールデンタイムの数々のレギュラー番組に出演し、世界中に配信されている。英国で中華料理を親しみやすく身近なものにしようと孤軍奮闘したのが、ホムだった。その甲斐あって、英国人家庭の65％が中華鍋を持つまでになった。

だが、ホム自身はレストランを経営したことがない。フランスとタイに自宅を構え、精力的に各地を飛び回り、中華料理の普及に取り組んできた。今も世界中のレストランや刻々と変化する華人・華僑の状況を熱心に調査している。

私は２００６年にパリでホムに一度だけ会ったことがある。アムステルダムから現地に入ったときのことで、パリのカルティエ・シノワ（チャイナタウン）としては第2の規模を誇るベルビルの中国系ラオス料理店でランチをご一緒した。それから数年後にシカゴのレストランで偶然お目にかかったのを最後に、連絡が途絶えていた。２０２１年に本書を書き終えた私は、改めてホムに連絡を取ろうと思った。世界がコロナ禍に見舞われている最中、ホムはバンコク、私はトロントにいたので、Zoomで話すことになった。

初めて香港を訪れたときのことを尋ねると「すぐにくつろいだ気持ちになった」と言う。「30歳とは、またずいぶん遅いご帰郷で」と私は軽口を叩いた。

「驚いたね。みんな私みたいな顔だちで、私にわかる広東語を話していたんだから。香りでも、食べ物でも、みんな私に語りかけてくるんだ。そりゃあ、たまげたね」とホムが続ける。「広東っ子として育った血に訴えかけるんだね。まるで中国の大地に片足がしっかりとついているような感じだったね。ずいぶん救われたよ。私が育ったのはシカゴのチャイナタウンだけど、いつも外国人のような気分でね。大人になるまで中華料理しか食べていない。母の言ったとおりで、華人のほうが料理がうまいんだよね」

1980年代の香港は、しゃれた現代的な街で、ホムの両親が脱出したころとは似ても似つかない状況になっていた。ホムは、自分が田舎者のイメージがある台山語訛りの口語広東語を話していることに気づく。自分では古めかしい語法や構文を使っていて、聞いたことのない新しい表現やスラングに出くわした。

海外に暮らす華人にとって、自分のルーツを訪ねることは、特別な意味がある。私も13歳で初めて香港の地を踏み、同じ経験をしている。生後10ヵ月のときに祖母の腕に抱かれて香港を離れて以来のことだ。初めての中国旅行の際、北京の天安門広場を訪れて、似たような帰郷の感覚を覚えた。当時、26歳。まったく知らない国なのに、故郷のように感じた。

私は、3つの国籍を持っている。英国（ただし英国海外市民）、シンガポール、カナダだ。だが、たとえ複数のパスポートを保有していて、さまざまな文化を経験してきたとしても、心の底では自分が民族的に中国人なのだとわかっている。厳密に言えば、漢民族である。

「自分が中国人だと思うと言うと、決まって中国に住む中国人はなぜそんなことを言うのかと聞いてくる。おもしろいよね」とホムが振り返る。「米国社会じゃ、まともに受け入れてもらえなかったから、中国人であることにしがみつくしかないんだと説明するわけです」

「中国の人たちから見れば、おかしな存在なんでしょうね」と私が応じる。そして「私たちは、中国の人たちの目には外国人と映っています。同じ民族とは見てくれない。だから、漢民族第一主義とか、世界の中心とか、竜の末裔といった考え方もないですよね」と付け加えた。

いったい「中国人」とは何なのか。国籍なのか、それとも民族なのか。中国という国の中で生まれることなのか、それとも中華料理を常食とすることなのか。

中心ではないのだから、周辺で考えるほかない。この帰属性が曖昧な状態は、どこに行くにせよ、海外で生きるすべての華人に突きつけられた課題である。

食べ物は自分の人生を物語る

ホムは、11歳のときにおじの厨房で働き始める。高校時代には「プロ並み」の腕前になっていた。

だが、1970年代初め、カリフォルニア州バークレーの大学に進学するころには、もう料理には関わりたくないという思いだった。

「自活していくために、厨房で料理教室の講師をしたくらい」だ。Zoomの画面の向こうでホムが言う。

「まさか料理の道に進むとは夢にも思わなかったね。でも料理をしているとリラックスできるし、自分の文化を紹介して生計を立てられるからね」

「私も当時、バークレーに住んでいたんですよ」と私が言うと、「だったら教室にくればよかったのに」と笑う。

「80年代初めに英国で料理番組が大ヒットして一躍有名人になりましたね。きっかけは何だったんですか」

「香港で料理教室をやっていたときに、BBCから接触があったんだよ」

「えっ？　香港人に中華料理を教えていたんですか」

わが耳を疑った。

「そんなわけないよ。今で言うガストロノミーツーリズム（フードツーリズム）ってやつだね」

そう言いながら大声で笑う。

「旺角に厨房をしつらえて、米国からの観光客を相手に料理を教えるんだよ」

教室を飛び出し、参加者を引き連れて香港の街を歩くツアーも手がけたという。生鮮市場で生きたニワトリを買い、新界では漁師から直接魚を購入して埠頭近くのレストランで料理してもらう。さらに沙田では、生炸乳鴿《サンジャユーガップ》（鳩の姿揚げ）が名物のレストランで食事。もちろん頭もついたままだ（ちなみに香港は、人口１人当たりの鳩の消費量が世界一と言われる）。

「みんな信じられないという顔をしてたね。あんなの見るのは初めてだから」とホムは前のめりになって説明する。「香港は世界最高の食の街だね」

「ええ、私は香港の食べ物を基準に考えることが多いですよ。本場の中華料理の味の基準としてもそうですが、子供のころの味の記憶を語るときも、香港の味なんですよ」

「だから、（世界の食を巡る）あなたのプロジェクトはとても魅力的なんだよ。食べ物は、自分がどういう人物で、どこから来たのかを物語っているからね」

「中華料理」という言葉一つで、西欧州の4倍もある地域と10億人以上の食習慣を束ねようとしている。漢民族はもちろん、満州族、モンゴル族（蒙古族）、朝鮮族など56もの民族の料理を含んでいるうえ、その意味では「中華料理」なんてものは実際にはあり得ないと言えなくもない。その一方で、世界には「〇〇風中華」や「〇〇式中華」といったものも多数存在する。

「結局ね、中国人というのはいかに実利的で順応性があるかということなんだよね」とホム。「どこにいようと、何とかことをうまく運ぼうとするでしょう？」

「ええ、中華料理とペルー料理を独自に組み合わせたチーファみたいに。彼らも生き残りがかかっていますからね」と私。

「英国の中国人移民がフィッシュ&チップスの店を引き継いだら、カレーも加えるよね。理由は簡単。客が求めているから。客が欲しいものを売るからなんだよ。そうやって生き抜くんだね」とホムが説明する。

「確かに。私もロンドンに行ったら中華料理とインド料理しか食べないですね」

せっかくだから、少しだけカレーを宣伝しておこう。

「安くておいしいし、はずれがないですね」

生まれ育った国なのに「外国人」

ホムは72歳にしては若々しい。頭はスキンヘッド。健康的に日焼けしていて、少々腹は出ているが、少林武術の武僧を思わせるがっしりとして、しなやかな体格が印象的だ。自叙伝の『My Stir-fried Life』には、バンコクの空港で若い女性にダライ・ラマと間違われたエピソードが記されている。

英国では、誰でも知っている有名人だ。英国の家庭、とりわけキッチンで受け入れられたことから、今日に至るまで英国と英国民に永遠の愛を公言している。

だが、米国に対して同じような思いを抱いているのだろうか。

ホムの生まれ故郷でもある米国は、反黒人、反アジア人の人種差別に揺れている。米国のような人種差別の歴史がないというフランスに移ることができたのは、幸運だったと言う。また、米国で社会に出てからカリフォルニア州バークレーで過ごせたのも運が良かった。同じ米国でも他の地域とは様相が違い、「非常におおらかで寛容」な土地柄とあって、子供のころに味わったような差別とは無縁だったからだ。

ホムが新刊書の売り込みで米国各地を訪れた際、会う人会う人から「何でそんなに英語が流暢なのか」と問われたことはショックだったという。

私は「お気持ちはよくわかります」となだめた。

「フランスには、そんなことを言うやつはいないよ」とホム。「実際、欧州ではどこでも古代文明の発祥地から来た人という目で見られるよ。まあ実際には違ったとしてもね」

おそらく米国のように若い国と違って、欧州は歴史に対する尊敬の念があるのだろう。中国人は特に物事を長い目で見る傾向がある。以前、中国初代首相の周恩来《しゅうおんらい》がアンドレ・マルローからフランス革命についてどう思うか尋ねられた際、「まだ時期尚早だ」と答えたエピソードは有名だ。

ホムの怒りは止まらない。

「米国時代、『あなたは米国人であるはずがない』と何度言われたことか。『そうかい？　アリゾナ州ツーソン生まれだけど』って言ってやるんです。人種差別の中で育ったようなものだけど、ほかに行き場はないからね。私は米国人だよ」

人種差別は、北米にいるアジア人が避けて通れないものだ。古くは中国人排斥法、黄禍論、新しいところでは〝カンフル〟（訳注：トランプ前大統領が新型コロナウイルスについて、中国のカンフーをもじって、感冒を意味するフルーをつけた造語）に至るまで、華人を取り巻く差別は枚挙にいとまがない。この窮状を打破するにはブルース・リーの再来を願うしかないのか。

そのブルース・リーだって、米国生まれだ。

「母が、故郷を忘れちゃいけないよって、よく言ってたね。だからこそ、多くの若いアジア系米国人にとって、こういうアジア人に対するヘイトはショッキングなものなんだ。米国人だと思って生きてきたのに、突然、この仕打ち。いったいどうなってるんだ」

ホムは、誰もがそうなるように、フランスにベタ惚れし、1997年には永住を決める。

「フランスを愛しています。アジア以外で、フランスを除けば住みたい場所はないね。米国を脱出することを絶えず考えていたから」

ホムは、1990年代初めに香港拠点のキャセイパシフィック航空のコンサルタントに就任し、同社の機内食の企画やケータリングチームの支援を担当した。その後、世界中を飛び回り、「空で、陸で、海で」さまざまな料理の仕事を請け負ってきた。

そしてサマセット・モームやジョゼフ・コンラッドが泊まったことでも知られるバンコクのマンダリン・オリエンタルにゲストシェフとして迎えられる。その仕事が終わった後、バンコクは第二の故郷になった。

「香港やシンガポールと違って、とにかく手ごろ」だったからだ。しかも、食べ物は好みのスパイシーなものが多い。

地球市民の居場所は世界にある

私にとって、「故郷」とは、身体的にも、感情的にも、精神的にも、帰属意識を持てるコミュニティに出会うことだ。

私には6つの故郷がある。まず原籍地（先祖が籍を置いていた場所）である中国南部の九江（広東省）だ。もっとも、こちらは自分自身は訪れたことがない。第二に、出生地である混合文化の香港である。第三は大人になるまで育ったシンガポールだ。多文化のさまざまな良さを味わったが、特にサテーやロジャック（マレー風サラダ）、海南鶏飯といった、人生の早い段階での食の記憶を刻んだのもシンガポールである。第四は東京である。ここで日本の野球やマカロニウエスタンをテレビで見ながら思春期を送った。バークレーでは、ジャズにのめり込み、アジア系米国人としてのアイデンティティ政治を学んだ。そして現在の故郷は、トロントだ。アジア系カナダ人としての運動を通じて意見を表明する場となった。

私自身がこのような言語、地理、文化の多様性、多層性を抱えているため、オハイオ州クリーブランドでの大学時代、友人たちは戸惑うことも多かった。それに比べ、学生寮が一緒だった2人のアジア系学生は、ハワイ出身の日系米国人と、大学からも近いオハイオ州ヤングスタウン出身の中国系米国人で、どちらもはるかにわかりやすい経歴だ。

「結局、本当の故郷はどこなの？」とよく尋ねられたものだ。だから私は「どこでもすべて故郷なんだ。国際人ってことだよ」と答えていた。

クォイの場合、私とともに世界を飛び回ったことは、一生忘れられない経験になったようだ。香港生まれではあるが、クォイにとって香港は、キャンプ場とか通過点みたいなもので、そこに自分のアイデンティティは見出せない。さりとて、カナダにもアイデンティティは感じられず、「常に異端児のような感覚」で育った。

1990年代はカナダでも香港でも働いた。香港は「性悪のガールフレンド」みたいなものと、以前、クォイが言っていた。一緒にいると、離れたくなる。だが、いざ離れてみると、恋しくなる。

そんなクォイも今はこんなふうに話す。

「今回の一連の取材を終えて、とても心の平穏を感じるようになった。自分の居場所が見つかったから。それは世界です。地球市民でありたい」

そこで思い出すのは、もう一人の地球市民、渡辺潤だ。両親は日本人だが、父親が外科医として、マレーシアの公共医療機関での職を得たため、4歳のときに一家で移住する。

渡辺は一時期ブラジルに滞在していた。私が彼と知り合ったのもそのころだ。その後、中国系マレーシア人と結婚し、クアラルンプールで日本企業に勤務した。

10年後、久しぶりに渡辺と会って旧交を温めた。渡辺一家はマレーシアのマラッカに暮らしていた。私たちは現地の伝統的なニョニャ料理のランチを楽しんだ。600年以上前にマラッカ海峡沿岸部に定住した中国人移民が現地のインドネシア人やマレー人と結婚して生まれた子孫は、プラナカンと呼ばれる。こうしたプラナカンが作り出した料理が、「ニョニャ料理」である。プラナカンの人々の台所から生まれた料理は、中華と現地の双方のスパイス、食材、料理法が混ざり合っている。

これこそが、本物の多国籍料理である。子供時代の好物もたくさん味わった。強い香り、クセのある風味、ピリッとした辛味が特徴のシーフードたっぷりのスープ麺「ペナンラクサ」（訳注：ココナッツ風味のカレー麺の「ラクサ」とは別物）、パンダンリーフで風味づけしたココナッツミルクでサゴパール、サツマイモ、タロイモなどを煮込んだスイーツ「ボボチャチャ」などだ。

まさに食の至福の境地である。その意味では渡辺は、現代版のプラナカンなのだ。あるいは、本人が言うように、「マレーシア人になりつつある」。要するに、アルゼンチンで出会った中華料理店オーナーの江福清と同じように、自分自身を地球というコミュニティの一員と見ているのだ。

ただ、私自身は、おそらく地球市民である以上に、世界に暮らす華人全体のつながりを感じる。1つの世界に生きていると言える。

トルコで出会った王一家もそうだ。私も彼らとの絆を感じる。王一家を見ていると、子供たちが外国で成長する中で、独特の経験や教育、当初の疎外感を避けては通れなかったが、それと同時に、特定の国ではなく、世界に対する帰属意識にいち早く目覚めた点も無視できない。

その結果、複数の国や文化、アイデンティティにまたがる家庭が誕生している。王一家の拠りどころはトルコにあるのだろうが、情の部分では台湾、中国への思い入れもある。1つの家族が中国の

〝血〟を守り続けることは容易ではない。特に後の世代になるほど、恋愛・結婚に関して国や文化の垣根がなくなってくるからだ。

これは、ポストモダンの世界を生き抜く術になるのではないか。一人ひとりがアイデンティティという名のパズルの小さなピースをああでもない、こうでもないと組み合わせていく営みでもある。

個人主義だけが「正解」なのか？

「ここでの生活はいたって普通だね」

コロナ禍を切り抜けるために滞在しているタイについて、ホムが言う。

「今日の新聞だと、当初からの累積死者数は96人だけ。人口7000万の国で、この程度だから」

社会やコミュニティに対する姿勢について、アジアと欧米の違いがコロナ禍で浮き彫りになった。それは、欧米の個人主義に対するアンチテーゼとしての集団主義的な感覚である。

「米国人なら、『自由や権利が脅かされている。マスクをつけないのは、私の権利だ』って主張しますからね」と私がぼやく。

ホムは「何でも、私が、私が、と自己中心なんだよ」と応じる。「あのね、アジア人というのは、決められたことはしっかりやるんだね。最初からマスクをつけていたでしょう。『何でこんなことをしなきゃいけないんだ』なんて文句を言う人はいなかった。マスクをすることで、周りの人を守ることになるからね」

アジア人のほうが規律正しいというのは、そのとおりかもしれない。あるいは、親や教師、年長者など、目上や力のある者に対して敬う気持ちが強い、もっと言えば従順なだけという見方もあるだろう。だが、それだけでは、アジア圏でなくともコロナ禍を見事に抑え込んだニュージーランドやオーストラリアの説明がつかない。

ホムが言う。

「医者にこうしなさいと言われたから、そうするとか、言うことを聞く気がないから医者に行かないとか。でも、そんな話じゃないんだよ。フランスの友人でさえ、アジア人は言われたとおりに行動するからだと、みんな口をそろえて言う。いや、そうじゃなくて、私たちが言われたとおりに行動するのには理由があるんだ。自分が身を置くコミュニティのためになると理解しているからなんだよ」

「コロナ禍が消えてなくなるまでは待っていられないので、そろそろ旅行や外食を再開してもいいでしょうね」とホムに水を向けた。

「バンコクに来てくれたら、素敵なストリートフードを案内するよ。世界でもここにしかない素晴らしいものだからね。私の家があるフランス南西部に寄ることがあったら、得意の北京ダックを振る舞うから」

フランスの田舎で北京ダックが味わえるだって？　その日が待ち遠しくてたまらない。

日本版に寄せて

これは私の「東京物語」である。

日本という国を初めて実際に目にしたのは、横浜港に入っていく客船の上からだった。時は1965年8月。1年前から東京に赴任していた父と合流するために、私は母、妹とともに香港を離れ、4日間の船旅の末に日本にやってきたのだった。前年に東京オリンピックが開催され、父は体操競技を観戦したと興奮ぎみに語っていた。

私たちは、4日前の真夜中に香港のビクトリアハーバーを出港した。港には、友人たちが見送りに来てくれた。当時、私は14歳。次に会えるのはいつになるのかわからない。夜の闇に消えゆく街の灯を見ていると、早くも友達と会えなくなる寂しさが込み上げてきた。

移住はこれが初めてではない。生まれは香港だが、生後10ヵ月にして祖母の腕に抱かれてプロペラ機でシンガポールに移った。12年後には、貿易会社に勤めていた父が香港に呼び戻されたため、今度はジェット機に乗って一家で香港に帰ったのだ。

そして今度は東京である。

だから日本への上陸は不安でいっぱいだった。言葉も文化もわからない。おまけに友達も親族もいない。そんな未知の国にやってきて、インターナショナルスクールに放り込まれたのである。どんな未来が待ち受けているのか見当もつかなかった。

日本での記念すべき最初の食事は、横浜の中華街にある「謝甜記《しゃてんき》」という店だった。広東粥（干し貝柱などの出汁でとろみがつくまでじっくり煮込んだ広東式のお粥）が恋しくなるたびに父が東京から車を飛ばして、月に2、3回は通っているという店だ。当時、このような料理を出す店はここしかなかった。私にしてみれば、まだ「故郷」とは呼べない国で出会った心安らぐ家庭の味だった。

その日の夕方には、新橋に近い下町風の地域に父が借りておいたアパートに荷物を運び込んだ。一段落したところで、わが家から2つ先の角にある食堂に出かけ、最初の夕食を取ることになった。

青地に白い文字で「中華料理」と書かれた暖簾をくぐって店に入った。

こぢんまりとした店内には、木製の長方形のテーブルが6つ。4、5人の客が座れるくらいのカウンターもある。カウンターの中は厨房になっていて、煮えたぎる出汁の入った寸胴鍋の横では、料理人が1人で汁入りの麺を作っている。

だが、中国料理レストランに付きものの円卓が見当たらない。後で気づいたのだが、どうやらこれは寿司屋と同じ形式だったのだ。そして、これこそが全国に普及していた日本式の中華料理店の典型的な姿だったのである。

壁には、日本語の文字に漢字が混じったメニューが貼ってある。餃子、ラーメン、焼きそば、焼き飯（わかる漢字から考えて炒飯なのだろう）、唐揚げ、酢豚とあり、中国料理のようだ。（訳注：当時は炒飯を焼き飯と表記する店も少なくなかった）

「日本の中国料理がどんなものか見せてあげるよ」

そう言いながら父は、なじみのある料理をいくつか注文した。

料理が運ばれてきたのだが、私が想像していたものとはずいぶん違う見た目だ。

炒飯は、まるでお椀を逆さまにしたような半球状になって皿に盛られているではないか。なるほど、日本のコメは短粒米で、弾力とわずかな粘りがあるから、こんなことが可能なのだ。酢豚は、酸味としてトマトペーストの代わりに酢が使われていた。よくわからなかったのは、焼きそばだ。細麺をウスターソースのような甘辛いソースで炒めたもので、紅生姜という赤い生姜の漬物がのっていた。

今度は味噌ラーメンなるものが、やってきた。香港で一般的な麺よりも太麺でちぢれも強い。だが、何よりも驚いたのは、濃い色のスープだ。日本の味噌と豆板醤で作られているという。

しかも、汁入り麺では見たことのない具が麺の上にのっている。半分に切った半熟煮卵と、「チャーシュー」と呼ばれる薄切り肉も数枚ある。中国料理の叉焼のように見えるし、名前も似ているが、和製チャーシューは豚ロース肉を醬油ベースのたれで煮込んだもので、褐色の肉には脂が滴っている。

この国の中華料理は、19世紀後半に発展を遂げた料理法である。日本に限らず、中国料理が現地料理と融合した折衷型の料理は、世界の多くの地域で見られる。各地で中国人移民が世代を重ねるうちに生み出されたもので、中国料理のスタイルやテクニックを現地の好みに適応させた結果である。

日本に渡った中国人移民は、当初、広東人が主流を占めていた。だから「中華料理」は、広東料理をベースに日本で独自の発展を遂げることになった。中国の他の地方の料理がメニューとして定着したのは、それよりも後のことである。例えば四川料理の回鍋肉や麻婆豆腐、上海料理の小籠包や紅焼茄子（茄子の醬油煮）などだ。

そして、天津飯、冷やし中華、海老マヨ、ニラレバ炒めといった、本場の中国料理には存在しない日本発の中華料理まで登場した。どれほど現地に合わせて適応させたり、創作したりしても、料理自体は中国料理に由来していることは明らかだ。

「ラーメン」という言葉は、中国語の「拉麵《ラーミエン》」の発音をカナ表記したもので、起源は言うまでもなく中国料理にある（訳注：日本のラーメンの麵は小麦粉を練って刃物で切るのが一般的だが、本来の拉麵は小麦粉を練って何度も引っ張りながら細長くしていった麵を使う。このため「引っ張る」という意味の

「拉」が使われている）。もちろん、第二次世界大戦後、ラーメンは独自の進化を遂げ、新たなアイデンティティも確立した結果、今や世界でラーメンといえば日本の代表的料理と認識されるまでになった。

このような現地適応あるいは現地化の最たる例は、餃子ではないか。諸説あるが、日本式餃子は、戦後、満州や中国から帰還した日本兵が持ち帰ったレシピを基に誕生した。中国のほとんどの地域では、餃子は皮が厚いのが一般的だが、日本式は広東式に近く、皮が薄くて焼き餃子か揚げ餃子で食する。

こうした中国由来の料理を日本の味に変身させる重要な素材がある。例えば、和製回鍋肉は、味噌が使われている。味噌を入れることで、日本でおなじみの中華料理の定番メニューになるのだ。

ちなみに、私が初めて食べた日本の「味噌ラーメン」に、どんな豆板醤が使われていたのか定かではないが、現在の日本には中国製の豆板醤が流通している。ただし、本来の豆板醤はそら豆を発酵させた味噌で極端に辛くはないが、日本で主流の「豆板醤」は本場の「四川豆板醤」とは違う。豆板醤に辣椒醤（唐辛子の塩漬け）や各種香辛料を混ぜた、いわば「豆板辣椒醤」である。これを使った回鍋肉は本場のものより辛くなってしまい、やはり日本の中華料理になる。

1960年代後半の高校時代、食事は、家庭で作る広東料理がほとんどだった。私の母は料理上手で何を作ってもおいしく、バランスが取れていて、栄養満点だった。しかも、家庭料理ならではの日替わりスープも添えられていた。

また、私だけのもう一品として花生鶏脚湯（落花生、鶏の足などを漢方の薬材とともにじっくり煮込んだスープ）をよく作ってくれた。実は、ずいぶん後になって知ったのだが、私は男性ホルモンが少し不足していたらしく、それを補うためだったという。

鶏脚（鶏の足、いわゆる「もみじ」と言われる部位）で思い出すことがある。私の「鶏脚物語」を披露しよう。

母は肉屋で鶏の足を無料で分けてもらっていた。日本人は鶏の足を食べないからだ（大分県の一部では鶏の足の伝統料理があると聞くが、それはごく限られた例だ）。ところが、そんな肉屋の無料サービスも80年代には終わってしまう。香港では豉汁鳳爪（鶏の足の豉汁蒸し）という人気の飲茶（点心）メニューがあり、香港人の旺盛な食欲を満たすために、とうとう日本から鶏の足の輸出が始まったからだ。

わが家が外食でよく訪れた店の1つが、新橋に近い日比谷通りの「中國飯店」だ。香港のレストランでは、できたて点心を手押しワゴンにのせ、店内のテーブルを回って売り歩くのだが、香港式を謳う中國飯店でも、まさに手押しワゴンで本場の点心を提供していた。昼食を済ませると、両親は店の奥の部屋で友人らと麻雀卓を囲むのがお決まりの流れだった。麻雀牌を混ぜる音が響く中、広東語の会話が飛び交っていたものだ。

ごくたまに「留園」という豪華な高級店にも足を運んだことがある。5階建ての御殿のような立派な建物で、北京の紫禁城にあってもおかしくない造りだった。場所は芝公園に近い土地代の高い地区にもかかわらず、ずいぶんと広い敷地に店を構えていた。ここは、父がVIP客の接待に使っていた。実際、日本の政府高官や世界各国の外交官が来店するような店である。

そんなふうに日本で食を楽しんでいた私だが、寿司を初めて口にしたのは、日本に上陸してから3年も経ってからのことだった。

歴史を振り返れば、日本と中国の間には、7世紀の唐の時代から絶えず接触があった。15世紀初めには、福建省を中心に中国沿岸地域から貿易商が両国間を頻繁に往復し、ついでに海賊も跋扈《ばっこ》するようになった。だが、こうした貿易商が日本に住めるようになったのは、もっと時代がくだってからだ。17世紀初めの徳川時代に入って、長崎の出島で暮らすことが許されたのである。

時代は明治に変わって数年が経った1871年、中国との貿易や居留地として神戸や横浜など8つの港が開港した。横浜の中華街は、貿易商や買弁（欧州からの貿易商が中国人と取り引きする際に取引交渉に当たった中国人商人）として働くために、広東省出身者を中心に定住が進み、ゆっくりと発展しながら、やがて最大の中華街となった。

横浜には素敵な思い出がいくつもある。4年間、渋谷から東横線に乗って、横浜・山手地区、通称「ブラフ（居留民の間では、山手地区の地形から「切り立った崖」を意味する「ブラフ」と呼ばれた）」にあるカトリック系のインターナショナルスクールに通った。この地区は開港以来、外国人居留地としての歴史があり、ここで外国人が暮らし、そして亡くなれば外人墓地に埋葬された。

中華街は、山手の高台から降りたところにある。日本への中国人移民の第1陣が最初に定住した地区である。いつもこの街には買い物や食事を目的に中国人が集まってくる（中華粥に目がない私の父のように東京からの遠征組もいるほどだ）。世界の多くのチャイナタウンと同様に、横浜中華街も観光地としての側面を併せ持つ。

2023年に訪日した私は、長らく見ていなかった日本の中華料理事情がどのように変わったのか知りたくて横浜中華街に足を運んだ。最初に訪ねたのは、あの「謝甜記《しゃてんき》」だ。1950年創業の同店は、現在、創業者・謝の孫である3代目が経営を預かっている。中華街の東の玄関口となる朝陽門から1ブロックほど入った角にあることは当時から変わっていないが、店構えは新しくなっていた。もっとも、店名の謝甜記の書体は当時のままだ。店内はほとんど変わっていなかった。木のテーブルが10卓あり、それを簡素な木製椅子が囲む。収容客数は30人ほどだ。

メニューはどうか。粥は25種類以上。その多くは、猪潤粥《ジューヨンチョッ》（豚レバー粥）、及底粥《カプタイチョッ》（豚モツ入り粥）、皮蛋艘肉粥《ピーダンサウヨッチョッ》（ピータンと豚赤身肉の粥）など、豚の各部位（レバー、マメ、ハツ、シロ、ガツ）、魚の浮き袋、皮蛋《ピータン》のように広東人しか食べそうにない具の粥だ。

私に言わせれば、これぞ本場の味である。伝統的なメニューにこだわり、料理の内容や料理法に妥協しない姿勢の表れでもある。

だが、今日の中華街は様変わりしている。中華街の5つの入り口には、凝った装飾の牌楼（訳注：中華街の入り口にある屋根付きアーチ）が建てられ、ずいぶんと洗練された。「外省菜」（訳注：かつて主流だった広東省以外の料理）や「北方菜」（訳注：南部の広東省から見て、文化的に異なる北部の料理）を売り物にする看板が増えた。この書き方だと、具体的な地域名ははっきりとせず、広東省中心主義が滲み出ている。

ファストフード型の手軽なテイクアウト店の看板には、王府井生《ワンフーチンシェン》煎包《チェンパオ》（焼き小籠包。なお「王府井」は北京東城区の繁華街の名称）、上海小龍包《シャンハイショーロンポー》、四川担担麺とあり、店の前には10分待ちの行列ができている。また、日本流の中華料理勢からは「崎陽軒」の焼売（聞くところによれば、横浜駅の元駅長が売り出したそうだ）や中華饅頭（中華まん）も負けてはいない。昔の中華街では、「王朝」とか「老上海」といった名称が店の看板に使われることはなかった。

中華街はもはや広東省の飛び領土ではないのだ。今や中国のあらゆる地域から住民や料理が流入し、多様化している。同時に、観光地化も進んだ。

もちろん、歴史ある高級中華料理店もわずかながら存在し、招待客を何百人も集めた盛大な結婚披露宴や誕生祝賀会にも対応できる十分な広さがある。こうした集まりは、今も広東人の伝統として受け継がれている。

ある晴れた日の午後、高校時代の旧友が「萬珍樓《へいちんろう》」に集まった。清朝の宮殿を彷彿とさせる派手な装飾が特徴的な店だ。40年以上日本で暮らしている私のいとこは、横浜中華街で最高峰の点心を出す店だと太鼓判を押す。その言葉に嘘はなかった。

とはいえ、悲しいかな、こうした高級店がそろってコロナ禍を生き抜いたわけではない。1884年（明治17年）創業と、老舗中の老舗である「聘珍樓横濱本店」は、私が訪日する1年前に閉業に追い込まれた。だが、同名の香港にある姉妹チェーンは、一族の別の分家が運営しているため、今も経営は順調だ。

日本で現地適応を果たした中華料理が、回り回って原点の地・香港に戻ってきて人気を集めているとは、実に好奇心をくすぐられる話だ。

中華街の目抜き通りの喧騒を離れた裏通りでも、小規模ながら歴史のある店が見つかる。薄暗く狭い路地に佇む德記廣東料理。この路地では、創業70年をアピールする黄色の看板の光が唯一の輝きを放っている。5年前、元のオーナーが福建省出身の新オーナーに店を譲渡したという。それを機にメニューを見直し、甜醋魚《ティエンツーユウ》、麻婆豆腐、四川料理でおなじみの魚香鶏丁《ユウシャンジーティン》（鶏肉の四川炒め）など中国北部の料理が大部分を占めるようになった。もはや広東料理と呼ぶのは難しい。しかも、給仕は湖南省出身だ。

同じように薄暗い別の路地を歩いていると、呉《ウー》を名乗る台湾出身女性に出会った。30年前に来日し、この路地で店を切り盛りしている。日本人と華人の両親を持つ。夫は料理人で、夫婦で営む小さな店の名は、台南小路という。

初期の中国人移民のうち、広東省出身陣営に次いで多数派を誇るのは、おそらく台湾勢ではないか。終戦までの50年間にわたって日本統治下にあったこともあって、日本の言語や文化に親近感を持っていた台湾人は、比較的日本社会に溶け込みやすかったのだ。また、終戦までは日本国籍だったため、来日しやすかったこともあるだろう。

だが、過去30年の間に、中華街は福建省出身者が徐々に台頭していて、レストラン、土産物店、ベーカリー、食料品店などの経営に携わっている。広東人でも台湾人でも、中華街生まれの2世、3世は、日本や海外で大学を出て専門的な職についている者も多く、家業を継ぎたいという声はまず聞かれない。

中華街の勢力図は塗り変わっている。中華料理の味とて、例外ではない。

私は80年代に東京勤務を経験している。当時は経済自由化の真っ只中にあり、勤務先のエンジニアリング・建設会社でたびたび耳にした国際化が進展していた時代でもある。

2023年の訪日時、とても暑い晴れた日、かつて頻繁に訪れていたお気に入りのレストラン2軒を訪ねることにした。

まず1軒目は、テレビ番組『料理の鉄人』の出演で人気を集めた陳建一の店、赤坂の「四川飯店」だ。その日オーダーしたのは、麻婆豆腐と辣子鶏丁《ラーズジーティン》（素揚げした鶏肉を四川特産の香辛料などで炒めた料理）である。陳建一の父、陳建民は四川省出身。１９５２年に来日し、初の四川料理店をオープンさせた。数年後に東京オリンピック（１９６４年）を控えていたころの話である。辛い料理はそれほど人気がないとされていた国で、四川料理を広めたのが、陳建民の功績だ。その代表格が四川料理の麻婆豆腐である。中華料理の定番メニューになるほど普及していることはご存じのとおりだ。

私が赤坂の店を訪れる半年前の２０２３年3月、息子の陳建一はこの世を去っていた。政界関連のビルが立ち並ぶ永田町から歩いてすぐのオフィスビルの5階・6階に店はある。30年以上にわたって店を切り盛りし、国内外で「中国料理の鉄人」として名を馳せた男である。今、その息子である3代目の陳建太郎が継いでいる。

3代目の物語がもう１つある。

赤坂で食事を終えてすでに満腹状態にもかかわらず、中華軽食を求めて、昔よく通った西麻布界隈を歩き回っていると、懐かしい店構えが目の前に現れた。伝統的な中国庭園によく見られる「月亮門」を模した円形の入り口が特徴的で、創業50年になる「北海園」である。日本で最初に北京料理を出したのがこの店で、自慢料理は人気の豆漿《ドウジャン》

（豆乳）と油條《ヨウティアオ》（訳注：チュロスのような細長い揚げパン）だ。

店内の装飾は昔のままだ。お気に入りの円形ソファー席を陣取ったまではよかったが、メニューに豆漿が見当たらない。すると、台湾出身の支配人である許《シュウ》から、もう豆漿は提供していないと聞かされた。客からの注文がないのだという。6年前に元のオーナーから店を譲り受けたのだが、私のような愛着のある客のことを考えて、店の装飾はそのまま残しているそうだ。そこで、煎鍋貼《ジェングオティエ》（焼き餃子）を注文した。

今回の訪日の際には、中華料理店がひしめく赤坂地区のホテルに宿泊した。どの店も、すっかり定着した四川料理（と、他省の人気料理）のサンプルが店頭のウインドウに飾られ、四川の本場仕込みの料理人が腕を振るうとアピールしている。話を聞いてみると、実際にはこうした料理人はほとんどが「東北部」の出身で、上海で腕を磨いてきたようだ。

ここ30年の中国人移民事情を象徴的に示している地域といえば、山手線北西部の新大久保、高田馬場、池袋の3駅ではないだろうか。池袋駅を中心としたエリアは、今や東京のチャイナタウンと言われるほどだ（聞くところによると、埼玉県西川口駅周辺には上海人が集まっている）。

日本が好景気に沸いた1980年代後期は、深刻な労働力不足を招き、特に建設業やサービス業で影響が顕著だった。円高も手伝って、中国やフィリピンから大量の男性労働者が流入した。

中国人留学生も、日本政府の奨励策を背景に、大量に押し寄せた。新大久保駅で下車すると、中国人学生をターゲットにした日本語学校の看板がいくつも目に飛び込んでくる。中国人や韓国人の経営する店が並び、当然のことながら、中国のあらゆる地域の地方料理を目玉に掲げる中華料理店もある。香港式の甜品《ティムバーン》（デザート）店も発見したのだが、オーナーは福建人だった。

駅から大久保通りを山手線の内側に向かって1ブロックほど歩き、狭い階段を降りていくと、地下に「廷吉香」というレストランがある。オーナーの侯《ホウ》は黒竜江省出身で、厨房を預かる夫の朴《プウ》は、隣の吉林省出身の朝鮮族だ。どちらの省もかつて日本が満州と呼んだ地域に相当する。

創業12年になる同店は、上野にも支店があり、飾り気のない店内には食べ放題の人気料理を並べたカウンターがある。私は麻辣牛肉麺と羊肉餡餅（マトン肉のパイ）をオーダーした。どちらも中国のイスラム教少数民族の間では定番料理である。麺は適度な辛さがあり、いい香りだ。パイはサクサク感があり、中にはジューシーな肉が詰まっている。両方とも見事な本場の味である。侯によると、客の半分は日本人だという。

広東料理の時代を経て、日本はついに中国各地方の料理に目覚めたようだ。その過程で唐辛子をきかせた味も定着していく。

日本に住んでいたころは、日比谷映画に足繁く通い、封切り外国映画（ロードショー）を楽しんだものだ。この辺りも、いい思い出が詰まっている。だが、後にこの地区は再開発され、あの映画館はもうない。跡地は高級ショッピングモールになっていた。

だが、すぐ隣に「添好運《ティムホーワン》」が進出していることに気づいた。香港発祥の質素な点心専門店が東京に支店を出していたのだ。添好運は2010年にミシュラン1つ星を獲得し、「世界で最も安いミシュラン星付きレストラン」となった。今や12ヵ国に支店を出すグローバルチェーンである。

近年は世界的な中華料理チェーンも、人気を博す原点となった店名を引っ提げて、続々と日本上陸を果たしている。例えば、「海底撈《ハイディラオ》(四川火鍋)」「全聚徳《ぜんしゅとく》(北京ダック)」「鼎泰豐《ディンタイフォン》(台湾小籠包)」、さらには台湾式の夜市グルメとして人気の「台灣大鶏排(台湾式唐揚げ)」などだ。

中国人移民は、故郷を遠く離れて文化も言語もまったく違う社会に身を置くことも多い。生き抜くためには、移住先に適応し、臨機応変に立ち回る必要がある。そして、この適応力と創意工夫の精神の典型こそ、海外にある中華料理店なのだ。

レストラン経営であれ、製品作りであれ、生き残るには客の趣味や嗜好に合わせなければならない。それがビジネスの鉄則である。

本書第16章に登場するペルーの「チーファ」(独自の発展を遂げた中華ペルー料理)のように、日本の中華料理も、中国の料理を日本というパレットに適合させた現地化あるいはハイブリッド化によって生まれた料理なのである。そしてペルーのチーファと同様に、日本の食習慣に合わせて普及し、なじんでいった結果、街のいたるところにいわゆる「町中華」が誕生したのだ。

私は20年ほど前、世界の中華料理店をテーマに全15編からなるドキュメンタリー映画を撮った。撮影スタッフを引き連れ、アマゾンから北極圏まで、5大陸15ヵ国を訪ね歩き、中華料理店を足がかりに世界に離散していった中国人たちの物語を描いた。本書はその回想録である。だが、どういうわけかドキュメンタリー映画では日本が抜けていた。

日本版のために本稿を書いたのは、その〝過ちの埋め合わせ〟の意味もある。また、こうやって日本で過ごした思い出をたどることは、私にとっての〝帰郷〟であり、日本で力強く生き抜く中華料理店に送る賛歌でもある。

2024年春

関 卓中（チョック・クワン）

謝辞

本書は、多くの人々の支援なしに日の目を見ることはなかった。感謝をお伝えしたい人がたくさんいる。

まずタリン・バータニアンには、編集作業に加え、執筆の初期段階での貴重な助言をいただいた。妹のニコルには、早い段階で原稿に目を通してもらい、「中国関連の物事」について事実確認をお願いした。ミシェル・クワン（関嫣嫣）は、鋭い批評眼で原稿の通し読みをしてくれた。アンジー・ウォン（王家莉）、ドーラ・ニップ（聶宗典）、リチャード方《フォン》、ポール・ジュエル、アンソニー・ピエール、フレデリック・ガイスワイラー、モニカ・メリナ、フランク・ワニア、渡辺潤、ルス・ビクトリア・チャン・デ・シュウの読者の方々にも、さまざまな章に目を通していただいた。

私の意を汲み、執筆作業を絶えず支えてくれたウエストウッド・クリエイティブ・アーティスツのクリス・カズッチオと、私たちを紹介してくれたレテシア・ローズには特に感謝の念を表したい。

ダグラス&マッキンタイアのチーム、アンナ・コンフォート・オキーフは、初めての著者にチャンスをくださった。パム・ロバートソンは、さまざまなストーリーの要素の余計な部分を削り、見事に一貫性のある全体像を作り出してくれた。カロリン・スケルトンには、細部まで気を配った編集とフアクトチェックで活躍してくれた。イバ・チョンの鋭い目にも感謝したい。

シェフのケン・ホム（譚榮輝）、ススール・リー（李國偉）、アルビン・リョン（梁経倫）、マーティン・ヤン（甄文達）、作家のグレース・ヤン（楊玉華）、リンダ・アヌササナン（劉玉珍）、ジェニファー8・リー（李競）、さらには研究者のアレン・チュン（陳奕麟）、グレン・ディア（謝天字）、リリー・チョウ（曹美宝）、ウォルトン・ルック・ライ（陸華祖）、ヘンリー・ユウ（余全毅）、ジェニー・バン（彭雅儀）との対話からはインスピレーションを受けた。ジェニー・バン、リュウ・ハイミン（劉海銘）編『American Chinese Restaurants: Society, Culture and Consumption』という書籍には、私が担当した「ラストタンゴ・イン・アルゼンチン」の章がある。

アンソニー・ボーデイン、あなたがこの世にいなくても、感謝の気持ちは変わらない。

本書は、世界各地で生きる華人の物語を求め、4年をかけて世界を飛び回った回顧録である。本書のタイトルの元になったのは、米国華人博物館（ニューヨーク）で開催された２００４年「Have You Eaten Yet?」（「もうごはん食べた?」）展だ。その際、私は『Chinese Restaurants』と題したドキュメンタリー映画を初めて上映した。

幸運にも、そのドキュメンタリー作品の撮影で、撮影監督のクォイ（甄國健）を始め、デイビッド・スー（斯紹華）、マーク・バリノ、アジャイ・ノローニャらスタッフと何度となく世界を旅して回った。強行軍の旅行日程、狭い厨房のスペース、怪しげな中華らしき料理、寝るだけのみすぼらしい宿、地滑り、2度の爆弾騒ぎ、根掘り葉掘り事情を聞き出そうとする国境警備隊、高圧的な公安関係者、2002年～2003年のSARS（重症急性呼吸器症候群）の感染拡大、第二次インティファーダ（反イスラエル闘争）、ヨルダン川西岸に1人や2人は潜んでいたであろう狙撃兵など、幾多のプレッシャーにさらされながらも、スタッフは素晴らしい映像に収めてくれた。誰一人として怪我をしたり、投獄されたりしなかったのは幸いだった。

これほどの物語ができあがったのは、事前リサーチを担当したキャリアンヌ・リョン（梁嘉儀）、ヘザー・デ・ペサ、ロージー・マー（王楽麗）、ファビオラ・カスタニェーダ・チャン、ロケ先での通訳を担当したバレリア・マオ・チュウ（毛範麗）、ルス・アルグランティ、アルフォンソ・コクフォン（郭偉雄）の存在があったからにほかならない。

トロントに戻ってからは、ストーリーのアイデアをくれたアソシエートプロデューサーのリンダ・チェ（米倉玲子）、私と一緒にナレーション原稿を執筆したスーザン・マーティン、ドキュメンタリー映画のストーリーを整えてくれた編集者のジンカ・ベジティック、リカルド・アコスタに、ストーリーづくりに協力していただき、大変感謝している。

その陰で、文章起こしや翻訳を担当してくれたローラ・コーウェル、フランセス・クシュナー、シエリー・シエモーリーン・ノーラン、ウナ・ソウ、シュラミット・エルマレ、レハン・シャハブン、マリリン・ウォン、レハン・ニサニヤン、ワン・シンラン、ゾーイ・チェンの各氏にも大変お世話になった。このチームは、英語、広東語、中国語（北京語）、客家語、スペイン語、フランス語、ポルトガル語、ヘブライ語、アラビア語、トルコ語、ノルウェー語、スウェーデン語、モーリシャス・クレオール語の膨大な時間のインタビューを文章に起こすという気の遠くなる作業を引き受けてくれた。

そして今回、取材させていただいたレストランのオーナーや家族・友人の皆さん、本書に登場する旅の仲間の皆さん。まさに自らストーリーを紡いできた方々である。

それから、マリエッタ（阮汶）、ニコラス（肇文）、サスキア（肇英）へ。あなたの夫が、あるいは父親がいきなり長期間姿を消してどこに行ってしまったのかと疑問に思うことがたびたびあったと思う。このプロジェクトが、あなたたち家族の愛と辛抱強さに報いることができれば幸いである。

どこまでも広がるメディアの世界に私とともに飛び込み、また、ポール・レバイン（柳坡）や私と共同で１９７０年代後半にアジア系カナダ人のための進歩的な運動のきっかけにもなった雑誌『The Asianadian』の創刊に携わったアンソニー・Ｂ・チャン（陳善昌、１９４４年～２０１８年）に本書を捧げる。

自ら立ち上げた「LiterASIAN」フェスティバルに最初に私を誘ってくれた恩人であり、映像による語りが何よりも執筆活動の大切な一部であることを教えてくれたジム・ウォンチュウ（朱藹信、１９４９年～２０１７年）をしのび、本書を捧げたい。執筆活動に携わるアジア系カナダ人のコミュニティで、誰にとってもメンター的な存在であった。

訳者あとがき

北極圏にある人口8万人にも満たないノルウェーの小さな町、アフリカ大陸の東に浮かぶ島国・マダガスカル、インド洋の小国・モーリシャス……。世界の果てまで行っても、華人経営の中華料理店はある。彼らはいつ、どのようにして、この土地にたどりつき、なぜ、どのような思いで中華料理店を開いたのか。そんな疑問を抱いて、世界に離散する華人の象徴とも言うべき中華料理店を訪ね歩き、一国一城の主や料理人、家族、地元の華人コミュニティの姿を丹念にあぶり出したのが、関卓中（チョック・クワン）著『地球上の中華料理店をめぐる冒険（原題：Have You Eaten Yet?）』だ。

食が表のテーマだとすれば、裏のテーマはアイデンティティである。食を足がかりに、その土地に華人が渡ってきた歴史的背景や彼らが置かれた状況、アイデンティティに対する彼らの意識を著者らしい旺盛な好奇心と鋭い視点で浮き彫りにしていく。

「あなたは自分が何人と思っているのか」

「故郷はどの国か」

「子供には同じ華人と結婚してほしいか」

著者は、このシンプルな、それでいて深淵な問いを投げかけ、華人の揺れる心の奥底をえぐり出していく。

本書のもととなったドキュメンタリーは２００６年に公開されて反響を呼んだ。それから10有余年の時を隔てて、関氏は映像では伝えられなかったことも含め、このドキュメンタリーをベースに、書籍の形で改めて世に問うことになった。それが本書だ（ドキュメンタリーは今もYouTubeで公開されている。「Cheuk Kwan's Chinese Restaurants」を検索していただきたい。本書と合わせて見ればさらに楽しめる）。


元々、本書は英語で書かれたものだ。その際、せっかくの中華料理や文化の良さが損なわれないように注意を払ったという。「例えば客家料理の代表である梅菜扣肉は、英語にすると〝豚バラ肉と漬菜の蒸しもの〟のような表現になりますが、これは北米ではベーコンのような脂たっぷりの肉のイメージしかなく、誤解を与えてしまうんです。だから複雑な料理に関しては、作り方を細かく描写して、米国人やカナダ人が想像するものとは違う点を強調しました。いかにそれが手間のかかる料理かを伝えたかったからです」と関氏は説明する。

中華料理など中国文化に大きく依存する事物を北米の読者向けにいかに伝えればいいのか。本書で関氏が最も苦労した点だ。しかも、世界を旅しながらの取材のため、中国文化にとどまらず、世界各地の文化に関わる概念も随所に登場する。それだけ多くの文化が詰まった一冊でもある。

原書自体が〝文化の翻訳〟を目的に掲げているのだから、そこからさらに日本版を作るのは余計に難しい。著者の関氏にとって第一の言語は英語。日本版では、北米の読者が理解しやすいように英語で書かれた中国文化を、いったん中国語の概念に戻して確認したうえで、日本語に移し替えなければならない。たまたま訳者は中国語をかじっていたこともあって、それがこんなところで役に立ったのは幸運だった。

実は、偶然にも日本語版の制作作業と並行して、台湾でも中国語版（繁体字）の作業が進められていた。原書の英語版では、華人の名前はアルファベット表記でいいが、日本語版、中国語版を作るとなると、漢字表記が必要になる。このため、関氏が取材先に漢字表記を確認し、それが難しい場合には、著者とともに日本版と台湾版の訳者がさまざまな方法で裏を取り、漢字表記を特定する作業がたびたび発生した。そして得られた成果を相互に共有するコラボレーションが生まれた。

店名も同じだ。海外の中華料理店は、現地語名に加えて、多くの場合、中国語名がついている。しかも、両者がまったく無関係の名称であることも少なくない。また、料理名も、原書では英訳が多く使われているため、これをオリジナルの中国語の名称に戻す作業が発生した。場合によっては、レシピにまでさかのぼって同じ料理を思い描いているかどうかの確認作業までした。

日本版では、漢字の旧字か新字かといった判断に加え、ルビも厄介な問題になった。文脈に合わせて広東語読みがいいのか、北京語読みがいいのか、問題が持ち上がるたびに著者と訳者の協議が発生し、何度もやりとりした末に答えを出す場面がたびたび見られた。

漢字の選定や料理名の表記などをめぐり、著者と訳者の間で膨大なやりとりが続く中、著者の豊富な経験に根ざしたアドバイスは、日台での翻訳作業でも大いに役立った。さながら、関氏をリーダーに、日・台の訳者による調査隊が発足したような状況だった。舞台裏での〝冒険物語〟だ。膨大な調査の末に、正しい表記が見つかったときは三人で大いに喜んだものである。こうしたコラボレーションでも、関氏の国際的な経験が大いに生きた。

「日本語は流暢ではないですが、日本に住んでいたから、日本の読者のことはよくわかります。また、香港生まれですから香港の事情は誰よりもわかっているし、海外の華人の状況もわかっています」と関氏は語る。

2024年春、刊行を前に日本を訪れた関氏と食事に出かけた。訪ねたのは、東京都心にある茶餐廳《チャーチャンテン》と呼ばれる香港式の食堂兼喫茶店だ。現地さながらの店内とメニューが関氏の好奇心を刺激したようで、早速、華人と思しきウエイトレスに、オーナーはどんな人で、スタッフの出身地はどこかと質問を次々に投げかけている姿が印象的だった。

華人のアイデンティティを訪ね歩く関氏の旅は、まだまだ終わりそうにない。

斎藤栄一郎

2024年春

掲載許諾

チョウ・リン・オン『Feelin' de Vibe』ランドリー・ミュージック出版の引用。歌詞文字起こしはアンソニー・ピエール。

President's Fund for Creative Writing（英語版、モーリシャス）発行、ジョセフ・チャン・マン・キン（曽繁興）著『The Hakka Epic（客家人之歌）』の引用。

写真はすべてTissa Filmsの厚意によるものである。

編集部注

本書には人種・民族にまつわるさまざまな表現が含まれています。原著は著者および取材協力者の歴史的背景とアイデンティティの認識に基づいて記されており、日本語はその点を尊重し、忠実に翻訳しています。

カバー写真・キャプション

カバー右・上から

- エルサレム旧市街を眺めながらくつろぐ著者
- ニニ林はムンバイの市場へ買い出しに
- ダージリンの町を見下ろすホテル・バレンティノの屋上に立つサミュエル葉
- ブエノスアイレスでワインを味わう江福清（左から2人目）、その両隣は娘の嘉音と著者
- コルカタで相棒カメラマンのクォイ（中央）の誕生日を祝う著者（左）とアジャイ
- ブエノスアイレスで江福清との別れ際に
- コルカタで撮影中のクォイ
- ハバナの老人ホームにフェルミンの甘い歌声が響く
- イスタンブールの街を見つめるファティマ・マー。奥に見えるのはアヤソフィア
- ブエノスアイレスで撮影前に太陽光をチェックするクォイと著者

カバー左・上から

- コルカタの街を撮影するアジャイ・ノローニャ
- ダージリンのホテル・バレンティノ厨房では中華鍋から炎が上がる
- ペルーのテレビ番組で中華料理の真髄を披露するルイス・ヨン
- 「二人はライバルではなく家族」。カナダ大平原の中華カフェでノイジー・ジム（右）とフォン、背後には新オーナーのルビー
- モーリシャスで厨房に立つコレット・リー・ピアン・ナム
- 極北の地・トロムソで腕を振るう謎の男、〝鍾おじさん〟
- ムンバイで食す新鮮な蟹料理
- サンパウロで焼き上げる本格的な子豚のロースト
- トリニダード最大のカーニバルに参加するアンナ・ソンら
- トロムソの大学生ウェイトレス、キーネ・ニールンソン

【著者】関 卓中（チョック・クワン　Cheuk Kwan）

香港で生まれ、シンガポール、香港、日本で育つ。14歳のときに来日。横浜インターナショナルスクールにて高校時代を過ごし、1969年に卒業。米国カリフォルニア大学バークレー校でシステム工学修士号を取得。米国で数年間働いた後、1976年にカナダに移住し、25年間にわたって情報システム関連の業務に携わる。

世界各地の多文化の中で育った国際的な経験を生かし、若いころから世界50ヵ国以上を旅してまわり、多くの人々との交流を深める。英語、日本語、フランス語、広東語、北京語を操るマルチリンガルの〝地球市民〟で、米国、ナイジェリア、サウジアラビア、フランス、オーストラリア、香港、日本で勤務経験がある。日本では1983年から1985年まで大手建設・エンジニアリング会社でプロジェクトマネジメントの情報システム開発を支援するコンサルタントとして活躍。

1978年、アジア系カナダ人のアート、文化、政治の振興をテーマに、進歩的で影響力ある雑誌『The Asianadian』（アジアネイディアン）を共同創刊した。翌年、カナダの大手テレビ局が制作した番組で、中国系カナダ人が人種差別に基づいて不当に描写されたことをきっかけに、人種差別反対の社会運動で中心的な役割を担う。

ニューヨーク大学で映画制作を学び、1988年にティッサ・フィルムズ（TISSA FILMS）を設立。2005年、自ら監督したドキュメンタリー映画『Chinese Restaurants』シリーズ５部作を発表し、世界各地での自らの体験、食や旅をこよなく愛する強い思い、そして中国系ディアスポラ（離散中国人）への賞賛の念が込められた同作は大きな話題を呼んだ。同作は、『Song of the Exile（異郷の思い）』『On the Islands（島国の情緒）』『Three Continents（大陸の果てを行く）』『Latin Passions（ラテンの情熱）』『Beyond Frontiers（限界を超えて）』の５部構成で、それぞれ３話からなる全15話構成。

その書籍化にあたる本書『地球上の中華料理店をめぐる冒険（原題：Have You Eaten Yet?）』は、世界各地で中華料理の種を蒔いていった料理人、経営者、労働者、一発当ててやろうと意気込む夢追い人ら、一人ひとりの人生を丹念に追いながら、離散して生きる中国人の姿を〝地球市民〟の視点で生き生きと描き出す回想録・旅行記として「ニューヨーク・タイムズ」や「エコノミスト」などで絶賛された。現在はカナダ・トロント在住。

【訳者】斎藤栄一郎 Eiichiro Saito

翻訳家・ジャーナリスト。山梨県生まれ。早稲田大学社会科学部卒業。主な訳書に『1日1つ、なしとげる!』『イーロン・マスク 未来を創る男』『SMARTCUTS』『ビッグデータの正体』(以上、講談社)、『小売の未来』『小売再生』『センスメイキング』『Tools and Weapons テクノロジーの暴走を止めるのは誰か』『イノセントマン ビリージョエル100時間インタヴューズ』(以上、プレジデント社)、『データ資本主義』(NTT出版)、『締め切りを作れ。それも早いほどいい。』(パンローリング)、『マスタースイッチ』(飛鳥新社)などがある。学生時代のバックパッカー体験で旅のおもしろさを知る。2010年代に入ってから、季節や気分に合わせて海外のお気に入りの街に滞在しながら仕事をし、たまに帰国するデジタルノマドに。近年は親の介護とノマド生活を交互に繰り返していたが、最近、介護を終えて新たなスタイルに移行中。趣味と実益を兼ねて中国語、スペイン語を勉強中。

地《ち》球上《きゅうじょう》の中華《ちゅうか》料理《りょうり》店《てん》をめぐる冒険《ぼうけん》

5大陸《たいりく》15ヵ国《こく》「中国人《ちゅうごくじん》ディアスポラ」たちの物語《ものがたり》

2024年 6 月10日　第 1 刷発行

著者……………………関 卓中《チョック・クワン》
訳者……………………斎藤栄一郎《さいとうえいいちろう》

装丁……………………永松大剛

KODANSHA

発行者…………………森田浩章
発行所…………………株式会社講談社
東京都文京区音羽2丁目12-21　郵便番号112-8001
電話　編集 03-5395-3522
販売 03-5395-4415
業務 03-5395-3615

印刷所…………………株式会社新藤慶昌堂
製本所…………………株式会社国宝社

ISBN978-4-06-535382-0